未來趨勢學習 103

女孩與性

好想告訴妳，卻不知道怎麼開口的事

Girls & Sex: Navigating the Complicated New Landscape

佩吉·奧倫斯坦（Peggy Orenstein）◎著
溫璧錞◎譯

高寶書版集團

獻給我的獨生愛女，我的八個姪女和兩個姪子

以及這一路走來，遇到的所有女生和男生。

目錄
Contents

推薦序

拉近親子間的距離

——外科醫師　劉宗瑀（小劉醫師）

孩子終究會長大，進入五花八門的社會中，性相關的資訊從歌曲到流行文化、網路浪潮、交友社群，幾乎無孔不入，我們身為家長該做什麼除了禁止之外的準備？

記者深入採訪七十多名十五至二十歲學生族群做的訪談跟調查，不僅深刻地討論了竟然在現今被鄙視的處女情節、女孩成長在溫順跟厭女文化，還有諸如等待王子幻想、學校派對等加上酒精後容易失控的環境下面臨的壓力與選擇等等，非常真實的直視了每個女孩在成長過程當中會遭遇的情況。

性終究是會與感情有著很大的連結的，然而如果家長不給予一些基礎的認知建設，任其自由的闖蕩很容易會變成試誤學習……

書中舉了相當多真實訪談故事之外，亦採訪了相關專家學者，在這個眾人避談的議題上，努力喚醒眾人注意到那房間的大象。

並舉出了知名影視作品如《暮光之城》、《花邊教主》等其中的男女主角在面臨考驗當下，各有不同的選擇，更容易能帶入讓讀者理解所謂這些性別議題上深刻的專有名詞，實際模樣是怎樣的。看完真的會驚呼，真正的現代美國青少女所認識的性，竟跟過往想像有如此大的差異！

畢竟這些是爸媽沒教過的，但是在事件發生當下，能應變的只能從A片跟網路上看到來學。但那是真實的性嗎？

青少年所見的世界，有時候在經歷過後依舊懵懵懂懂。

我曾經在推動兒童性教育安全的演講活動中，接到「少女之家」的邀講，裡頭院生都是十五至十六歲未成年，但是因違反「性剝削法」而在臨檢時被帶去安置的少女們，她們有些跟家庭關係是原先失聯而非惡意虐待，若觀察家人狀況良好，可週內住校、週末返家。我在這場演講前先發了問卷單，詢問家長跟學生們想要問關於性的什麼問題？

收到回饋時整個超感慨……

家長們的問題不意外都是禁止性的、限制性的，詢問要如何讓女兒不再跟男性朋友接觸之類；然而，學生們的問題五花八門，記住，這些雖然未成年的女孩，她們都已經有性經驗了，詢問的卻是：

「口交會不會懷孕？」

「男生龜頭會流的液體是甚麼？」

……

經驗有，知識卻無！

家長跟未成年孩子兩個族群，中間的隔閡如此之大！

希望本書為各位父母帶來耳目一新的、適合現代瞬息萬變、甚至有些超前部屬的性教育指南！

期能拉近一些些也好、隔閡的差距！

推薦序

幫助孩子有能力釐清自己的想法與感受

——芸光兒童與青少年性諮商中心　諮商心理師　王嘉琪

台灣自從性別平等教育法通過後，各級學校每年都需安排與性教育／性別教育／性平教育相關的演講，而學生們從國小到高中的性教育，從過往的小心陌生人、自我保護等防性侵教育，與尊重多元差異，如同志教育，到重視情感教育，教授性的積極抗拒「說『不』就是不」，到現在有社福單位大力推動性的積極同意，意即，若不曾以言語或身體表達積極同意（即使是沉默或無反應），卻遭受性行為對待，皆視為構成性侵害犯罪。

這些轉變主要是為了青少年的性健康而努力，期盼性教育可以讓青少年學習性自主權，在關係中可以尊重自己與對方的感受，在性上面有能力表達「要或不要」並進行性溝通。然，性教育這樣就夠了嗎？社會文化在性上面對於男生、女生之期望、觀點本就存在差異，也鮮少有書籍以女性為主體的視角轉寫性的樣貌，遑論以青少女為主體探索其青春性事。收到出版社邀約寫序看到書名《女孩與性：好想告訴妳，卻不知道怎麼開口的事》覺得很開心，看完內容更是感動，補足了我覺得很重要而台灣性教育中卻一直缺席的部分，就是教導女孩們認識情慾、學習感受性慾與同儕壓力、社會文化對自己在性上面的影響，幫助孩子有能力實踐「Only yes means yes」。

本書作者佩吉．奧倫斯坦在三年間訪問了七十多名年齡介於十五到二十歲的年輕女孩，探討許多家長避免涉足的話題，青少女們的性世界，去傾聽她們的所知、所感、所想與體驗，也彙整書籍與相關研究豐富相關主題的知識量，幫助家長更全面性的了解現在青少女的性。家長會發現原來看似日常的，例如自拍 po 網行為，是青少女們進入戀愛擇偶市場後，展現自我的秀場啊！女生更換照片的頻率比男生更頻繁，少女對於自拍角度、社群上照片的選擇（穿著／妝容／髮型／po 網時機等），每個動作都有其意義性，書中高三女生說：「你運用自己的經驗，創造一個形象，終極目標就是展現出你值得擁有、很吸引人，人家都要你、喜歡你。」

訪談後作者深深發現，過去性教育是告訴孩子「如何避孕、疾病的防護、有能力在性上面說要或不要」，這樣根本不夠，由於文化中存在的「性別間的合理性」或「性腳本」，讓少女往往以為應該在性上扮演某種樣子而勉強自己，而作者希望透過此書帶來改變，讓青少女有能力可以陶醉在身體的激情之中享受性。

當您的孩子已經是青少女，家長可以為孩子做的，便是維持親子間溝通管道的暢通，成為孩子最佳的後盾，讓孩子在發展中遇到任何困擾時，您有機會立即介入，並在親子互動中幫助孩子有能力釐清自己的想法與感受，進而為自己做出最適合自己的決定。

前言

小女生與性愛：你從來不想知道（卻真的該問清楚）的事

幾年前我就知道，再過不了多久，女兒就不是小女孩了，她已邁向青春期，老實說，這讓我有點恐慌。遙想昔日她上小學之前，穿著灰姑娘的洋裝轉圈圈，這時我曾經深入研究公主產業情結，然後深信這種看似天真的粉紅美麗文化，日後會讓小女孩培養出某種更陰險的特質。好極了，當年的「日後」，現在就像一輛失速大貨車衝著我們來了——開車的穿著五吋高跟鞋和超級短裙，該仔細看路時，卻在刷著她的IG。朋友已經跟我說了不少青少年的恐怖故事，述說著女生怎樣被迫發送自己的不雅照片，怎樣因為社群媒體的醜聞而受害，A片又是如何地無所不在。

解構少女時代的混合型訊息，這方面我應該是專家。我巡迴全國，教父母親如何區分性化（sexualization）和性（sexuality）。我會告訴父母：「小女孩還不明白『性感（sexy）』的意義時，就在假裝性感，這時候她們所認知的性是一種表演，而不是一種感受經驗。」這話很真，但是萬一這些女孩子是**真的懂得**了「性感」的意義呢？

這個問題，我好像也沒有答案，因為我也只是在這樣的時代，竭盡心力，撫養一個健康的女兒。這個時代，很多名人，認為自我厭惡（self-objectification）是實力、權力、獨立的來源；「長得誘人」似乎等於感受慾望；《格雷的五十道陰影》中，神經衰弱咬著嘴唇的女主角，配上死纏爛打到令人毛骨聳然的億萬富豪男主角，卻被譽為極致女性奇幻故事；這個時代，四十歲以下的女人都剔陰毛。當然了，我自己的少女時代，是把「愛情祕方（Sexual Healing）」或「宛如處女（Like a Virgin）」之類的歌都唱爛了，然而，跟當代的某些歌曲比起來，那些僅只是迪士尼等級的素材而已。比如說，小韋恩（L'il Wayne）的歌曲「愛我」中，有個「婊子」，這婊子「嚴格控制的飲食」別無他物，只有「雞雞（dick）而已。又或如魔力紅在「動物（Animals）」這首歌的詞中，保證要獵捕一個女人，將她撲倒，生吞活剝。（影片中，樂團主唱亞當．李維扮成屠夫模樣，揮舞著肉鉤，跟蹤著自己迷戀的目標，然後在血淋淋的最終章時，與她交媾。）不說別的，光憑這一段，我就該為自己九〇年代居然和朋友一起嘲笑過美國前副總統夫人蒂珀．高爾而鞠躬道歉。此外，一次又一次的研究，也顯示性侵害案件在大學校園裡氾濫得驚人，問題之嚴重，就算是美國前總統歐巴馬（本身也是兩個青春期少女的父親）也不能置身事外。

即便當年大學裡女生人數比男生多，這些女孩「挺身而進」要完成自己的學術與專業夢想時，我還是不得不懷疑：我們到底是在進步，還是在退步？現在的年輕女性，打造自己的性接觸經驗時，是比她們的母親更自由，更有影響力，也更能掌控嗎？她們是否更能抵抗汙名，更有備而來的探索性的愉悅？如若不然，又是為什麼？現在女孩生活的世界，有一種文化，這個文化越來越講究「除非雙方都明確同意性接觸，否則就等於不同意」——只有「可以就是可以」，非常好，可是，**「可以」**之後呢？

我身為人母，也是記者，需要找出標題後面的真相，釐清何為真、何為假設。於是我開始找女孩們談：廣泛地針對身體親密接觸的問題，進行幾小時的深度訪談，瞭解她們的態度、期望以及早期的經驗。我找遍了朋友的朋友的女兒（還有這些女孩們的朋友，當然還有她們朋友的朋友），也訪談了我認識的高中老師的學生。當年我也要求拜訪過的大學教授廣發電子郵件，邀請所有有興趣跟我約談的女孩們碰個面。最後，我訪談了超過七十個年輕女性，年齡介於十五到二十歲，這個年齡層的女孩，大部分都開始有性經驗了。（美國人第一次性經驗的平均年齡是十七歲；到了十九歲時，已經有四分之三的青少年都有過性經驗）。我主要的重點還是只放在女生身上，因為身為記者的我，為年輕女性而寫，已經是我的熱情所在，是上天的感召：畢竟我已經用了超過四分之一世紀的時間，為她們寫生命編年史了。女孩們也一樣，在進行性方面的選擇時，繼續與獨特的衝突共存：雖然在期望與機會上，發生了天翻地覆的變化，但是女孩們仍然受制於和以往相同的雙重標準，亦即「性活躍的女生是蕩婦，而同樣性活躍的男生卻是玩咖」的概念。此外，放棄性愛的女孩，過去被認為是「乖女孩」，現在則被貼上「處女」（這不是什麼好事）或是「假正經」的標籤，因而仍然感到羞愧。誠如某位高中生跟我說的：「通常負面的相反就是正面，但這件事情卻都是負面。所以你又該怎麼辦？」

我不敢說自己能反映所有年輕女性的經驗。我訪談的對象，不是大學生，就是計畫要上大學的——某些女生覺得自己的人生有種種可能，某些女生已經受到女性的政治／經濟地位提昇而受益，我很希望跟這樣的女性訪談。接受約談者，是女孩們自己的選擇。話雖如此，我撒網的範圍還是很大，遇到的女孩來自全美各地，大城市和小鄉鎮都有，有天主教徒、主流新教徒、福音教派信徒、猶太教徒，甚至是非特定宗教派別的信徒。有些女孩子的父母有婚姻，有些則是離異，有些住在離婚又再婚的重組家庭，有些來自單親家庭。政治上，有保守派的，也有傾向自由派的，不過大多是自由派的。受訪的女孩多為白人，但也有不少亞裔、拉丁裔、非裔美國人或混血種族。受訪的女孩當中，大約有百分之十認為自己是女同志或雙性戀，不過大都還未能在別的女生身上發揮自身的吸引力，尤其是高中階段的女孩子。受訪的女孩有兩位是身障。受訪者多半來自中上階層的家庭，但所屬的經濟條件也有落差——有來自曼哈頓東區和芝加哥南區的女孩；也有家中父母在操作避險基金或開速食餐飲的。為了保護她們的隱私，我用了化名，也改了能夠顯露她們特徵的細節。

一開始我擔心這些女孩子不願意跟我討論如此私人的話題。如今想起來我當初真是多慮了。訪談的時候，無論我到哪裡去，總有許多的女孩志願來受訪，人數多到讓我應付不來。她們不只是積極，根本是**衝過來**跟我談。在遇到我之前，從來沒有大人問過她們性方面的經驗：沒有人問她們做了什麼、為什麼做、感覺如何、希望怎樣，也沒有大人問過她們後悔什麼，哪一點好玩。通常訪談的時候，我幾乎問不到一個問題，這些女生就會自己開始說，不知不覺之間，好幾個鐘頭就過去了。她們告訴我自慰、口交（無論是幫對方，還是對方幫自己）、性高潮是什麼感覺；她們說起自己怎樣遊走在處女與蕩婦之間；還說起某些男孩有野性，而某些男孩很溫柔；某些男孩會虐待她們，某些男孩卻能夠讓她們恢復對愛的信心。她們承認自己有魅力迷倒其他的女孩，卻又害怕父母反對。她們談起勾搭文化（hookup culture）[1]的複雜面，勾搭文化裡，偶然的接觸先於感情連結（而且也許會有感情連結，也許不會有）；勾搭文化在目前的大學校園很普遍，也正迅速地蔓延到高中。一半的女孩曾經體驗過介於強迫到強暴之間的各種狀況。那些故事令人聞之心痛，但同樣令人難過的是，這一半的女孩，只有兩個人曾經向別的大人述說過自己發生的事。

而即使是雙方都同意的性接觸，這些女孩所描述的內容，聽來仍令人心碎。或許不是什麼新鮮事，但是本身卻值得探討。雖說公開領域裡，對女性的待遇已經有這麼大的改變了，為什麼在私領域裡卻不能有更多——更多更多的——改變呢？如果房間裡沒有平等，那麼教室和會議室裡，會有真正的平等嗎？回顧一九九五年，美國國家青少年性健康委員會宣稱健康的性發展是基本人權，還說青少年的親密關係，應該是「雙方同意、非剝削、坦誠，愉悅的，並且是保護青少年免於非預期懷孕與性傳染病的。」結果二十年過去了，

1 譯註：勾搭即一般所說的「約炮」。

我們落後這個目標這麼多，到底是怎麼回事？

密西根大學心理學教授莎拉・麥克利蘭（Sara McClelland）曾經寫文章指出，性是一種「親密正義」，文中探討最個人的關係中，充斥的性別不平等、經濟不平等、暴力、身體尊嚴、身心健康、自我效能、權力動態等基本議題。她要我們考量：誰有權利投入性行為？誰有權享受性行為？誰是性經驗最主要的受益者？誰覺得值得？當事雙方如何定義什麼叫做「夠好」？細看各年齡女生的性時，這些問題很尖銳，尤其當我們在看小女生早期、形成期的性經驗時，更是如此。雖然如此，我還是決心要深入這些問題。

我訪談過的女孩們，在訪談結束很久之後，有不少仍然與我保持聯絡，發電子郵件來報告新的感情狀況，或者述說自己發展出的信念。第一個寫道：「我想讓您知道，因為跟您談過話，所以我轉系了。我要改唸保健，專攻性別和性。」第二個，是國中生，她告訴我，受到我們的討論影響，她去大學校園參訪時提出了不同的問題。第三位就讀高三，她直接向男朋友坦承她所有的「性高潮」都是裝的；不過另一個高中女生卻告訴**她的**男友不要再逼她達到高潮，因為這樣會毀了性愛。這些訪談——無論對象是年輕女性本身，還是心理學家、社會學家、兒科醫生、教育人員、記者或其他的專家——也改變了我，迫使我面對自己的成見，克服自己的不自在，釐清自己的價值。我相信那樣的改變，已經讓我成為更好的母親，更好的阿姨，成為我生命中年輕的男性及女性更好的盟友。希望看過這本書之後，您也會有同感。

第一章

瑪蒂達不是物品——除非她自己願意

這一切，卡蜜拉和伊姿之前就聽說過了。她們都在加州一所很大的高中就讀高年級——全校共有三千三百名學生。這是他們第四次開學，也是第四次「返校迎新」的聚會。管理學生的人員在台上嘮嘮叨叨，強調出席很重要（「尤其是你們高年級的」），解釋哪些行為會耽誤前途，以及警告菸、酒、毒品都碰不得。這時候，坐在禮堂後方的兩人，或是神遊物外，或是和朋友聊天。然後學務主任上台呼籲台下的女生。伊姿回憶道：「他的口氣就好像是說，小姐你們出門的時候，穿著打扮要尊重自己，也尊重你們的家人。」她金髮碧眼，一邊臉頰上有酒窩，說話的時候，酒窩顯得更深。「學校不是穿超級短裙、小可愛、露臍裝的地方。你得問問自己：要是你的祖母看著你，看到你穿成這樣，她會不會開心？」

卡蜜拉的左鼻孔穿洞，戴著精巧的水晶鈕，這時她突然搖著食指，打岔道：「你需要遮好，因為你需要尊重自己。**你需要尊重自己，你需要尊重你的家人**。這樣的概念就……重複再重複。然後學務主任馬上播放性騷擾的投影片，好像兩件事情有關係似的，那口氣就好像是說，假如你穿著的方式不『尊重自己』，你就會被騷擾，因為你穿了小可愛，所以被騷擾是你自己的錯。」

在這樣的學校體制內長大的卡蜜拉，學會了挑戰不公正，學會了「挺身而出」的重要，於是她開始大喊學務主任的名字，大叫著：「威廉斯先生！威廉斯先生！」於是學務主任把她叫到前面，把麥克風遞給她。卡蜜拉開口道：「大家好，我是卡蜜拉，我高三，我認為你剛剛說的不對，嚴重地性別歧視，還發揚『強暴文化』。假如我想穿小可愛和短裙，就只是因為天氣很熱，而我穿短的，穿什麼，跟我多『尊重』自己無關。你現在說的內容，只是一直惡性循環，責怪受害者。」此時禮堂的學生歡聲雷動，卡蜜拉把麥克風還給學務主任。

卡蜜拉走回座位時，威廉斯先生說：「謝謝卡蜜拉，我完全同意。」然後又接著說：「可是那一類的衣服還是有穿著的時機和地點。」

我不是第一次聽到長輩如此訓斥女孩子的性感穿著；父母、老師、校務人員、甚至某些女生自己都這樣罵。父母苦苦阻止女兒穿「少布」的短裙、貼得緊緊的V字領、勉強包住屁股什麼都「看光光」的瑜珈褲。**女孩子為什麼一定要穿成那個樣子？**明明有些媽媽也穿類似的衣服，卻還是這麼問。校長們強迫學生守禮儀，最後卻總是引來反抗。芝加哥郊區，禁穿緊身褲的提議才起，就遭到國二學生攔截。猶他州的高中生發現畢業紀念冊裡女生的照片，居然被數位處理，拉高了上衣的領子，還添上了袖子，於是上網爆料。

藐視權威的時候，男生更是拚命違反穿著規定。「嬉皮」就是一群蔑視編制，穿著垮褲的「暴徒」。女生面對的則是性愛問題。逼迫女生穿著保守，被認為是一種方法，可以保護、也保持年輕女生的性；而年輕女生，同時負有責任要控制年輕男生的性。那次集會結束之後，女的輔導主任，在穿堂攔住了卡蜜拉，對她說：「我完全瞭解你在尋求自主，可是你這樣做會有點模糊焦點。你有男老師，學校也有男學生。」

「只顧著盯著我胸部的男老師，也許你們就不該聘任。」卡蜜拉這樣回了一句，輔導主任說她們可以以後再談。而這個「以後」一直遙遙無期。

事情已經過去三個月了，卡蜜拉還是很憤怒。她說：「真相就是，無論我穿什麼，一個禮拜上課五天，我就會有四天被噓、被瞪、被上下打量、還被摸。你就只能接受上學就是這樣。我無法控制我的體態，每次我站起來削鉛筆的時候，總是有人在討論我的屁股，這**讓我超級分心**。可是男生卻不會遇到這樣的事。男生在走廊上走的時候，不會有女生跟在後面嚷嚷著：『喂，男生，你的小腿看起來很棒！你的小腿**很火辣**。』」

卡蜜拉說得對，某些男生會假設女生的身體生來就是讓他們評論——甚至讓他們觸摸——想幾時摸、想怎麼摸都可以。如果要挑戰這種假設，只有直接跟男生說大白話。前一年，某女中有一群男生建立了一個IG帳戶，目的是「曝光」校園裡「那邊那個咩（THOTs）」，這個詞，意思是「那邊的那個妓女（That Ho Over There）」（每個世代似乎都會發明一個霍桑筆下紅字等級的新字眼——例如穿得少的女人、蕩婦、淫婦、婊子、騷貨、妓女等等之類——這些字眼都將女孩子的性給妖魔化）。這群男生從女孩子的IG或推特帳戶裡下載（或者在走廊上偷拍）照片，再打上字幕，說明這個女生「據傳」的性史；所有被挑出來的女生都是黑人或拉丁美洲裔的，卡蜜拉就是其中之一。「這真的很冒犯。」她表示：「有一段字幕寫的是『我看你敢不敢上她，好好享用一番。』我得在這樣的情況之下到學校去。」她提出正式抗議的時候，學校來了四名警衛，將她帶到一間屋子裡，問她網站上說的事情，她是不是真的做了。因為她覺得受到侮辱，所以此事就暫時擱下。於是IG帳戶最後慢慢消失不見，犯罪的一直也沒被逮到。

無論是在網路上或真實生活中，卡蜜拉的事情都不是個案。另外有一個女生，在鄰近的加州馬林縣一所高中就讀低年級，她是排球校隊，她告訴我足球隊的男生怎樣利用練習的機會，聚集在露天座位區，騷擾她的隊友，在女生蹲弓箭步準備要吊球時，嚷嚷著「好讚的股奇[2]！」（巧的是，小女孩穿著排球短褲的特寫背影照，在網路上起碼有幾百張。）根據舊金山的一個高年級生描述，某次她去芝加哥參加一場暑期新聞菁英班，才剛抵達沒幾天，男生就開始建立他們的「蕩婦圖（和一場夢幻足球聯賽有關），依照「想要硬上的程度」順序，來評論他們的女性對手。

那個女生告訴我：「女生被惹毛了，但是我們不能抱怨那些個暗示，對吧？如果你在他們的名單上，而你抱怨了，那你就是假正經；如果你根本不在名單上，卻抱怨了，那就表示你很醜。你要是抱怨他們性別歧視，那你就是個缺乏幽默感的臭女性主義者，要不就是個女同志。」

我也聽說有個男生自稱有「神手臂」，會在紐約市立學校的走廊上，隨機摟抱女生，然後宣布他估計的內衣罩杯尺寸；我還聽說有個高中男生在明尼蘇達州聖保羅市的一處派

2 gooch，市井字典裡的俚語，指會陰。

對裡閒逛，遇到陌生人，竟問對方：「我可以摸你的咪咪嗎？」還聽過更多的例子，是各地的男生參加舞會，特別是（好）幾杯黃湯下肚之後，隨意無預警地從背後「磨蹭」女生。大部分的女生早已經學會，如果對對方沒有興趣的話，要怎樣優雅地閃避，這時男孩子也幾乎不會窮追不捨。不過還是有幾位年輕女性表示，自己的舞伴做得有點過分，居然會掀裙子，迅速地伸一根手指滑進她們的內褲裡。「到了大學的年紀，女生參加兄弟會的派對時，除非能夠通過門口所謂的『美麗測試』，不然根本沒有機會跳舞。所謂的美麗測試，就是指定一位男生在門口『決定這個女生到底是被接受，還是被拒絕，是美還是醜』。就因為門口有這麼一個男生，所以就算是零度以下的天氣，你也最好要露臍裝，否則最後的下場就是自己回家吃微波爆米花，再打電話跟你媽聊天。」

有一點，這裡我打算再說一次，然後——因為這一點太明顯了——這本書接下來的內容當中，我就不再重複這一點了：**並不是所有的男生會有這樣的行為**，有些男生一點也不會這樣，反而有很多年輕男性是女生最堅定的盟友。可是，跟我談過的每一個女生，每一個都不例外——無論是哪一個階級、種族或性別取向；無論穿什麼衣服，無論長得好不好看——都在國中、高中、大學時被騷擾過，更多的時候，甚至是在這三個階段都被騷擾過。這麼說來，在學校裡，真正冒著「受影響而分心」的風險的，到底是男生還是女生？

說女生的衣著影響了男生的思想和行動，這種責怪充其量只會造成反效果，更糟糕的是，這樣責怪女生，意思幾乎等於是「她自找的」。話雖如此，但我還是忍不住覺得，卡蜜拉這樣喜歡穿著「所謂更惹火的」女孩子，還是錯過了些什麼。把裸露手臂（以及小腿和乳溝還有腰部）的權利當成女性主義者的集體吶喊，這種說法總讓我心中一凜，懷疑是一種歐威爾式的言論。我不禁想起英國女性主義者凱特琳．摩根（Caitlin Morgan）提出的簡易測試法，可以測出所謂的性別歧視。卡蜜拉也曾不經意間地提起過這個測試。方法就是問問：「男生也這樣做嗎？」摩根寫道：「如果男生不這麼做，那麼你就很可能面臨女性主義以較難聽話所說的『百分之百貨真價實的狗屎』。」

所以，如果只有女生聽到噓聲，透露著的真相是：她們在年紀輕的時候追流行追出了身體覺醒。百貨公司會賣給嬰兒穿的比基尼；GAP 還推出「緊身牛仔褲」給學步兒穿。學齡前兒童崇拜的迪士尼公主，這些人物眼睛都比腰身還大。沒有人會去說服十一歲的男孩子穿布料很少的露屁股蛋短褲，或者在隆冬時分光著肚子；在我看來，透過服裝規定來約束女生的性，會讓人擔心「自我厭惡」的思潮大鼓越打越響：所謂的「自我厭惡」，是指年輕女孩所承受的壓力，認為自身的價值只在於單純的胴體，而這胴體是由各個取悅他人的部位組成；因此年輕女孩就這樣持續監控自己的外表，維持對外展現，而非感受。這讓我想起杭特學院教授狄波拉．托爾曼（Deborah Tolman）對我說過的一席話，此人或許也是研究青少女性慾的先鋒。她在作品中說過，女孩已經「透過自己感知的外表，開始回應身體的感受——性與性覺醒相關的問題。我得提醒她們，長得好不好看，並不是一種感覺。」自我厭惡也關係到沮喪、認知功能降低、學業成績退步、身體形象扭曲、身體監測、飲食失調、冒險的性行為、性愉悅減低。針對國二學生的一項研究顯示，女孩憂鬱症的病例中，自我厭惡因素占了一半，而無法自愛的調查中，自我厭惡因素更超過三分之二。另一項研究則顯示，女生對於外表的重視，增加了她們對自己身體的羞恥和焦慮感。針對高三學生的一項研究，則認為自我厭惡會讓女生對性產生負面的態度、談論性愛時不自在，還會產生更高比率的性遺憾。自我厭惡也和較低的政治效能有關：所謂的政治效能，就是認為你在公共論壇上可以有影響力，你可以改變些什麼。

然則，這個社會「過度性化」的例子處處可見，儘管有上述的風險，例子卻多到讓人幾乎看不到它的存在：在女孩子游泳的水中，在她們呼吸的空氣裡。無論女生擔任什麼角色——運動員、藝術家、科學家、音樂家、新聞播報員、政治人物——她們都知道自己身為女性的首要任務，就是必須投射出自己的性魅力。來看看普林斯頓大學二〇一一年發布的一份報告，探討前十年該校擔任公眾領導職務的女學生人數銳減的問題。為什麼不想擔任公眾領導人物？這些超級菁英的年輕女性提出的原因之一是，要擔任公眾領導人物，光符合資格還不夠，你還得要「聰明、鍥而不捨、（跟男人一樣）投入許多不同的活動，還有，除了這些以外，你還要漂亮、性感、纖瘦、可親以及和善。」否則，就像某校友說的，女性必須「什麼都做，什麼都做得好，做事的時候還要看起來很『火辣』。」同時，波士頓學院二〇一三年的一項研究也發現，女學生畢業時，自尊比入學時更低（而男生正好相反）。她們也在某種程度上將矛頭指向「被迫要看起來像某種樣子或穿成某種樣子。」杜克大學有一項調查結果類似，指出某大二學生將此現象稱之為「不費力的完美」，說這是「期待一個人聰明、複雜、纖瘦、美麗、高人氣，還認為這一切不需要看得見的努力就可以成就。」難怪她們會垮。

誠如記者愛麗兒．利維（Ariel Levy）在《女性沙豬》一書中所寫到的，「火辣」和「美麗」或「吸引人」不一樣，「火辣」是商業化的，一度空間的，不斷複製的，而且老實說，還是一種無法想像的性感，應用在女性身上，就可以簡單濃縮為兩個詞：「可以讓人上的」以及「可以賣的」。利維說「火辣」確實是女性弄出來的，最明顯的證據，莫過於二〇一五年《浮華世界》雜誌刊登的凱特琳．詹納的封面。為了宣告自己生理性別由男轉成女，這個高齡六十五的傢伙穿著束腹（緊身胸衣，購自「無用女性貼身衣物專賣店」）[3]現身，爆乳，嘴唇散發著天真少女的光澤；平面媒體常拿這樣的畫面，跟她當年的照片並排；當年她還是布魯斯，沾滿汗水的頭髮顯得稀疏，贏得奧運金牌之後高舉雙手擺出勝利姿態。身為男人時，他運用自己的身體，變成女人之後，他則是展示自己的身體。當然了，「性感」這個理想非常狹隘，往往還需要靠手術或修圖才能達成，並沒有人明白表示女生一定要達成這樣的理想，但是只要女生開始追求這樣的理想，就會被貼上「蕩女」的標籤。改變的只有這一點：早年熟悉媒體、認同女性主義的婦女，會把這種自我厭惡當成某種抗議手段，但現代的女性卻反而認為這是一種個人選擇，是故意用來表達而不是一種天生的性別傾向。如果「火辣」被認為是一種必須，是女性關連、力量與獨立的先決條件，那麼她們為什麼不要呢？

我見過的女生都說起過，當她們穿得很清涼，說著**解放**、**大膽**、**放浪強悍以及引人遐想**之類的字眼時，她們覺得自己既強大而又無力；即使是抗議社會大眾持續評論她們的身體時也是如此。她們覺得自己主動選擇了性感的形象——這是她們自己的事，不干他人屁事——可是又同時覺得自己別無選擇。有個大二的學生跟我說：「你要鶴立雞群，要吸引

3 原文為 trashy lingerie，trashy 一詞有不值錢、品質低劣、沒用的意思。

某個人，那就不只是要火辣，而是要看誰**最火辣**。我有一個朋友就表現得很直白，在舞會上現身時根本跟裸體一樣。」日復一日，女孩子一點一滴地在主體與客體兩個角色之間轉換，有時候不是故意的，有時候又不確定自己究竟是主體還是客體。比如說卡蜜拉，某一次，曾經在前一天穿著全新的緊身調整型內衣去學校。「穿好衣服的時候，我好像有一種『我覺得超級自在』的感覺，」她這麼說：「『我真的覺得自己很火辣，而且今天一定會非常順利。』可是，到學校的時候，我卻覺得——」這時候她扳著手指——「我不由自主地不受控制了。旁人一直瞪著你，上下打量著你，說些有的沒有的。於是我又開始懷疑自己，想著『我就不該穿這件衣服來的，這衣服太露了，也太緊了。』這感覺很沒有人性。」聽著卡蜜拉這樣說，我很驚訝，她竟然相信「覺得自己有多『火辣』可以決定自己當天過得好不好」；還有，她的故事才進行到一半，她就變了個人——她彷彿跟她身邊那些人一樣，突然把自己看成了一件物品。

以前在大學校園或父母團體公開演講時，我常說，只要記住「性化」是外界強加在女生身上，而「性」卻是女性內在生成的，就能夠清楚分辨這兩者的差異了；可是如今我開始懷疑事情真的有那麼簡單嗎？三歲小孩如果堅持每天要穿高跟鞋上幼稚園，五歲小孩如果問自己是不是「很性感」，七歲小孩如果吵著要穿 A&F 有胸墊的比基尼上衣（這項產品在父母的抗議之後，才改由袖子穿脫），我們似乎都能看清楚這樣很不健康。可是，如果是十六歲的女生穿著比基尼上衣配上火辣小熱褲，幫男朋友洗車呢？大一新鮮人搶著上有氧韻律課，你知道的，為了穿上那套**緊身服裝**，又該怎麼說呢？灣區一個高三學生席德妮戴著過大的眼鏡運動，誠如她問我的：「有人是因為對自己沒有信心，所以穿得很淫蕩，想證明自己；有人卻是真的對自己有信心，而且不需要證明自己，所以才穿得很淫蕩。兩種情況難道沒什麼不一樣嗎？」

我當時回答道：「或許不一樣。你覺得哪一種情況是對自己沒信心、哪一種情況是對自己有信心呢？解釋一下。」席德妮瞪著自己指甲上已經斑爛的黑色指甲油，開始一個一個撥動著自己手指上的銀戒指，一只一只撥弄之後，她說：「我無法解釋。」過了一會兒之後她才接著說：「我一輩子都在試著弄明白：『我內心深處真正想要的到底是什麼』，以及『我希望聽到別人怎麼講我』、『為何想要打扮成某種樣子來吸引注意』；我自己有時候會因為那樣，而覺得被心裡那股幸福的感覺給騙了。」

女生確實會對抗「火辣」的約束，抗拒那種矛盾的訊息，一方面覺得女生一定要「火辣」，一方面又說女生是因為「辣」才會遭到騷擾或侵害。二〇一一年爆發了一項自發性的運動「蕩婦遊行」，起因是多倫多某位警察建議，大學女生若要避免性侵害，就不應該穿得太惹火。此話一出，激怒了全球的年輕女性，許多人披著魚網，穿著吊襪帶走上街頭，高舉牌子，寫著「我的穿著不代表默許！」「我的屁股不是性侵的藉口！」另一頭，Y世代也製造話題，把腋毛留長了露出來，拒絕一般通稱為丁字褲的整人設備（有人比較喜歡穿屁股上印著「女性主義者」的「阿嬤大內褲」），他們要證明就算不去迎合「火辣」的標準，他們也能展現性感。我遇到的一個年輕女性，是個主修藝術的女生，她私下跟我說，一般人期待女生穿去大學舞會的那種「戲服」，她已經看膩了，她選擇另外一種，故意打扮成閃光獨角獸的模樣現身。她告訴我：「我覺得好自由，這還是展現了某種身體意識，而且一樣要大量的化妝，可是我也渾身包緊緊。而且我是獨一無二的。」

辣與不辣：社群媒體賦予的新「身體產物」

女生並不總是繞著肉體來組織她們對於自己的看法。第一次世界大戰之前，「自我提升」意味著**不那麼**不可自拔，**不那麼**虛榮自負：反而要幫助他人，專心課業，提升閱讀能力，培養同理心。作家喬安・雅各布斯・布倫伯格（Joan Jacobs Brumberg）也在她的《身體投射》一書中強調這種改變，書中比較十九世紀末與二十世紀女孩的新年新希望，寫道：

一八九二年的時候，一個女孩子寫道「決心先想清楚再開口。決心認真念書。決心在交談與行動時更自制。決心不胡思亂想，要有尊嚴。決心要對別人更有興趣。」

一百年後，女孩子的新年新希望變成了這樣：

「我要想方設法讓自己變得更好……已經換新髮型，買了好的化妝品、新衣服、新配件之後，我要減肥、要配新的隱形眼鏡。」

喬安．雅各布斯．布倫伯格的書出版於一九九〇年代末期，這是社群媒體還沒有蓬勃發展的美好年代。隨著聚友網（MySpace）的來臨，再來是臉書、推特、IG、Snapchat、Tumblr、Tinder、YikYak，以及——注意我的措辭——即將植入我們腦中的某些社群媒體相關的微晶片，身體更根深蒂固地成為女性展現自我的最終方式，從「投射（project）」演變成有自覺的上市「產品（product）」。社群媒體有千千萬萬種方式可以好玩、有創意、產生連結、或者發揮政治力；社群媒體可以是生命線，讓和同儕格格不入的孩子，特別是非傳統雙性戀的青少年，找到重要的支持和團體；但**社群媒體也強力促進了女性的自我認知不斷地內化**。有證據顯示一個女孩子越關心自己的外表、體重、體態，就越可能去諮詢自己社群媒體裡的那面魔鏡，反之亦然：女孩子越常檢視自己的形象，就越關注自己的外貌、體重以及體態。女孩子的頁面上，評論也不成比例地將重點放在外貌上；外表成為一項標準，用以衡量友情、自我形象甚至自我價值，這種現象也比現實世界裡更嚴重。

在中西部某私立大學裡，地下室的一間辦公室沒有窗戶，在該校就讀大二上的莎拉就站在我面前，一腳的腳掌向前，單膝微彎，示範「腿斜角」——這姿勢一開始是展場女郎發明的，現在卻成了女生拍社群媒體自拍的標準姿勢。莎拉解釋說：「這樣站，身體會比你正常站著的時候更苗條。」她在亞特蘭大長大，在當地一間小小的基督教高中就讀。她把披肩的長髮染成了金色，一雙碧眼，妝化得很細緻——粉底，眼影、唇膏。「大家會⋯⋯」——她頓了一下，有意地笑了——「這很蠢，但是大家都會學著拍照的時候擺姿勢，好讓自己在臉書或 IG 上看起來比較好看。我是說，我也是這樣。單手放在臀部——也會讓你看起來比較瘦。還有，不管你的髮線分哪一邊，分線的另一邊一定是『比較好』的，所以我拍照的時候都是這一邊對著鏡頭。」她將右臉轉向我，繼續說：「我會把一些小瑕疵修掉，調整一下光。如果你有看《超級名模生死鬥》這類的東西，你還是會學到『怎樣找自己的光』等等之類的。」

青少年一直非常敏銳地知道自己在同儕眼中是什麼樣子，而社群媒體更是放大了這樣的自覺：他們不是只有拿真正認識的一小群人實驗，而是將自己的思想、照片、品味、甚至活動（以及判斷失誤）攤在自己的九百四十七個好友面前，讓這些人按讚或批評，而這些「好友」很多其實都是不熟的人。結果呢？洛杉磯兒童數位媒體中心研究員安德里亞娜・麥納果（Adriana Manago）研究大學生在社群媒體上的行為，根據她的研究，年輕人如此運用社群媒體的結果，就是年輕人談論起自我的時候，就像在談論品牌，而不是一種內在培養出來的東西。這些年輕人的「朋友」變成了觀眾，觀眾是要尋求、要努力留住的。百分之九十二的青少年每天上網，當中還包括百分之二十四的青少年是「幾乎一直」掛網。將近四分之三的人使用兩種甚至兩種以上的社群網站。還有，特別是在以分享照片為主的網站，例如IG，女生比男生活躍，男生比較偏向打遊戲。舊金山一位名叫瑪蒂達的高三女生告訴我：「你運用自己的經驗，創造一個形象，終極目標就是展現出你值得擁有、很吸引人，人家都要你、喜歡你。」她說，每個年輕的女性都知道「貼一張穿著比基尼的泳裝照，『得到的讚，會是穿雪衣外套的照片的十倍』。」可是，就像是在現實世界裡一樣，女孩子必須要小心，要顯得「火辣」而不「風騷」，要顯得性感自信，而不是「飢渴」。一項針對一千五百名臉書用戶的研究顯示，大學女生對於其他女生的個人檔案，批評的時候，遠比對男生嚴苛；她們會「太常」批評別的女生朋友，分享「太多」個人資料，照片裡露「太多」肉，「太常」用姓名去查核自己的男友；也貼「太多」的動態更新。事實是，這女生以外，其他的一千四百九十九個用戶也嚮往著同樣的「理想」：年輕女孩透過動態更新、漂亮的照片、穿少少的自拍，將自己描述成一個「好玩」而且「無憂無慮」的人物，這人物有很多漂亮朋友，參加很多舞會，而且多半對羅曼史、流行文化、購物有興趣。這樣一來，你為了爭取認同所需要的一切，會讓你輕易地自我陶醉。

想要變成眾矢之的不會太難。莎拉也認同表示：「你可以完全被汙名化。我認識一個女生，她的IG只放自拍照，每一張照片都是自拍，而且每一張照片，大家都在討論。這樣一來，顯得她好像沒朋友，又好像太自戀。人家要批評，方法多得很。當然了，你也會怕你對別人的批評，最後又回到自己身上。雖然那些話不是你講的。你就是得聽別人怎麼說，然後有點瞭解那些不成文的規定。比方說，不要太常換頭貼，不要把自己所做的一切都貼成動態更新，不要貼太多你自己的照片。」

二〇一三年的時候，「自拍」成為牛津詞典的「年度風雲詞彙」。臉書或IG的用戶，可能都貼過幾張自拍照，但「年度產量」都比不上青春期少女（有趣的是，四十歲之後，男人成為最愛上傳自拍照的族群——也許是因為女性人過中年下意識會把自己隱藏起來）。這些自拍照可能是年輕女孩輕率的自豪感，是一種主張，主張自己有權在公共領域占有一席之地。《怪女孩出列》的作者瑞秋．西蒙（Rachel Simmons）寫道：「假如你認定那些沒完沒了的貼文，只是注重形象的自戀，那你就錯過機會，無法觀察女孩子如何推銷自己——我們反而比較允許男孩子去培養這種技巧，將來他們談加薪和升官時，這種技巧是非常受用的。」

我個人很喜歡快速瀏覽我認識的女生（例如我姪女、我朋友的孩子、我訪談過的女孩們等等）的貼文，看著她們站在國家紀念碑的前面，或者畢業當天被朋友圍繞。不過，我雖然喜歡看這些貼文，卻也不能緩和我的憂慮，依舊擔心自拍可能是女孩子要承受的另一種暴政，迫使她們將自己的身體端出來供自己和他人檢視，這樣一來，她們的價值就降得膚淺、扁平，只能以看得到的東西來衡量。就像另外一個女孩跟我說的：「臉書就跟手機一樣——全都回歸到這一點：我漂亮嗎？我有多少朋友？我的大頭貼看起來怎樣？**我自己來追蹤自己**吧。」

再說一次，我遇到的那些女生並不消極；她們不是什麼社群媒體的受害者，反而對文字很敏銳，往往還對女性主義很狂熱。她們積極投入當代的文化，就算對於這份投入的意義和衝擊，仍然糾結，卻還是積極投入。一項大規模的調查當中，發現將近三分之二的青春期女生真的感受到自拍讓她們更有自信，就是那樣。但是也有大約一半的女生說，**別**

人（想必這些人對於她們最好的角度不是很上心）幫她們貼出的照片，往往容易讓她們傷心。年輕女生對自己身體的不滿意，似乎和逛社群媒體的時間長短無關，而是和花多少時間分享、觀看照片有關；花越多時間觀看別人（無論是密友或不熟的同儕）的照片，年輕女生就會對自己的外表越看越不順眼，難怪曾經有一陣子，所謂的「自拍修圖應用軟體」蓬勃發展，這類的應用軟體，可以讓女生把鼻子變小、牙齒變白、笑容變燦爛。三十歲以下的女性接受真正的整形手術，人數也不斷增加。二〇一一年，為了在畢業舞會自拍時能夠更漂亮，而去墊下巴的高中女生，增加了百分之七十一。根據美國顏面整型重建外科醫學會的調查，每三個尋求整型服務的病人，就有一個僅是為了讓自己自拍時更好看。

吃燕麥片、採買畢業舞會服裝、或者跟你的好麻吉出去玩時貼出自己的照片——甚至是貼出很多很多自己的照片——那是一回事；真正讓父母憂心忡忡的，是自拍有個邪惡的親戚：性簡訊。於是我們告訴自己的女兒，不要，絕對不要將有性暗示的訊息，或者是裸照半裸照（天啊但願不要啊）傳給任何人。我們都說，網際網路是永遠都在的。Snapchat不會阻止螢幕截圖瞬間重新發送，或者被當成武器（看看越來越多的「復仇式色情」：未經當事人同意就上傳的猥褻照，上傳之後繼之而來的就是分手）。事實上，青少年上傳不雅照做為性簡訊的情況到底有多普遍，很難說得準。根據統計，大約有百分之十五到四十八（根據孩子年齡不同，對性簡訊的定義也不同）的年輕人說他們傳送或者接收過猥褻訊息或猥褻照片。不過，有件事很清楚：傳送／接收性簡訊這件事，並不是性別中立的。志願拍不雅照的男生、女生人數雖然一樣，但是女生被強迫、被逼迫、被勒索、被威脅的比例卻可能是男生的兩倍——一項大規模的調查顯示，在傳送過性簡訊不雅照的青少年當中，有整整一半的人都是基於上述幾項原因。這點格外令人憂心，因為被迫發送性簡訊顯然比真實世界裡被迫性交，更容易造成當事人長期的焦慮、沮喪、以及創傷。我遇到的女生當中，有人可能是從中學就開始，一直不停地被纏著發送裸照。當中有個女孩子，說到自己國二開始，就有一個男同學（發簡訊）威脅她，說她若不發一張自己胸部的裸照給他，他就死給她看。她的一個朋友受到相同的威脅之後，居然乖乖照辦了，這時她就將這件事告訴了父母。有時候這種壓力出自女生自己想要取悅他人、想要惹人注目、或者想要別人肯定自己很火辣。女生傳性簡訊給男友，以此證明她們信任對方；也有女生傳性簡訊給希望對方可以注意自己的男生（男生也會做這樣的事，但女生通常認為這樣很霸道，很「噁劣」）。有個女生還跟我說，她就讀的私立猶太高中，同學之間「流行」著一種習慣，就是女生上網和男朋友聊天時，刻意露出胸部。男生就開始螢幕截圖，然後上傳到網路上。

我忍不住問：「女生希望這種事發生嗎？」

她說：「不希望，可是事情就是發生了。」中學階段，女生已經「長大了」，但男生還沒。「我會上網跟男生聊天，而那些男生就會說『來吧來吧，亮給我看！亮給我看！』我當然不肯，可是他們就會一直不罷休，他們會說，『你就亮出來嘛，我保證我不會拍照啦。』要是你喜歡那個男的，你會認為，也許他也會喜歡你……某些男生有整個資料夾的照片，就像戰利品一樣。」

有些女生會認為性簡訊，或者以性感姿態視訊聊天，可以安全地「實驗」性行為（至少她們是這樣看的）。亞特蘭大某大一新生對我說：「我會在國、高中時，透過即時訊息發送圖像式的性簡訊，或者透過 Skype 跳個脫衣舞什麼的。我還沒準備好要獻出童貞，但我喜歡當壞女孩。」她當初並不擔心收到訊息的人會把她的演出分享給別人看；她當時也相信自己可以利用身體來引誘人，也就可以利用身體來恫嚇別人。她跟我說：「我有一百八十二公分，可不是什麼柔弱的小東西。當時的我，心態就像是『假如誰敢散播我的訊息照片出去，我就讓他從此沒有蛋蛋。我會**傷害**你。』所以我當時認為自己能掌控。」

所以，自拍到底是讓人有力量，還是讓人受到壓迫呢？性簡訊到底是有害，還是無傷？穿裙子到底是果斷聲明自己的性，還是利用自己的性呢？不妨這樣測試：看著天花板，一隻手高舉過頭，伸出食指順時針畫圈圈，順著圈圈，手臂慢慢降低，讓手指和眼睛同高，然後繼續畫圓，讓手臂降低到腰部，低頭看看你畫的圓，這個圓是朝那個方向旋轉？雖然聽起來不太可能，但這個圓其實既是順時針、又逆時針旋轉。管理顧問往往利用這種「既是／又是」的觀念，來打破「非A即B」的僵化思維。狄波拉．托爾曼就曾經說過，這點對年輕女孩和自己身體、性以及性化之間複雜的關係，也是很有幫助的。所以談或不談穿著規定、社群媒體、通俗文化給予的影響，這些對於父母和女孩本人來說，都是挑戰，沒辦法得到斬釘截鐵的真相。

零件就是零件

二〇一四年出現「天生就是低嗓音」；歌曲出自梅根．崔娜的精心創作，廣受好評。歌詞其實就是拿「既是／又是」的矛盾來做文章。表面上，這首歌鼓吹接受自我體態，抗拒「火柴人身材，像矽膠做的芭比娃娃」的理想。可是，這首歌也隱藏了屠城的木馬：梅根．崔娜不但猛打那些「骨瘦如柴的臭三八」（最後還靦腆地加上一句「我不是鬧著玩的」），卻又要年輕女生放心「男生，他們晚上的時候喜歡有更翹的屁股可以抱。」所以，身材有曲線美當然好——只要男生還覺得你很火辣就行了。

不過，梅根・崔娜算是有點遲到了：歌詞中的「低嗓音」早有前例，混音老爹曾為珍妮佛羅蓓茲這個舉國迷戀的對象，唱過一首新穎歌曲，「低嗓音」根本就是從這首歌轉化出來的。妮琪・米娜的單曲「大蟒趴」唱片封面上，她蹲著，背對鏡頭，兩個膝蓋向外張開，露出巨大（而且，幽默地說，是整型之後大大提升）的臀部。還有女神卡卡的單曲「你要怎樣就怎樣」，特色就是穿著丁字褲、屁股翹得半天高的背面。（這首歌的副歌，就是被控強暴的二重唱勞凱利唱的「你要怎樣就怎樣，你要怎樣對待我的身體就怎樣對待。」）巡迴演出時的碧昂絲也是穿著紀梵希設計的連身衣現身，連身衣的鏤空，讓她裸露的臀部一覽無遺。二〇一四年的《運動畫刊泳衣專刊》封面，描繪的則是另一種背部風情：三個上空的超模，嬉鬧地看著彼此的肩膀上方，就像是奉上她們幾乎全裸的小屁屁給讀者觀看一樣。同一年稍晚，珍妮佛羅蓓茲發表了她引導流行的暢銷專輯「大翹臀」，推出更新、更清晰的影片，主演的是「性感小野貓」饒舌歌手伊姬・阿瀲莉亞。此外，據傳金・卡戴珊拿著《紙》雜誌「砸了網際網路」，因為那一期的雜誌封面，刊登的是她豐厚（還有，可能也是增強之後）的臀部，那個臀部因為塗了嬰兒油而光滑無比。

還不只這樣！人稱臀拍女王──所謂臀拍，意思就是「臀部自拍」──的健身女模珍．賽特，在IG上有七百萬名粉絲關注，光靠業配文，就可以賺到高達美金六萬元的收入。對於比較普通的人來說，人稱「臀拍棒」，售價八十元的小發明，就是設計來捕捉最完美的背部角度，在網路上一推出馬上銷售一空，而且，在我寫這段文字的時候，排隊等候補貨的名單已經要排好幾個月了。有一項所謂的「巴西提臀手術」手術，就是將身體其他部位的脂肪，移植到後面，在二〇一二至二〇一三年間，這項手術在美國實施的次數，已經提高了十六個百分點。想接受這種手術，手頭上卻缺了一萬美金的人，還有另一個選擇，就是售價二十二塊美金的提臀褲──就像是給臀部穿一件有水餃墊的胸罩一樣──在二〇一四年十一月的時候，提臀褲的銷售量，幾乎比二〇一三年同期增加了百分之五十。於是那家公司接著設計出更新、更大的提臀褲，提臀效果可以再提升百分之二十五。

也許是屁股的時代來臨了：說到底，女人還有多少時間可以消磨在關注自己的肚子、胸部、屁股、腋下、脖子還有臉？女人還禁得起多少次的整形手術？總要有辦法來填補這種空缺吧。真的，你會以為，對「大腿縫」的恐懼完全買帳之後，女人會抗拒被另一個身體部位定義，特別是臀部這個特殊的部位。就像艾咪．舒摩爾在「牛奶，牛奶，檸檬水」這首饒舌歌裡唱的，強力放送翹臀狂熱，我們都在「談論我的軟糖製造機」。不過我遇到的女生卻都不是這麼看。瑪蒂達說我太假了，怎麼會認為「大蝻趴」裡的妮琪．米娜在自我否定，又怎麼會讚嘆莉娜．丹恩「女孩我最大」裡上空打乒乓球的情節很具有顛覆性。莉娜．丹恩並沒有試圖要變火辣，恰恰相反，她肚子圓滾，下巴鬆垮，天然的胸部，兩邊不對稱。她那一口「低嗓音」也許還有一點深沉。換句話說，她看著就像是一個很一般的美國婦女，一般人忌諱將不完美的普通事物展現出來，期待女性的胸部像充氣或移植的一樣，她卻用她的身體來粉碎這樣的禁忌，挑戰這樣的期待。瑪蒂達反駁我，說：「妮琪．米娜也很有挑戰性。」妮琪．米娜抛開羞恥，拒絕男性生出來禁錮女性的那些所謂「可敬的」女性特徵行為，她拒絕認定臀部——尤其是長在有色人種的女性身上大臀部——很「骯髒」。瑪蒂答說：「一般人總是抱怨妮琪．米娜的臀部，可是我覺得這有點是『該死你居然這樣，該死你居然不這樣』。」假如你強調臀部，就可能在標準化主流的黑人身體，但也會有人指控你在『否定』自己。可是，如果你不強調臀部，你就可能涉及到一種「身材羞辱」文化。所以囉，有色人種的女生，應該怎樣做，才能『控制自己的性』，或者才能『肯定自己的身材』而又不讓自己身材建築在內化的迷戀上呢？」

妮琪．米娜的臀部很超過嗎？那女神卡卡的呢？《運動畫刊》雜誌封面上那些泳裝模特兒呢？誰能判斷這些圖像，哪一個是在挑戰，哪一個屬於共同犯罪？哪一個試圖解放，哪一個又是在限制？哪一個破壞了美的標準，哪一個又為美創造新的標準？這些圖像，可不可能兩種情況兼而有之呢？西岸某大學的一個大一學生告訴我：「我喜歡碧昂絲，她是我的偶像，她就像女王一樣。可是我在想，假如她醜一點，假如一般人覺得她不性感，那她還能夠發表那些女性主義的論點嗎？」

倡導女權的作家貝爾．胡克斯（Bell Hooks）踹開了馬蜂窩，說碧昂絲是「恐怖份子，特別是說到她對年輕女孩的影響力。」她就說，對於臀部的迷戀，充其量就是一種最新的方式，將女性貶為身體的一部份：用最新的「十三歲以下建議由父母陪同觀賞（PG-13）」[4]頂替「性感小野貓」。這種痴迷，和迷戀大奶或迷戀濕潤、張開的嘴巴一樣，並不會更具顛覆性，或對女性更「賦予權力」。貝爾．胡克斯說，這些流行文化中爆紅的話題，還是離不開一個基本的問題：「誰擁有女性的身體？女性的身體權是誰的？」

瑪蒂達之類的年輕粉絲，會說當然是明星自己擁有身體權。他們堅決表示，女藝人控制著（或者至少是被包裝成可以控制）一種過度性化的產業，這項產業往往壓榨女性。沒錯，這些女性可能是產品，但她們也是製造者。是女性自己決定要在舞台上扭腰擺臀，

4 譯註：美國影視為保護青少年設立觀賞的年齡分級制。

或者擺弄民調，或者在辦公櫃繞著衣冠楚楚的男性跳舞，還是赤身露體擺姿勢幫雜誌拍封面：她們不是在讓步，而是在收回自己的性。可是，這些表演者還是在一種制度之下運作，這種制度，大部分的時候，會要求女性為了效果，以特定的方式呈現或者展示自己的身體，讓人看見、聽見。要成功操弄這套制度讓自己得到好處的方式，例如說，把脫衣舞俱樂部那一套同樣的陳腔濫調搬出來，名義上重新包裝的話，如此一來，確實可能會讓女藝人名利雙收，但是我們不應該把這樣的操弄，視為實際的改變。女神卡卡、蕾哈娜、碧昂絲、麥莉、妮琪、伊姬、凱莎、凱蒂、賽林娜這些女藝人可能不是傀儡，但是她們倒也未必就是女英雄。她們善於權謀，把商業化的性當成一種選擇，這種選擇可以獲利，但無論是對女藝人或對一般女孩而言，都有多方的限制。所以，問題並不在於流行天后究竟是在表現，還是利用她們的性，而在於為什麼女性的選擇還是這般少，為什麼女性想要在這種充滿性別歧視的娛樂產業界快速竄紅（就像一般女孩在社群媒體上一樣），就必須竭盡所能以最極端、最吸引注意力的方式來包裝自己的性。

全球風行的電臀舞（Twerk）

奧克蘭甲骨文體育館黑色的牆面上，浮現著麥莉．希拉的臉，既像是有趣的自拍，又像是《綠野仙蹤》裡那個無形的頭。瞇著一隻眼，噘著嘴，粉紅色的舌頭展開，此時麥莉本人突然現身，她穿著有亮片的紅色兩件式緊身衣，肩膀還裝飾著羽毛，高舉雙手，滑上舞台，當她開口唱起自己那首「簡訊爆炸」的開頭幾句歌詞時，成千上萬的女生（還有幾個男生）開始尖叫，舉起發亮的蘋果手機，簡直是揮動打火機的現代版。當時是二〇一四年二月，大約是麥莉將自己的迪士尼公主形象永遠埋藏在所謂「全球風行的電臀舞」半年之後。

對於可能是最近剛從冥王星移居到地球來的人而言，麥莉在二〇一三年的MTV音樂錄影帶大獎的表演，可以說是激起了全球公憤。她表演時，先是以一個黑人伴舞（這舞者顯然用背帶塞了一大隻玩具熊在背後）為對象，模仿舔肛吻，然後脫到剩下塑膠的、膚色的內褲之後，開始擺動她的臀部，或說是開始對著羅賓．西克的褲襠「扭臀」，在兩人開始表演他那首爭議性的歌曲「模糊界線」的時候，她也運用了一根泡沫手指，這道具是粉絲通常用來支持某項運動賽事的時候用的，但她運用的方式，只要你親眼目睹過，就不可能再視若無睹。整場表演就是那個怪異搖晃的舌頭，惡名昭彰的程度，足以媲美接吻樂團的吉恩．西蒙斯。不意外，麥莉這場表演立刻引來保守派專家及女性主義者的焦慮不安。（嚴重程度不亞於愛爾蘭女歌手西尼德．奧康娜當年的爭議，她曾經在現場節目中唱到「罪惡」一詞時，撕毀教宗的照片，這也促使麥莉立志「不讓音樂產業自我作賤」。）然後便出現了一波反擊，主要是一群年輕女性發動的，他們指控保守派專家和女性主義者居然只因為麥莉「展現她的性感」，就給她貼上「蕩婦」的標籤來羞辱她。當時也有人抨擊麥莉，說她性別歧視，盜用黑人「棘輪」文化的某些面向，來助長自己的壞女孩聲望，還利用伴舞者肉感的身體來支撐自己。不過，這都不重要。隔天早上麥莉的單曲就站上了iTunes排行榜的第一、二名。六週之後推出的「青春大爆炸」專輯，登上美國流行樂排行榜的第一名。

這不是我第一次參加麥莉的演唱會，我還參加過她的奇妙世界巡迴演唱會，地點也在甲骨文體育館，比剛剛說的那一場還要早五年。那一場，她穿著超短的皮短褲，和露乳溝的背心，不停地磨蹭著樂團裡的一個男孩，嚇壞了一群乖乖女漢孟娜的粉絲。這次，似乎現場那些小女生（或小女生的媽媽）都知道：乖乖女已經連個影子也沒有了。或者說，真人來到了現場，只是她們現在長大一點了，麥莉也長大一點。表演開始之前，大廳裡塞滿了十八、九歲、二十出頭的年輕女生，梳著自己從MTV音樂錄影帶大獎學來的麥莉慣有的丸子頭髮辮。有些女生穿著露臍裝，上面印有六吋大寫字母的「電臀舞」字樣，有些人還拿著泡沫手指。還有些女生甚至找到仿冒的，有著毛茸茸的泰迪熊臉的內褲，是麥莉之前在MTV音樂錄影帶大獎表演時，脫光之後所穿的表演服裝，臉上同樣瞇著一隻眼睛、舔著嘴唇。（「麥莉服」成為當年萬聖節熱搜Google關鍵字的第二名，搭配閃一次要價九十元的泰迪熊廣告）。有個女孩穿著肉色胸罩和內褲，跳著華爾滋進場了，那畫面本身可能根本就不讓人驚訝，卻有兩位中年人拿著相機尾隨在後，就像狗仔隊似地跟拍（大概是那女孩的父母吧），此舉反而讓好幾個人回頭。現場一大堆人穿露臍裝遊行，大秀小腿，一堆人穿著細跟高跟鞋。現場瀰漫著大麻的氣味。

我在零食飲料販賣區附近站定，節目才進行了十五分鐘，就至少有三十幾個女生站在麥莉・希拉的海報旁邊，叫我幫她們拍照，真人大小的海報，有麥莉展示著她那出名的舌頭。有幾個女孩子還擠出了「鴨子嘴」或「假裝吃驚」的表情——彷彿在說**我很好玩！我很諷刺！**——可是大部分的女生只是模仿自己的偶像而已。我找了一個女孩，十九歲，叫艾蜜莉雅的問她說這種姿勢到底哪裡吸引人了。她表示：「我覺得，這姿勢是在說『我不在乎』。」

「你不在乎什麼啊？」

她聳聳肩說：「反正我就是**不在乎！**」

我旁邊站著一個在舊金山州立大學主修女性研究的二十一歲女生，穿著黑白條紋連身褲裝，梳著辮子丸子頭，嘴上斜斜塗著一抹紅色口紅，她表示：「我喜歡麥莉，是因為她就是她自己。以前我喜歡漢孟娜，每一集都看，可是我現在長大了，麥莉也長大了。她需要掙脫，昭告世人她已經不再是迪士尼明星了。」這時，這女生環顧四周，說：「而麥莉也真的做到了。」

這女生的朋友興奮地說：「她是完美的縮影，她不會適用於任何文化理想。人人都會教你一個女孩子應該怎樣怎樣，但麥莉呢？她就只是她自己。」

這場表演本身就是一個萬花筒，充斥著近似迷幻的畫面，一個漫畫版的動畫麥莉（出自《萊恩與史丁比》的創作者約翰．克里克法盧西的構想），凸眼、暴牙、搖搖晃晃的大臀部，在螢幕上跳躍，真人版則跟一群毛茸茸的、舞動的填充玩具熊一起，揉捏、觸摸更多伴舞的舞者。一張大床吐出了舞者，男女都有，配合麥莉假裝放浪。她刺激一個「小人物」與她交流，人物被一個穿著像林肯總統（形象出自《美國派對》）的舞者，擺出口交的姿態操控著。她鼓噪觀眾一起互相舌吻，慵懶地說：「舌頭越長越好，越髒越好。」

還說，最「噁心」的情侶，影像會被投射在舞台側翼的超大螢幕上。（「女女吻**永遠**受欣賞」，她說這話的時候，露出了譏笑。）

這場表演無疑是圖像式的，卻並不特別色情。畫面和動作都太隨機，缺乏較大的意義或目的，只是零零碎碎的，好像是刻意丟出來刺激某種反應——**任何**反應都行。例如：**看哪，九百一十四公分高的車耶！麥莉穿著印了大麻圖案的連身衣耶！麥莉從車子的引擎蓋上下來了！麥莉跨坐在巨大的空降大熱狗上耶！**麥莉．希拉，一頭精靈短髮染成了白金色，臀部、胸部都沒有曲線，看起來比五年前還要瘦。令人吃驚的是，她看起來簡直雌雄同體，就像是限制級的凱西．雷格比[5]，像是跳出來的彼得潘。看著她，我不禁想起愛麗兒．利維說的，有一個時代，**人對於性感外表，比對於性享樂的存在更有興趣**，在這樣的時代，帕麗絲．希爾頓就是個完美名媛。希爾頓著名的性愛錄影帶裡，她對著相機擺姿勢時，顯得很興奮，可是真槍實彈上陣時，她卻好像很無聊，甚至在進行到一半的時候，還去接了一通電話。愛麗兒．利維寫道：現今的「低俗文化（raunch culture）」，不是解放或進步，也和「敞開心胸接受性的種種可能與種種神祕」無關。低俗文化所呈現的「火

---

5 譯註：凱西．雷格比（Cathy Rigby），女演員，以扮演彼得潘的角色而出名。

辣」和性愛本身之間是斷開的。愛麗兒．利維指出，即使是希爾頓那樣的女子，都曾經說過「我男朋友老是跟我說我不色，我很性感，但是並不色。是性感，不是色。」

也許麥莉讓粉絲得到釋放，可以不顧體面，給粉絲一個願景，讓粉絲知道，無論怎樣妥協，一個女孩子永遠不會拿不定主意，無論在別人眼中她是不是「太淫蕩」。拍打褲襠、扭臀、不經修飾的言談、以及模擬各種性行為——一切都讓人錯覺是性自由、是反抗、是蔑視傳統，讓人錯覺她「不在乎」。可是當然，麥莉是真在乎。試圖保住自己的名人圈地位、保住自己排行榜冠軍的地位，這樣的人當然是非常、非常在乎的。之所以一直回頭談她，是因為我發現她一點都不獨特，恰恰相反：她就是個真人版的羅夏克[6]（Rorschach），專門過濾主流的、中產階級的小女生形象和概念。這表示她十五歲的時候，應該帶著貞潔指環，發誓婚前要守貞；這表示她二十三歲時，應該穿著活潑的、印有鈔票圖案的緊身連衣褲，拿小矮人來表演機械式的、假裝的性行為——還稱這是一種解放。麥莉永遠努力用她的文化攪拌機，調出完美的雞尾酒。像她這樣的年輕女性，為了保

6　譯註：羅克夏（Rorschach），瑞士精神科醫生、精神病學家，創立墨跡測驗法，被公認為是最有效的投射法人格測驗。

住名人地位、為了搏版面、為了引人注意、為了被「喜歡」，總是需要做些事情，這些事情她一方面反應，一方面拒絕——拒絕的同時，卻又似乎試著去做。現在的每一個女生努力掙扎著的，不就是這麼一件事嗎？

表演進行到中間的時候，麥莉稍事休息，不唱了，改跟觀眾說話，大吼著：「幹，你們好嗎？」然後開始四處走動，將蘋果手機高舉過頭，伸出舌頭，拿人群當背景開始自拍，然後馬上放上IG，她似乎就像她那些觀眾一樣。

A片大流行

艾莉森．李緊張拉扯著自己那頭有著紫色挑染的黑髮，說：「我對A片很敏感。」她十九歲，在大西洋中部某大學讀大二，她的出身，據她自己說的，是個「文化非常保守」的華人家庭，她家位於洛杉磯郊區，當地幾乎清一色是移民的外國人，以及像她這樣的移民第一代子女。她收看《實習醫生》，藉此研究美國人的行為和感受，特別是對於性愛及戀愛這方面的行為和感受。她說：「所以現在我有著非常典型、自由開放的大學女生觀點。」

這觀點，對A片的態度很矛盾。艾莉森認真交往過的男朋友有兩位——一個是高三時的男友，一個是大一時的男友——兩位都跟她說了同樣的話：「我當然會看A片啊，十幾歲的男生，每一個都會看。」

艾莉森解釋道：「有人會覺得看A片不對，A片在道德上很可怕又很噁心，但我不是那種人。可是，知道男朋友會看A片，還是讓我覺得超不安心的。那感覺就好像：難道我不夠好嗎？我當然不像A片女星那麼火辣，A片女星做的那些事情，我也做不來。這兩任男朋友都向我保證：他們看A片跟我無關。邏輯上，我知道『男友看A片』和『我有沒有缺陷』這兩件事不一定有關係，可是我心裡就是有疙瘩。」

貝爾．胡克斯曾經提出：流行文化勾勒的女性形像，在問「誰能進入女性的身體？」如果此話不假，那麼我們或許可以在A片不斷擴大的影響力中，找到最後的答案。也就是說，無論是拱起的背、濕潤微張的嘴、越顯豐隆的乳房和臀部、鋼管豔舞、電臀舞，還是模仿性行為，都是源自於A片。也就是說，女性之性特質來源，在男性看來就是一種表演。

拜網路之賜，A片空前普遍，也空前地容易取得，尤其對於青少年更是如此。就像流行文化一樣，A片明確地刺激腎上腺素，激發了一種需求，不斷測試底線，希望能守住一群容易分心的觀眾。為了反映（並進一步詢問）主流文化裡的「翹臀」風潮，有一項大規模研究，探討性行為與熱銷A片的侵襲，這項研究結果顯示：調查的A片中，有一半以上，都會把肛交拍得輕鬆、乾淨、女人做了會開心；百分之四十一的影片則包含了「肛對口」的畫面，也就是男生將陰莖抽離女性陰道之後，立刻放入女伴口中。「顏射」的場景（幾個男人射精到同一個女人臉上）、「性虐待式的口交」（一種口交，目的是讓女伴嘔吐）、三倍陽具插入、多個陽具插入同一個大洞等場景也不斷增加。現在，我得大膽告訴大家：在真實的生活裡，上述這些操作方式，大部分的女人並不會覺得太舒服。看著表現很自然的人，進行著自願、彼此都很愉悅、真槍實彈的性交，這件事或許無害——媽的，不但無害，還可能是好主意咧——這裡不指偶爾會看到的女性A片網站，畢竟全球九百七十億美金的A片產業產值志不在此。A片的製片人只有一個目標：快速讓男人脫罪，快快讓自己獲利。而要快快讓男人脫罪也讓自己獲利，最有效的方法，顯然是用色情來包裝女性的墮落。針對流行A片中常見行為的研究顯示，隨機抽樣的三百〇四個場景中，有將近百分之九十的畫面，涉及到對於女性身體的侵犯，也有接近一半的影片中，包含了言詞侮辱。受害人則幾乎都是反應平平，或者表現出愉悅。更陰險的則是，女性可能內心反對虐待，哀求伴侶放她一馬，可是一旦對方不肯罷手，這女性可能反而默許對方，甚至開始享受被虐的過程，無論這個過程有多麼痛苦、多麼受到貶抑。真相卻如同現年十八歲，一心想在A片產業發展的女生告訴紀錄片的導演吉兒．鮑爾（Jill Bauer）與羅娜．葛拉德絲（Ronna Gradus）：「我應該和我絕不會發生關係的男人做愛，說我絕不會說的話。這件事本身沒有性刺激。你不過是俎上的肉。」

媒體一直被稱為「超級同儕」，將所有的行為「腳本」傳授給年輕人，包括性接觸的腳本，如：期望、慾望、規範等等。某個時代，年輕人學到的是，要等到第三次約會才可以接吻；另一個時代，年輕人學到的卻是確定兩人關係之前，得先有親密行為。

在印第安那大學布魯明頓分校教通訊傳播的教授布萊恩．保羅（Bryant Paul）研究「腳本理論（scripting theory）」時，他解釋道：「我會這麼問學生：『想想，第一次參加大學舞會時該怎麼做，你們是怎麼學會的？你以前也沒參加過大學舞會，可是你知道應該跟人家去酒桶旁邊聚一聚，也知道有些情侶離開會場之後，會到另外一個人的房間去。』學生會說，『有啊，我們看《美國派》這一類的電影學的啊。』所以，學生的「性社會化」，尤其是比較明確的行為，是從哪裡學來的呢？要是你從沒想過他們會從A片學，那你就太傻了。年輕人可不是什麼白紙一片，他們分得清是非。不過，除非他們一直不斷接觸某些主題，不然就可能只是把那些主題收下、內化成為自己性腳本的一部份。所以，當你一直看到A片裡的女性有多重伴侶，看到女性成為男性的性物品，卻沒有足以抗衡的論點討論這件事……」他聲音漸低，明顯的結論沒法說出口。

年齡介於十到十七歲的孩子，有超過百分之四十都曾經在網路上看到A片，很多都是不小心看到的。另外，有一項針對八百多名學生，名為「XXX世代」的調查則顯示，到了大學階段，超過百分之九十的男生，以及三分之一的女生都曾經在前一年看過A片。一方面，我遇到的那些女生都知道A片的真實性，就像職業摔跤一樣，可是就算是知道了，還是無法阻止她們拿A片當指南。老實說嗎？我實在心痛很多女生第一次看到的A片，居然是《兩女一杯》這種迷戀糞便的影片。即使她們看到的實際上是香草冰淇淋不是真正的糞便，卻還是學到了女性的性只為了男性的益處而存在。所以，當我聽到某些女生吐露的心聲時，著實感到憂心忡忡。例如一個高一女生吐露：「我看A片，是因為我是處女，我想弄清楚性愛到底是怎麼一回事。」還有一個高中生則是解釋她「看A片是為了學習怎樣口交。」有個大一新生則告訴我：「看A片有好處啊：沒看過A片之前，我可不知道女生可以潮吹。」

這也透露A片具有解放的效果：例如異性戀的男性看A片，會比同儕更贊同同性婚姻。但是另一方面，這些男性也更不可能支持女性平權運動。至於十幾歲的男孩子，若經常觀看A片，也容易心態偏差將性愛視為純粹的身體行為，將女生當作「玩物」。觀看A片的男生，比同儕更容易根據自己征服「辣」妹的能力，來衡量自身的男子氣、社會地位、以及自我價值。（由此可知，女生何以描述發送自己裸照給男生時，承受不對等的壓力，也能瞭解賽斯・羅根大部分的電影中情節）。述說自己最近觀看A片的大學生，男生以及女生都一樣，明顯比一般大學生都更相信「強暴迷思」。所謂強暴迷思：只有陌生人會性侵害，或說被害人都是「自找的」，誰叫她要喝太多或穿太「淫蕩」或自己跑去夜店。也許是因為A片將侵犯和性感劃上等號，所以讓女性對於可能的暴力不敏感：會觀看A片的女性，看到另外一個女人遭受威脅或侵害的時候，比較不會介入，自己面對危機時，往往也比較後知後覺。

不意外地，（高中和大學的）男生比女生更常看A片。四、五成的大學男生每個禮拜看一次；但是女大生只有百分之三是每個禮拜都看。有鑑於固定觀看A片的人比較能把影片的內容當真，如此一來，這些人對於閨房中的期待就扭曲了。艾莉森・李想了想，說：「我真的覺得A片改變了男生對於性愛的看法，尤其是我的第一任男友。他沒有性經驗，他以為事情就會像A片裡演的那樣發生，以為我會快一點進入情況，他可以就直接，你知道的，就直接在那邊**啪啦啪啦**。」

「男生都以為自己應該這樣用力插進去再拔出來，也以為女生都喜歡這樣。」加州某大學的大二女生表示同意，說道：「男生不懂『老兄啊，這樣**感覺不好**耶。』他們就只知道要插進去拔出來，也只這樣看待這檔事。如果你只是跟某個男的約炮，只做一次之類的，那你就會**假裝**這樣感覺挺好。」

在她充滿先見之明的《色情消費啟示錄》一書中，潘蜜拉．保羅就指出，女性已經開始感受到要和A片女星競爭，擔心除非自己演很大，否則難以讓伴侶保持興趣，自己的男人不久就會轉向網路了。她們還相信動過手術的生化人那種不自然的纖瘦、充氣似的胸部、過分填充的嘴唇，正在扭曲男性對於美的標準、侵蝕女性的身體形象，增加女性對於身體的自我意識。心理治療師，也是《得之不易：二十幾歲的女性與性自由的弔詭》一書的作者萊斯莉．貝爾（Leslie Bell）說過：「對於年輕女性該有的樣子，尤其是在歡好時的模樣，A片有著非常可怕的影響。有此一說，女人的外表不僅在房間外遭人品頭論足，這話在以往說得很對，現在的情況則是，連男歡女愛的時刻，也會有人品評女人外表；你連歡好的時刻，身體都要像某種樣子。這樣似乎很壓迫，也會引發羞恥感，因為正常情況下身體都不會是那種樣子。」要想免於這種概念，你就需要鋼鐵般的自尊。

我遇到的女生有時在歡好的時刻，會跟自己身體分家，以一種旁觀的立場，看著自己的交歡、品評自己的表現。北加州某高中的一個高三學生向我吐露：「我就要跟一個真的很火辣的男生勾搭了，我們要依偎、磨蹭、撫摸，這樣很酷。然後事情變得沉重了，我的心思突然轉換，我突然不再是個真實的人：整個情況就像是，**這是我在表現**。**這是我在演出**。就像是**我現在演得有多好呢？**像是**這是一個很困難的姿勢，可是別晃**。我當下想著，**『她』要做什麼啊？她要撲倒在他身上了**。我甚至不知道自己在演誰，不知道那個『她』究竟是誰。我猜這她可能是個夢幻女孩，也許是A片裡面走出來的。」

唐璜．馬特羅是個小人物，土生土長的紐澤西人，在意「自己的身體、自己的平版電腦、自己的坐騎、自己的家人、自己的教堂、自己的男性友人、自己的馬子、自己的A片」，以上未必按照正確順序排列。電影《超急情聖》裡的這位男主角唐璜．馬特羅，由喬瑟夫．高登李維飾演（高登李維也自任編劇和導演），唐璜．馬特羅之所以贏得了自己的風流綽號，是因為他每個週末都「吸引」一個不同的女孩。可是，現實世界中沒有哪一個女孩能夠比得上他在網路上找到的那些尤物。他在一段旁述中說道：「所有的廢話都會淡去，世上唯有那些個奶…那個屁股…吹簫…牛仔式，狗狗體位，射精到臉上，就是這樣，我什麼也不說，什麼也不做。我只是媽的迷失了自己。」

某次禮拜天，唐璜做完彌撒之後，到他父母家吃晚飯，他們家的電視機不免當背景發著聲音，這時候出現了連鎖餐廳卡樂星的廣告，只見《運動畫刊》的泳裝模特兒妮娜·阿格戴爾，在自己閃閃發光、穿著比基尼的身上抹油，攝影機一直離不開這個畫面。她在沙灘上雙手、雙膝著地，像貓一樣弓著身體，秀髮飛揚，然後坐起，雙腿張開，大咬了一口多汁的鱈魚三明治。這時唐璜的母親別過臉去，撥弄著自己的一只耳環；唐璜的姐姐則背對著電視，講著手機，頭也不抬。唐璜和他父親，穿著一模一樣的白色運動背心，帶著同樣目瞪口呆的表情，瞪著電視螢幕。某次接受訪問時，提到這一場戲，高登李維表示：「我要說的是，無論這場戲是標示為限制級，或者標示為『美國聯邦通訊傳播委員會認可適合一般觀眾』，其實傳達的都是一樣的訊息。」

他說的沒錯。你不需要登入色情入口網站就能汲取A片的腳本；這些腳本早已嵌入主流。而那些平凡的「色情的」媒體——從Maxim雜誌，到Dolce & Gabbana的時裝廣告，到《花邊教主》，到多人線上遊戲，到沒完沒了的音樂影片——這些對於年輕人的衝擊，還是跟真正的A片不一樣。一般青少年，每年會在電視上看到將近一萬四千次跟性有關的內容；現今，黃金時段的電視，有百分之七十都含有性方面的內容。男大生如果會打含有性與暴力內容的電動，則會比同儕更容易將女人視為性物品，也會比同儕更能接受強暴迷思，對於性騷擾也更寬容，也更容易認為女人能力不足。實驗也顯示，玩「第二人生」這項虛擬遊戲時，女大生如果選擇一個性化的虛擬化身，在離線的時候，她也更可能會比選非性化虛擬化身的玩家，更容易否定自我，對於強暴及強暴受害人也更容易產生錯誤的觀念，（當女性將自己看作物品，顯然會讓這個女性將其他的女性也看作物品）。同時，一項針對國、高中女生的研究也顯示，女生若常看女性運動員拍攝的性感照片，會比常看女性運動員真正運動時的照片，更容易自我否定。年輕女性若選擇收看否定女性的媒體，往往也表示更願意投入性化的行為，例如學跳鋼管舞、參加濕 T 恤大賽，還覺得這些活動提高了女性的權力。她們比較容易認定性化的正當性，不會抗議／反對。換句話說，誠如英國肯特大學心理學家瑞秋．卡洛迦羅（Rachel Calogero）所言：「物品不會反對。」

電視、電影中的性，可以既明顯又閃躲。性愛，尤其是不具承諾的性愛，典型的呈現方式就是拍得很好玩、很可取；很少呈現出這種行為尷尬、愚蠢、艱難、或凌亂的一面，事前不曾主動地協商，也沒能先討論避孕和疾病防治。豪華轎車的後座總有很大的空間，路上連個坑洞也沒有。當然也有例外：熱門影集《歡樂合唱團》剛播出的那幾季，就非常巧妙地描述了青少年懷孕、性愛與無能、同性戀、雙性戀、第一次交往、歧視胖女與蕩女、愛的本質等這些議題。《勁爆女子監獄》是我認識的很多女孩的最愛，則將前所未有的性別與性別多樣性搬上電視。HBO影集「女孩我最大」的原創人莉娜．丹恩作品中的性愛其實是相當未經雕琢，最寫實（可能也最壓抑）的場景莫過於她二〇一〇年推出的《微型家具》，劇中由莉娜自己飾演的新科大學畢業生歐拉，最後終於跟自己心愛的對象，也就是她工作的餐廳一名粗俗的主廚，歡好。典型好萊塢式的邂逅——在外面發生，在卸貨平台一個大口徑的鋼管裡，兩人都穿得很整齊——非常的順利，不費吹灰之力，女生就會馬上高潮。莉娜的腳本，情節發展就像是這樣：兩人吻了十秒，男的拉開拉鍊，一言不發地把她的頭往下推；男的要女的「更用力一點兒吸」，並碎念她的電話一直響不停，然後急著來到她身旁，配合她的狗狗體位，重重地插入，直到射精，這過程不到一分鐘，男的再也沒看她的臉。歐拉的表情，從激昂轉為不解，到略顯失望，最後則是放棄。後來，男的一邊看簡訊一邊跟她道別。看到這一幕，我們很難不尷尬無言——這一幕是這麼淒美、這麼沉痛，這麼尷尬，卻又這麼地真實。

年輕女性就在這樣充斥著A片、注重個人形象，又高度商業化的文化裡長大。這樣的文化裡，「提升女性權力」只是一種感覺，商業消費比彼此溝通重要，「火辣」是一種必須，名聲是最終的成就，一個女人要想出人頭地，最快的方法就是比別人更早端出自己的身體。如果說，十年前帕麗絲．希爾頓合成了這種時代精神，那麼她的好閨蜜金．卡戴珊，就具體呈現了這種精神。金．卡戴珊也是自拍界的多產作家，靠著內衣肩帶以及連帶的裸露癖來拉抬自己的聲勢，更靠著自我推銷的天份，建立起八億五千萬的企業。金．卡戴珊和帕麗絲．希爾頓一樣，也是因為性愛錄影帶而受到矚目的，有謠言指出，這場交易還是她母親牽線的。奇怪的是，她也覺得那樣的螢幕演出很無趣，所以從頭到尾都在嚼口香糖。之後，「她到底是不是故意讓性愛影片外流」等種種推測，鬧得沸沸揚揚的，足以引起美國娛樂頻道E！的興趣推出實境秀。《與卡戴珊同行》在二〇〇七年首播，不久金．卡戴珊就在母親的鼓勵下，為《花花公子》拍攝封面，拉抬《與卡戴珊同行》。二〇〇八年時，她成為全世界最常被Google搜索的名人。金．卡戴珊的個人品牌最後會插旗到流行服飾店、運動影片、服裝系列、護膚產品、香水、最熱銷的電玩⋯等等。二〇一一年，她和前籃球選手克里斯．哈弗里斯大婚時，拿婚禮的代言和轉播權，爭到了一千八百萬美金（這段婚姻只維持了七十二天，讓更多人議論這場婚禮只是宣傳噱頭罷了）。二〇一五年，她獲選《富比世》雜誌全球最高收入名人的第三十二名，這篇報導指出，追蹤她IG的，有超過四千四百萬名粉絲（她自己則只追蹤九十六人），拉下了碧昂絲，成為IG最多人追蹤的使用者。傳說金．卡戴珊每發一次贊助推文，可以賺到高達兩萬五千美元，一次露面則平均要價十萬美金。先前提到她為《紙》雜誌拍攝封面，當年根本沒能「突破網路限制」的，也在三十個小時內，達到將近一千六百萬的瀏覽量。她的前夫是全球首屈一指的饒舌歌手——他曾經寫了一段動人的歌詞讚頌兩人的愛情，說自己「浸透了你的雙唇之際」，就知道這女孩可以成為他的「配偶」——他們育有一女，取名諾斯・威斯特，目前還是學步兒。我在想，將來**這孩子**如果也拍性愛錄影帶，不知道卡戴珊夫婦反應如何。

金・卡戴珊成功上位，曾經引起社群媒體、流行文化及A片文化的熱潮；她成為名媛，不是因為才華、成就或者技能，只是因為她沒完沒了地追求眾人的注目：她因為出名而出名。奇怪的是，金・卡戴珊的粉絲最常拿來形容她的詞（除了火辣之外）就是「有共鳴」。她在粉絲眼中好像是真實的，明明粉絲都知道她的「實相」全是人造的：是演的、是修圖的、是精心安排陳列的、是交叉推廣的、是品牌合作的、是增強過、提升過的。也許她比任何人更精熟身體「產品」，更知道身為一個女人，要怎樣駕馭媒體那些矛盾的要求，盡情為了自己的巨大利益而運用身體這項產品。這些都能夠解讀成「提升女性權力」——假如你認為「讓陳舊的刻板印象一直存在」也算是「提升權力」的話。年輕女孩仰慕她的風格、她的職業水準、她的財富——這些不都是讓人稱讚的特質嗎？沒錯，當金．卡戴珊的蠟像，被裝置在杜莎夫人蠟像館時，「社會學意象」這個部落格就曾經指出，金．卡戴珊真正的貢獻，在於一種巧妙的「父權交易」：她接受不利於女性的角色與規則，藉此交換她可以從中奪取到的權力。金．卡戴珊的成功，除了讓她自己有更大的選擇以外，實在看不太出來對其他的女性有何幫助。（好啦，她的成功也幫助到了自己的姊妹。）這是以「我得到了自己想要的」來定義女性主義，她二〇一五年出版了令人側目的《自私》一書，這本書更強調了這一點。二〇一四年某一期的《時尚》雜誌封面，竟將金．卡戴珊譽為年輕女性「夢寐以求」的偶象，這一點，連實際發明高低新聞[7]的《浮華世界》雜誌前編輯，蒂娜．布朗也看得憂心忡忡。她表示，這些所謂的夢寐以求，「如今和優秀的概念是扯不上多大關係，無論是人格的優秀還是體格的優秀。我們的希望已經變得很俗氣，俗氣到連起司都有合成的。」

假如我們過度性化的文化傳下的這種腳本，將「性感」的想像擴大到包山包海，從身體的尺寸到能力、膚色、性別認同、性傾向偏好到年紀無所不包；假如這套腳本教我們的女孩子「自己身體的感覺，遠比身體在別人眼中的樣子更重要」；假如這套腳本提醒女

---

7 譯註：高低新聞（high-low journalism），指同時在關注熱門與冷門新聞。

孩子，無論是自己的價值或者「賦予女性權力」，都和女生的胸部、肚子或臀部無關；如果這套腳本強調女孩子本來就有權享受道德的、相互的、雙方都愉悅的性接觸，那麼，也許，也許我會奉行。然而，**身體是產品，並不等於身體是主體**。學習怎樣變得「在性方面值得擁有」，也不等於探索自己的慾望：不等於瞭解你缺什麼、要什麼，容得下多少喜樂、熱情、親密、狂喜。難怪女生覺得自己很「火辣」時就覺得自己很有力量，因為她們一再看到的就是：辣是成功的先決條件，無論在哪一個領域。無奈真相卻是，無論是誰在「掌控」，「火辣」都會透過非人性化的稜鏡折射出性特質。「火辣」會要求某些女性永遠投射出性可得（sexual availability），卻否定其他女性的性特質。「火辣」這個概念告訴女生，重要的不是對自己的身體知識很豐富，而是表現出對自己性特質很有信心。就因為這樣，「火辣」授予女生的那種信心，往往隨著她們的穿著而來。

第二章

我們玩得開心嗎？

拿鐵賦予支援的效果就像一九四〇年代黑色電影裡的香煙一樣。攪拌一下，若有所思地啜一口，讓你立刻精神抖擻，打起精神可是非常重要的：尤其是當一個幾乎不認識，年紀幾乎跟你媽一樣大的人，要求你直接說明多久自慰一次、有沒有高潮過、或者請你描述最近一次和伴侶交歡的情況，這時候打起精神更是要緊。事實上，拿鐵也讓這個問話的陌生人問起問題的時候有個焦點，因為，我告訴你，開始跟初次碰面，和自己女兒差不多大的女生討論吹簫，感覺也會有一點不自在。就因為這些原因，在加州某高中就讀高三的阿珊，十八歲，選擇和我約談見面的地點定在她最喜歡的咖啡館庭院時，我也如釋重負，雖說我們座位附近有兩位中年男士，穿著工作卡其長褲，配上有衣領扣的襯衫，顯然被我們的對話嚇得不輕。阿珊高大、豐滿，有著金黃的膚色和黑色、蓬鬆的捲髮，頭髮長度幾乎到背部的一半。她母親是中學的數學老師，是非裔美國人，父親則是白人，只是自從父母分開之後，她就很少見到。約莫五年前，她母親和一個薩摩亞男士再婚了；阿珊喊他「爸」。阿珊告訴我：「我從很小的時候，就知道愛情故事那些有的沒的，因為我得跟著媽媽見她男友約會。進入青春期的時候，我媽買了一堆書到處都是。」

我問阿珊，她媽媽有沒有跟她解釋過月經和生育，她點頭。那有沒有解釋到自慰呢？她哈哈笑，說：「沒有。」有沒有說過陰蒂的位置呢？聽我這麼問，她又笑了。再問有沒有解釋到高潮？阿珊搖頭，她說：「我父母很開明，會廣泛討論性這件事，或者拿性開玩笑。我們會一起看《南方四賤客》，或者討論中東地區女性遭到毀容的事情。只是，事情**說到了我身上**，就變得有點玄了。然後變得有點像非常保守的家庭，什麼話都要拐彎抹角地說。如果我去找他們，他們也會敞開心胸討論，但是要他們自己主動提起，很難；要我自己提起，也滿難的。」

阿珊跟我遇到的大部分女生一樣，對性很好奇，又有很多資源，所以她自己研究性愛這個主題，自己不知道的事情都上網去查——例如去Google搜尋「如何吹簫」之類的關鍵字，或者乾脆看A片（她說「只為了看看所有的事是怎麼搭在一起的」。）然後，當然了，她也講求「從做中學」。她回憶道：「高一的時候，一切想像就變成真實了。性愛、喝酒什麼的都來。這時候你就不再只是從電視上看看而已了，可是高一的時候我們**還沒真的縱情痛飲**。大部分的時候只是做個表面。像是你週末的時候跑去公園，稍微假裝自己喝醉了，然後呢就跟某個男生搭上，可能上個二壘或三壘這樣。」

這裡，我阻止阿珊繼續說下去。男女關係和性親密的樣貌，從我年輕時就已經改變了；隨之而來的是，有一整套新的語彙，讓我一方面總是會錯意，一方面又因為我對文字的熱情而著迷不已：例如「說話（Talking）」這個詞吧，並不是兩人對話的意思，而相當於早期我們所說的「約會見（seeing）」某人。例如女孩說：「媽，我們不是認真的，我們只是說說話而已。」（當代的青少年選用這個字格外顯得諷刺，因為他們寧可發簡訊聯繫，也不想真的對話。）至於「搭上（Hooking up）」這個詞，曾經一度引發媒體全面恐慌，擔心新世代的道德淪喪。「搭上」的含意更是從親吻到真正發生關係都算；由於字義模稜兩可，一直引發女生之間、成人之間，甚至是同儕之間的種種誤會：由於**搭上**這個詞實在是太模糊了，人們永遠搞不清楚朋友到底想幹嘛。「動心」意思是產生了情感的依戀，而對很多女生來說，這是「搭上」某人時要預防的，就像他們會小心不要染上泡疹或披衣菌一樣。要是有個男生是「各方面都可愛」，意思是他對女生很照顧、體貼，所以可能會有人對他「動心」——我以前會說這個男生很「浪漫」。交往這個詞，孩子在國一以前用得不多，卻是指雙方關係建立的**最後**一步，「搭上」和「搭上固定對象」之後，就是「交往」了。此外，女生有時候會稱自己的生殖器是「垃圾」，而「做愛」這個詞往往引來一陣作嘔的聲音。我不禁注意到，這些新詞有很多用語都缺乏親密，更不帶有喜樂或愉悅。

於是我問阿珊：「你們所謂的幾『壘』，是指什麼意思？」

她大口喝了下拿鐵後說：「嗯，一壘是接吻，二壘就是男生用手撫摸女生的器官。」

我挑了挑眉，感覺這中間有好幾個步驟被跳過了。

「三壘是口交。」

「男對女和女對男都要嗎？」

阿珊又笑了，搖頭表示：「女對男啦。女生不會要求口交，不會。除非你們要長期交往。」

「等一下。」我忍不住說：「倒退一下。我好像沒聽懂口交也算是壘的部份。」

阿珊聳聳肩，說：「我的世代，和你的世代是不一樣的。對我們來說，口交沒什麼大不了的，大家都這樣啊。」

你以為他們為什麼會稱之為吹簫？

過去二三十年，人們對於青少年口交這件事，一直很焦慮。會這麼焦慮，要從一九九〇年代末期《紐約時報》的一篇報導說起，那篇報導說，十幾歲中學生的生活裡，口交——當時所謂的口交，指的是吸吮陰莖——不但變得越來越普遍，嘗試的時間也比他們忙碌（請讀作「疏忽」）的父母所知道的早很多、隨便很多。套一句某健康教育老師說的：「『你是吐出來，還是吞下去？』是典型國一學生會提的問題。」

兩年後，《華盛頓郵報》的一篇報導，指出維吉尼亞州阿靈頓市中學輔導老師召開的一場家長會議；阿靈頓可是一個「有著優雅磚房、繁茂梧桐以及石牆」的城鎮，是典型白人與中產階級的居住環境。這次會議議題是有關十三歲女學生的口交狂熱。記者從此次的家長會議一路談到更廣泛的地方流行，還以學生的小道消息為根據——獲取曾經跪在自習室或校車後面這群小女生的性愛宣言。

社會的女性角色一但引發廣泛擔憂時，女生的身體總淪為其探討的向量。那麼，這些早期的吹簫醜聞浮上檯面，就可能不是巧合，因為當時舉國上下正為了一件GAP的藍色連身洋裝，和一根絕不是雪茄的雪茄癡癡迷迷不能自已。當年柯林頓總統遭控調戲年齡只有自己一半的白宮實習生莫妮卡・魯文斯基，新聞占據了各媒體的頭條，使得受窘的父母，每每聽到最新消息時，都從沙發上跳起來，將收音機轉台，或者搶走電視遙控器。一九八八年一月，最著名的事件莫過於柯林頓宣示作證，表示「我未曾與那名女子，魯文斯基小姐，發生性關係。」幾個月過去之後，魯文斯基收藏起來，紀念兩人的幽——我可能要說是幽會——的傳奇洋裝上，驗出了總統的精液 DNA，此時柯林頓仍然堅稱自己沒有作偽證，因為他們的關係僅止於**口交**。突然之間，舉國上下都在熱烈爭辯嘴巴與生殖器的接觸，到底算不算是真正的「性愛」。如果這樣不算的話，到底怎樣才算？美國人又該怎樣跟孩子們解釋總統對「性愛」定義如此錙銖必較？

這段時間，口交才剛成為美國人性愛戲碼的標準一套。從歷史上來看，吹簫和舔陰都被認為比性接觸更為親密，如果真的要做，也只有在結婚之後才會。柯林頓總統的醜聞爆發的前幾年，一九九四年發行的《美國之性》，是當時針對美國人性行為最權威的調查，調查指出，超過五十歲的女性，僅有少數曾經幫伴侶吹簫；至於三十五歲以下的女性，則有四分之三都曾經吹過簫。（至於男性，無論年紀多大，都表示曾經幫伴侶口交，或接受伴侶吹簫。）作者寫道，二十世紀美國人性生活最大的改變，就是夫妻墮落的比例提高了。到了二〇一四年，口交變得極為普遍，普遍到不足為奇。套句某研究人員的玩笑話：

認為歐巴馬總統是穆斯林的人，恐怕比沒有口交過的人還要多。

可是，口交年齡層下降，口交在青少年圈子裡變得越來越普遍，不像性接觸那麼有意義，這種觀念，卻真的是一種新現象，不但讓父母，也讓研究人員措手不及。沒有多少實際數據可以追究早年那些新聞主張；學術圈也認為研究「未成年口交」拿不到經費；就算能拿到經費，什麼樣的父母允許自己的孩子被問這種題目做研究？更普遍地說，保守的政客往往先入為主地認定，跟青少年談性愛，就算是以研究為名，也等於是親手遞上一本操作手冊。因為這樣的理由，孩童性行為的重要資訊，包括疾病傳染等等，相關研究實際上是付之闕如。

到了西元兩千年，柯林頓的任期已經接近尾聲，但一般人對於吹簫的恐慌才剛剛開始。《紐約時報》一篇新的報導，宣稱當時的小六學生，基本上認為吹簫就像是用嘴巴握手。根據長島一名心理學家所說，小六的女生會很誠懇地告訴他，她們期待等到結婚時才發生性接觸，但是已經口交過**五十還是六十次**了。「對這些小女生來說，口交這檔事就像晚安親親一樣。」這位心理學家宣稱：「這是她們約會之後道別的方式。」同時，紐約大學親子教育研究所主任預言，不久就會有「充分」數量的孩子，在中學時就有性接觸。這位主任對記者說：「這狀況已經是進行式了。」（當然，他說得不對，根據美國疾病管制與預防中心的統計，美國大部分的中學生性接觸比率持續下降。）當時，現已停刊的《淘客（Talk）》雜誌裡，刊登了一篇文章，責怪雙薪家庭的「父母懼怕教養子女」，就因為他們不敢管教子女，才讓口交在國一學生圈子裡大流行——這篇文章，表面上是擔心不受控、任性的小女生，實則是再度將焦慮轉嫁到女人身上，這回是轉嫁到上班的媽媽身上。

然而，這次又是歐普拉——每次都是歐普拉，不是嗎？——敲出了最響亮的警鐘。二〇〇三年時，她邀請了《歐普拉雜誌》的記者上節目。這位記者訪問過五十名女童談她們的性行為。這位文字記者一開場就說：「這次，拉好你的內衣。」說完這句，就揭露最後的驚人事實：小女生的彩虹派對。這一版的「變身惡女」是這樣的：剛剛度過芭比階段的小女生，塗上各種色調的口紅，然後輪流吸吮男孩子的陰莖，在每一個小雞雞上面，留下「彩虹」般的各色唇彩。誰留下的顏色可以讓離得最遠的人看見，誰就「贏」。

聽到這一段，有哪一個父母不會大驚失色？孩子正在到處隨便性愛（或者說隨便非性愛）啊！可能在成年禮的桌子底下！可能是休息時間躲在猴子攀架的後面！好像沒有人，連歐普拉都沒有，質疑這些事情的真正邏輯。小女生在上學的日子，隨機和很多人發生關係，竟然沒有大人注意到，到底她們怎麼辦到的？十三歲的小男生，真的可以在幾個小時之內，公然讓人吹簫高達十五次嗎？彩虹的效果，難道不會被下一個女生洗掉，或者至少無法抹滅地弄糊了？二〇〇四年，在彩虹派對傳聞爆發之後不久，NBC新聞／人物專訪進行了一項調查，發現事實上，十三歲到十六歲這個年齡層的孩子，只有不到百分之〇點五說他們參加過口交派對。雖說數字不是〇，但絕對不是很猖獗。

所以，沒有喔，孩子們並沒有亂搞。儘管如此，促使「彩虹派對」神話發芽的種子，確實也不是憑空而來：口交在青少年圈已經變得相對普遍。國三下學期的期末，每五個孩子幾乎有一個已經嘗試過口交；到了十八歲時，高達三分之二的孩子嘗試過，其中家境富裕的白人青少年更熱衷此道。如果把這樣的改變，算到柯林頓總統的頭上，或者當成一種性革命，或者認定這是父母放縱管教的結果，未免把事情都看得太簡單──也看錯了。右翼保守派對於性教育的影響，就算不是比自由派的影響更大，至少也舉足輕重。聯邦政府規定的守貞教育課程，始於一九八〇年代初期，不僅強調性行為是守貞的界線，還以愛滋病的威脅為理由，強制灌輸「性行為可能會害人喪命」的概念。這樣說來，口交就顯然是一種權宜之計了。只是，各式各樣的研究都顯示，認定自己有宗教信仰的大學生，比沒有信仰的更可能認定口交不是「性愛」；超過三分之一的青少年對於「禁慾」的定義，竟然包括口交（還有將近四分之一的青少年認為肛交也算「禁慾」）；還有大約七成的青少年，認為會口交的女生還是處女。我不知道社會上的保守份子看到這些事實的時候，還會真的認定這是守貞教育的勝利嗎？

可是，我也不禁懷疑：如果青少年認為口交不是「性愛」，那他們又是怎麼看待口交的？對女生來說，幫伴侶口交，或者接受伴侶舔陰，到底是什麼意思？她們是樂在其中、還是容忍？她們期待嗎？露比這個年輕女生，剛從芝加哥郊區某高中畢業不久，這一天傍晚，她約了四個朋友聊天，她答應讓我加入。於是我們在露比的房間碰面，她把其中一面牆塗成了午夜藍，梳妝台的抽屜半開，露出了裡面的緊身褲、T恤，還有裙子。幾個女生伸長了手腳躺在地板上、床上、沙發上。

我問到口交的時候，一個名叫黛紋的女生搖頭了，說：「現在口交都不算什麼。」說的時候，還輕蔑地搖搖手。

我又問：「那現在，怎樣才算有事呢？」

黛紋聳聳肩：「沒什麼算有事。」

另一個女生瑞秋補上一句：「嗯，也不是說沒什麼啦。」

黛紋反駁道：「口交不是性愛。」

「就像是比親熱再進一步，」露比說：「就是一種勾搭的方式，這種方法可以進一步，又不會被看得很嚴重。」

「而且口交沒有陰道交的壞處，」瑞秋補充道：「你不會失去童貞，不會懷孕，也不會得性病，口交比較安全。」

不幸的是，她說得不完全對——再說一次，因為父母和師長一直刻意忽略口交，所以青少年圈子裡一直以訛傳訛，相信口交沒有風險。結果就是，過去三十年，青少年性愛和懷孕的比率降低，但是罹患性病的比率卻沒有降低。每年性病的確診新病例，就有一半是青少年和年輕人，而且以女性居多。第一型的皰疹和淋病（大約十年前的時候，研究人員認為這類疾病瀕臨絕跡了）比例上升，一般認為是和口交普遍有關。不過，女生口交，真正的原因不是為了避免性病。根據一項針對高中生的調查顯示，女生口交的首要原因，是為了改善雙方的關係。（相較於百分之五的男生，有將近四分之一的女生這樣說。）可是，明明有很多女生告訴我，口交，至少吹簫，是一種在情緒上疏遠伴侶的方法，可以保護女生，免得過度投入，讓兩人真的發生關係。這樣的話，「改善雙方的關係」到底是什麼意思呢？多年來，心理學家一直警告，為了避免衝突、維持雙方和平的友誼或浪漫的感情，女生往往學會壓抑自己的感情。吹簫是不是另一種形式的壓抑呢？無論是希望吸引男生的興趣、維繫男生的興趣、還是為了撫慰男生，女生主要關心的似乎都是伴侶的快樂。順便一提，男生就完全不是這麼回事，男生說他們口交的首要理由，就是為了自己肉體的快樂。

男女都一樣，認為幫伴侶口交可以讓自己更有人氣，女生更是如此。真正的性接觸會帶來恥辱，將女生變成「蕩女」；可是吹簫的話，在某種情況下，可以保住某種名聲。阿珊解釋道：「口交就像金錢或某種貨幣一樣，這樣你就可以跟受歡迎的男生交朋友；這樣你『搭上某人卻沒有真的發生性關係』的積分會增加，你可以跟別人說，『我搭上了這個人或那個人。』增加你的社會地位。我覺得這比性愛更不個人，所以人們就會說『這沒什麼大不了的』之類。」

也許我是不同世代的人，可是，老實說，我實在無法認定「陰莖放在我嘴裡」是「不個人」的事。不僅如此，我還關心整個口交性愛的連動關係：女生所面臨的義務、壓力、批判等困境；女生為了討好男生，又要在情感上、社會上、身體上「全身而退」，而進行的算計和妥協；還有女生描述的，她們因此欠缺了也期待的身體互惠樂趣。

某天下午，我在金門大橋公園遇到安娜，她是西岸某個小型大學的大一新生，從小生長在政治開明的家庭，一路在先進的私立學校讀到高三。這一天，她穿著緊身牛仔褲，配上綁帶的靴子，最近剛在耳廓前軟骨處穿洞，戴了一個小小的銀圈圈；棕色的大波浪長髮撥到一邊。她對我說：「有時，女生在長夜將盡的時候，會幫男生吹簫，只因為她不想跟對方性愛，而男生又想要滿足。所以如果我要他留下，又不希望出事情……」她降低了聲音，剩下的讓我自己去想像。

安娜短短幾句話裡，有太多事情需要揭露，例如：為什麼年輕男生應該期待自己性方面得到滿足；為什麼女生不但不生氣，還認為自己有義務要照辦；為什麼女生不覺得吹簫已經算是「正在出事」；還有年輕女性在私人關係上，將對方的需求看得比自己的需求更重時，所面臨的壓力；以及追求者對女孩性侵時，女孩卻以自責的心態為對方開脫。安娜說：「最後，有罪惡感的還是女生。假如女生進了男生的房間，跟他勾搭，走的時候卻沒有在某方面取悅他的話，女生感覺會很差。可是你知道的，這不公平。我覺得男生就不會為了女生而覺得不好受。」

紐約市立大學的心理學教授阿普麗爾．伯恩斯（April Burns），針對高中女生與口交進行的研究當中，伯恩斯教授和她的同事發現女生會把吹簫想成類似一種回家作業；是一件要做的事，是一種該精通的技巧，她們期望別人藉此來評價自己，而且可能是公開地評價。就像對課業一樣，她們擔心被當掉或者表現不好——相當於學業上得到低分。雖然把事情做好，他們可以得到滿足，但她們描述的樂趣卻從來不是身體上的，從來不是發生在自己的身體上的。她們對於口交，既冷靜又缺乏熱情——研究人員的結論是，這些女生很社會化，口交的時候她們認定自己是「學習」而不是「嚮往」。

我遇到的女生普遍不在意是否得到樂趣，而是擔心不能討好對方，尤其是剛剛開始性實驗的高中女生更是如此。比方說，她們常常覺得，一旦答應跟一個男生性接觸，那麼無論自己是不是「有興致」，都絕不能再說「不」了。「我其實有點討厭，」如今已經在西岸某公立大學讀大二的莉莉，說起自己跟高中時代男友的性關係時，就說到：「到現在都記得那感覺有點討厭。我想討好他，可是當時的感覺就是，他根本無法跟我正常對話，因為他太想做愛，根本沒法專心。而當時，我真的**想不到任何理由拒絕**。」——「不想做」好像不是充分的理由。「當年，有時會覺得自己只是他裝荷爾蒙的容器而已。」

媒體助長的性恐慌，讓父母害怕女兒爛交或受害；持相反意見的，則說無論是爛交還是受害，都是誇大其詞。幾乎沒有人問問女生自己怎麼想，問問她們從自己的經驗當中得到了什麼、喜歡自己經驗的哪一部份。阿珊提到社會地位，莉莉談到了取悅男友。阿珊十七歲的同班同學葛蕾琴則說她喜歡支配男生時的那種興奮感，即使那種感覺稍縱即逝。「如今我已經撂倒了四個男生，真的，我都不知道自己為什麼辦得到。」她頓了一下，若有所思地咬著下唇，又說：「『哈！這個你從別人身上絕對得不到。這裡我作主！』我猜我喜歡這種感覺。你知道，男生是真的真的很想要，而你可以說『不要，不要！』男生會說『拜託！拜託！』因為他們急著要。這部分很好玩，但是並不是身體的那一面，因為那個很粗，我真的被弄得喉嚨很痛。我是說，進入那樣的環節有點好玩。但是從來不是**開心的**好玩。」

幫伴侶口交，會讓女生覺得自己性接觸時好像是比較主動的一方；而舔陰恰成對比，她們認為舔陰和性愛時，自己是被動的，好像別人對她們做些什麼，使她們變得很脆弱。可是，吹簫帶來的那種「被賦予權力」的感覺，其實和相反的特質，例如缺乏主導、被迫順從對方、未說出口的危險威脅等等，是同時存在的。阿珊就表示，她的男生朋友一直以來都被警告不能逼迫女生性接觸，可是爭取口交卻是天經地義。因為這個理由，阿珊雖有「很多的男生朋友」，卻寧可不要跟男生獨處（這樣一來，似乎就有了障礙，無法建立真實的友誼）。她解釋道：「在我的社交圈裡，如果你單獨跟一個男生出去，一般人就會期待你搭上他。如果你不打算搭上他，他可能會想辦法逼你。所以呢，我會跟學校的男生出去，但**絕不去他家**，也絕不去看電影，或做任何被解釋成『不只是朋友』的事，除非我真的想進一步。並不是他們強迫自己來追你，而是會有**壓力**，怕產生**失望**。要是沒能做到更進一步，彼此的關係就會變得緊張。」

我想說清楚，阿珊不是個軟弱的人，她不是溫順、怯懦的女生。她是模範生，是學校報紙的編輯，還是網球校隊的隊員。她自詡是女性主義者，不時會討論「蕩婦羞辱」、「性別二元論」、「強暴文化」之類的話題。當時她正在申請頂尖大學，對自己的世界有著敏銳的觀察，而且她肯定是沉浸在這個世界裡的。我訪談過的女生幾乎都很聰明、果斷、雄心萬丈。如果我訪談的內容是專業的夢想，或她們對於領導地位的態度，或問她們是否願意跟班上的男生競爭，那麼訪談結束時，肯定會覺得自己大受啟發。某長春藤名校的一個大二女生，母親和別人合開一家很大的法律事務所，就跟我吹噓她家的「女強人」。她說：「我祖母是現年八十八歲的爆竹，我媽是瘋子，我妹跟我也會變得跟她們一樣瘋。在我們家，你得有個性，講話還要大聲，我們互動的方式就是那模樣。這就像是一種女力以及認識自己的形式。」

即使是這樣的女生，還是會說出自己如何十三歲時，溜進最好的朋友她讀國三的哥哥房裡，因為她對這個大哥心儀已久。雖說她從不曾吻過男生，從不曾牽手，不知道怎麼回事也從不曾交過男朋友——細節她記不清楚了——她還是撲倒了這個男生。事情過去之後，那個男生再也不曾提過這件事，她也沒有再提。她之後的幾次性經驗，幾次隨便的勾搭，也沒有太大的差別。她說：「總是一樣沒說出口的順序，你跟他親熱，然後他吃你豆腐，然後你幫他口交，就這樣。**我認為沒有人教女生怎樣表達自己的需要。我們就是那種**

溫順的生物，只學會討好。」

「等一下，」我忍不住反駁：「你不是才跟我說完你們家那些很強的女性典範人物嗎？你不是才跟我說你講話多大聲，多有個性，絕不會忍氣吞聲的嗎？」

「我知道啦，」她說：「我想我之前不瞭解……」她頓了一下，試圖調和矛盾。「我猜沒有人跟我說過，女強人的形象也適用在性愛方面。」

所幸，在大學及某些高中校園裡，討論性侵害及持續、有意的認同變得更普遍了。然而，如果青少年仍然認定吹簫不是性（或者說不是「什麼事」），如果吹簫仍然被當成法定權利或者是一種安撫行為的話，那麼女生的拒絕權，以及男生尊重女性的義務，還有同意與強迫及性侵之間的界線，就都模糊了。「你知道的，」安娜沉思道：「在某些方面，口交比性愛更嚴重，因為**口交對我未必有利**。所以這檔事，就像是你因為愛某個人、關心某個人，而幫助他。假如對方是你交往的對象，你就會期望他報答。可是，假如只是勾搭，男生通常真的都非常地渣，可是女生卻會有壓力要口交。所以口交關係到你對這檔事有多排斥，心中的壓力自在或不自在。要是你一直抗拒，就會變得很尷尬。」

當然，大部分的男生真的，都不會死心。我遇到的女生，每一個幾乎都經歷過這種情形：女生小心拒絕之後，那個男生還是一直試圖要脅迫或強迫她吹簫：口頭上逼迫的，就一直發簡訊；直接用身體逼迫的，就用雙手抓住女生的肩膀，整個把她壓倒。舉個例子，有個在中西部某公立大學讀大二的女生，就跟我說她覺得自己實在真幸運，居然沒遭受過性侵。幾分鐘之後她描述大一那年，自己怎樣在一次舞會之後，回到某個男生的房間，兩人互吻之後，男生開始試圖壓她的肩膀，她拒絕，於是男生收手，只為了幾分鐘後再試一次，然後沒過多久他又壓了她的肩膀。這女生第三次拒絕的時候，男生爆炸了，怒吼：「那麼，幹，老子找別人。」說完之後，就把她推出去。當時是二月份，三更半夜的，而她的宿舍遠在三公里外，她就這樣一路哭回家。

另一個年輕女生，目前在新英格蘭某大學讀大一，她跟我說，她第一次幫男生口交，是過完十六歲生日之後不久。那次不是偶然。「當時是高二之後的夏天，」她回憶道：「我已經和這個男生聊過一陣子了，他人好像很好，我們躲在他車子後座親吻，然後他就……我不知道事情是怎樣發生的。我當時情緒很高昂，場面有點混亂，他來勢洶洶的，就是想要，而我的態度就是『這樣不好啦！』可是他不接受，他就是試著想要，而我**就是不要**。所以他就有點逼我口交。他壓了我的肩膀，我不知道怎麼掙脫，當時我多半就是嚇壞了。那種感覺不好，而且不好的感覺一直持續著。那件事之後，我對口交的念頭一直不樂意，到現在都一樣不喜歡。」

長久以來，女生都是男生慾望的守門員，要保有、要轉移、要控制男性的慾望。**「提供可靠的管道讓男生發洩」，竟也變成了女生的責任。**於是口交成為女生妥協的方式，是一種漏洞、策略，讓女生可以滿足這樣的期待，卻又能免於身體、社交，以及情感上的忙亂。紐約市立高中的高一學生跟我說：「幾乎就像是……乾乾淨淨，你懂我的意思嗎？」老實說，我真的不是很懂她在說什麼。「就像是……」她繼續說：「就像是……人家就是期望你這樣。」

女生幾乎沒提到用手刺激男生，假如目標是保持超然和客觀不個人，那麼我會以為最明顯的選擇應該是用手。「不對，」芝加哥的露比說：「要用手的話，男生自己就可以了，男生真的會說：『打手槍是男生的事，但吹簫是你的事。假如你願意做點什麼的話，就幫我吹簫。』」

聽了這些女生被強制，有時候甚至是遭到脅迫，通常是單方面想要的口交，我不禁開始想：萬一男生要的不是吹簫，而是期望女生幫他們，比如說，幫他們從星巴克買拿鐵回來呢？女生還會這麼順從嗎？

我這樣問的時候，阿珊笑了。「嗯，拿鐵要錢的……」

「好，」我說：「那就假裝拿鐵不要錢好了。我們這樣說吧，假如男生每次單獨跟你在一起的時候，都要你去廚房幫他倒水來，你還會這麼情願嗎？要是男生從來不曾投桃報李，也去廚房幫你倒一次水來，你會介意嗎？」

阿珊又笑了，說：「嗯，假如你要這樣比喻的話，我猜……」

就像安娜說的，隨意搭訕的感情通常沒戲。對某些女生來說無所謂，甚至是鬆一口氣；可是，對於安娜這種喜愛口交的女生來說，這就讓人生氣了。她抱怨道：「一般人都預期男生可以離開，」安娜說著壓低了聲音，不經意地努起下巴逼近我說：「然後男生可能還一副『噢，呃，你要我……嗎？』的德行。絕對不是他想為我做點什麼，而我**可能可以為他做點什麼**。搞得像是我**本來就該做點什麼**，然後他才會問我是不是也『要』他做點什麼。」

我遇過一個就讀大一的年輕女生，她自稱是「花癡」（此人也表示，自己十幾歲的時候，每年夏天都去參加「基督營」），她告訴我，就算是「隨性」的玩，她也不再容忍男女雙方不互惠。「最差的一次經驗是，我搭上了一個男生，他直接把我的衣服剝到只剩胸罩和內褲，他自己則穿著四角內褲。正常情況下，下一步就是脫我的胸罩，但是胸罩沒有滑落，恰恰相反的是，他的四角內褲突然脫掉了。然後他就這樣。」——說到這裡，她示範了壓肩膀。「然後我就這樣，說『等等，因為我的器官在裡面，而你的器官在外面，所以，我是什麼都得不到，你期望我撲倒你嗎？』說這話就像是『我們完了，這種事不會發生。』不過，當時的場面真的尷尬得不可思議，我得把他趕出我房間。」

下面那裡很可怕，也很討厭

我女兒嬰兒期的時候，我在某個地方讀到一篇文章，說父母在教孩子認識身體部位（「這是你的鼻子」，「這是你的腳指頭」等等）時，通常父母會說到男生的生殖器官（至少也會說「這是你的小雞雞」），可是不會說到女生的。漏掉某個器官，說都沒說，往往會讓這個器官變得不可說：成為一種虛無、闕如、禁忌。女兒長大之後，父母一樣不說，可是青春期的陰莖卻堅持得到認可。只要進入高中校門，你就會看到無所不在的塗鴉：置物櫃上、筆記本裡、書桌上、剪輯板上。男生好像克制不住慾望，非要大聲而自豪地，把自己的性器官，畫在所有空白的平面上。可是，多毛的外陰、茂密的陰毛、還有三角形的陰門，都到哪裡去了？

我剛剛聽到一聲「好噁」嗎？沒錯。

就算是最全面的性教育課，也堅持教女性的內部器官——子宮、輸卵管、卵巢。那些古典的女性生殖器官圖解，形狀像牛頭，模糊地存在於兩腿之間的Y字地帶，而外陰、陰唇好像都不存在，更別說陰蒂了。我們不妨想像，要是大人不跟十二歲的男生提示陰莖的存在，會怎麼樣呢！男生青春期特徵是夢遺、自慰，還有幾乎無法阻止的性衝動出現，可是女性的青春期，定義卻是⋯月經，還有可能的意外懷孕。有人討論女生的性發展嗎？我們幾時跟女生談慾望和樂趣？我們幾時跟女生解釋她們身體上那些神奇的小差別呢？我們幾時談探險、談自我知識？難怪青春期階段，男生的身體需求似乎無可避免，女生的身體需求就可有可無。

我訪談過的異性戀年輕女生，只有少數人和伴侶交歡時有過高潮，雖然大部分女生都跟著A片的配音學習，假裝高潮過。大約有三分之一的異性戀女生會定期自慰，我很驚訝地發現這居然是平均數字。還有大約一半的女生說自己從不曾自慰。我實在很難想像居然有成年人可以忍受忽略、可以對身體其他部分缺乏好奇心。我問到自慰的問題時，大部分的女生會拒答，說「我有男朋友可以做」之類的話（雖然這些女生就是說自己沒有跟伴侶在一起過的女生）。這樣一來，她們遠遠超越了「需要仰賴別人才能得到樂趣」的境界，但其實也是反轉了她們認為男生相信的事情：既然這些女生可以自己得到樂趣（這原是「男人的事」），所以就不需要為了得到樂趣而找伴侶了。另外，如果她們成為接受口交的那一方，女生往往就會描述自己怎樣允許（更別說**想要**）一個男生向下走，這種親密、情感的行為，需要深層的信任。芝加哥的瑞秋回憶道：「我曾經跟一個小男生交往過一年，那時候我也幫他口交了，可是他投桃報李的時候我從來都覺得不自在。因為……好啦，說起來很怪異，可是一個男生撲倒你比較像是可怕的事，好像一旦你**那樣做**了之後，你就真的必須要跟這人相處得很自在，因為這不是我會讓你做的事情。」

黛紋表示同意，說：「在我接受伴侶舔陰之前，我還寧可真的發生性關係。」

瑞秋繼續說：「男生完全知道自己在那裡是什麼樣子，可是我並不知道他們看到的是什麼。我自己看不到。」

「嗯，那個，」我說：「有一種東西叫作鏡子……」

「對，」瑞秋乾巴巴地說：「我不會拿鏡子來照。」

女生自己的生殖器，要是自己都倒胃口的話，就不會讓男生去「那裡」，這可以理解。女生會擔心自己的陰道很醜、很臭、很不吸引人。再說一次，這種擔憂不是新鮮事了——我還記得自己讀國中時，怎樣在書桌抽屜的後邊，藏了一罐「女性除臭噴霧」——但是，現在的女生怎麼還這麼堅持呢？這些女生難道沒聽過《陰道獨白》嗎？舊金山某高中就讀高三的艾琳，本身也是該校女性議題研討社的社長，她曾經吹噓說自己「真的很擅長」幫交往一年的男友口交，可是當我問她被男友舔陰的感覺如何時，她皺皺鼻子，說：「他不會幫我口交，他不要。我也從不要求，因為……」她深吸了一口氣，承認：「我不喜歡我的陰道。我知道那很糟糕，我不知道為什麼舔陰和吹簫差這麼多，可是我已經內化了這種想法。」

她繼續說道：「就像齋屁這整件事情。」

我問：「齋屁？」

她說：「對呀，就是陰道放的屁吧？《南方四賤客》裡有幾集就有這種情節，現在的青春期男生就會拿這個來說女生，女生也知道男生會這樣，所以你就會很尷尬。」她嘆道：「就是這樣，就是有這種喜劇文化，會嘲笑女生的性，你知道嗎？而且這種文化還非常強大。」

齋屁有幸閃過了我的注意，可是，我卻沒有忽視越來越多人拿**陰道**這個詞當成哏。如何尖刻地提到女生的下面，儼然成為一門新**學問**——是詆毀陽剛之氣，嘲笑或支配對手的方式。有時候，連女人也會跟男生一樣，用這個字來表示自己「毫不介意」。這暗示著**每個人都暗自討厭女性的器官**，或者至少每個人都知道陰道這個詞本身就呆（和俚語孔

（cunt）字恰恰相反，孔字一點也不好笑；也和咩咩（pussy）這個詞相反，咩咩一詞雖然很侮辱人，卻有其解剖學上的專一性。）因此，二〇〇七年的電影《好孕臨門》裡，傑森．席格才會嘲笑滿臉落腮鬍的馬丁．史達說「你的臉像陰道。」《忘掉負心女》裡，席格遲疑著不敢從夏威夷的斷崖跳水時，蜜拉．庫妮絲也才會說出類似的話抨擊他：「我從這裡就可以看到你的陰道了，」她在水下喊道：「我看得到你的呼哈（hoo-hah）。」人氣下滑的亞當．山德勒主演的電影《我老爸卡好》預告片裡，另一個女性角色質疑沒用的安迪．山伯格時，也說：「扔（球）出去呀，你這個大陰道！」畫外之音，是「思想目錄」網站上發表的一篇文章，標題是「我是女性主義者，但我不吃咩咩」，這篇文章在二〇一三年被瘋傳。這篇文章觀察精妙，說：陰道雖然「在你的陰莖插入時覺得很棒，」但是陰道「客觀上令人反胃……隱匿在毛髮之中。會滲出液體，會分泌黏液……」這位男性作者繼續寫道，陰道很髒，嚐著味道不好；他還敬告期待伴侶舔陰的女性，「妳若知道這件事讓男人多緊張，就知道這種要求很自私，而且，老實說，帶有歧視。」如果這樣說，還不足以讓普通的年輕女性陷入無盡羞恥，那麼，看看少女殺手，英國男星羅伯特．派汀森吧，他靠著少女的性幻想打造自己的名利，卻一派輕鬆地向《流行細節》雜誌坦承：「我真痛恨陰道。我對陰道過敏。」

挺狼人派[8]，也算我一份吧。

難怪女生不安心。記得先前說的壓肩膀嗎？就是男生強迫女伴蹲下去為他們口交的那個無言的動作，記得嗎？年輕女生有她們自己的版本，是兩隻手掌從骨盆推開，默默地改變方向，讓自己處於更安全、更不會引起性衝動的地步。阿珊就說過她交往過一年的前男友，在兩人交往期間壓倒她正好兩次，兩次都是他想要。「對我來說，這檔事一點都不好玩，」阿珊說：「這檔事我一點都不舒服，我猜那是因為我對我那部分的器官覺得不自在，那不是我自己覺得吸引人的地方，所以我不想有別人去那裡。」說得公平一點，那個男生也會「用手指頭挑逗」她，但他不知道怎樣挑逗女生才會舒服；也因為阿珊從來不自慰，所以她自己也不知道挑逗哪裡才會舒服；就算當時真的知道好了，她可能也不想大聲說出來。大部分的時候，那個男生只是把手指頭伸進去，然後四處探索。

很明顯，我不期望女生完全知道自己的性需求，也不期望女生可以把性需求說清楚講明白——這種事，很多成年女性就算是有長期伴侶，也說不清楚——可是，小女生面臨成

8 譯註：電影暮光之城女主角面對吸血鬼 Edward 與狼人 Jacob 的追求，兩位男主角各有觀眾擁護。希望女主角選吸血鬼的稱為 Team Edward，希望女主角選狼人則稱 Team Jacob，飾演吸血鬼的是羅伯特．派汀森，故作者此處支持 Jacob 影射反對上述言論。

長的關鍵時刻，要學習吸引力、親密關係、性權利等基本功課，那些早期的經驗，可能會持續衝擊著她們對於性的瞭解和喜愛。所以，這些小女生厭惡自己的生殖器官，實在讓人難過；看著這些女生回應我問題時的侷促不安，我再次想到侵害她們的那些女性性感畫面；包括黑眼豆豆合唱團的團員菲姬唱的「倫敦大橋」垮下來、麥莉．希拉在大鐵球上盪來盪去、碧昂絲穿著超短熱褲，繞著她穿西裝的先生跳舞、妮琪．米娜繞著坐在椅子上的德瑞克盡情磨蹭的大腿舞（而且跳舞之前還先在推特發文表示她剛剛拒絕了某種「信心果汁」）。我們的文化裡，女性身體各部位到處亂扔，穿著衣服擺著姿勢，就號稱是表達了女性的自信。只是，假如妳根本沒能享受身體的反應，那誰會在乎妳你對自己身體外表多麼「自豪」啊？一個大二的女生給我看她IG動態裡的照片，照片中，她打扮好要參加舞會，穿著豹紋的露臍裝，配上短裙和超高的高跟鞋。後來我訪談她的時候，她承認：「我不太喜歡口交。我腦子裡是這樣想的，我到底該不該跟他說這樣感覺不好？他到底是不是已經厭煩了？還有，他是不是已經覺得很噁心？」

女生對自己生殖器的感受，會直接影響她們享受性愛的程度。某研究指出，對自己生殖器官感到不自在的大學女生，不但在性方面比較不滿足，也比較少高潮，但是卻更可能進行冒險行為。（男生剛好相反：對自己性器官感受比較正面的男生，更可能進行冒險的性行為。）另一項針對四百名大學生進行的研究，則發現女生若早早就幫伴侶吹簫，往往會產生自卑感和較低的自我價值感。恰恰相反的是，男生若是早早就幫女生舔陰，反而可以更有自覺、對性更開放、也更有自信。年輕女性在性愛時自慰，如果覺得自信的話，那麼無論是和勾搭的對象，還是穩定交往的伴侶，她高潮的機率都會倍增。

所以說囉，女生對於「那邊」的感受，真的有關係，非常有關係。

心理上的陰蒂切除

你想到印第安納州的時候，可能不會第一個想到性。可是，由於印第安納大學布魯明頓校區是金賽研究所所在地，生物學家阿爾弗雷德．金賽（Alfred Kinsey）成立的這個研究機構又是專門研究性健康，因此想到印第安納的時候，第一個跳進腦海的事就是性了。某個天寒地凍的午後，我飛到金賽研究所，去和印第安納大學公共衛生學院的副教授黛比．赫爾貝尼克（Debby Herbenick）見面，她本身也是性專欄作家，出過《性愛好簡單》等書，是現代性學大師的化身。那年她坐三望四的年紀，留著長長的黑髮，一雙可卡犬似的眼睛，穿著千鳥格的短洋裝配上及膝的長靴。她專攻名為「生殖器自我意象」的領域：也就是研究一般人對於自己私密部位的感受。她說，我拜訪她之前的幾年，年輕女性的生殖器自我意象一直遭到圍攻；女性承受了比以往更大的壓力，她們無法將自己的外陰視為自然狀態下可接受的一部份，她又說：「性愛之前，女生需要除毛，裝飾，不然就是清潔陰部。女生要是沒能把自己的生殖器準備好，就會產生這種羞恥感，她們感覺可能有人會批評她們的生殖器。」

我遇到的年輕女生，大約十四歲開始，就大都曾經拿剃刀或蜜蠟除去陰毛，全部除去。問她們幹嘛這樣做，她們一開始都會說從來沒有人問過她們為什麼：反正她們腿毛和腋毛都剔了，而且也看過別的女生裸露時的樣子，所以似乎是應該除去陰毛。她們還說，她們覺得無毛狀態「比較乾淨」（當然，事實證明這是錯誤的想法。雖然除去陰毛可以免除陰蝨的危機，卻也給大部分其他的性病，創造了聽起來很喜慶的「歡樂培養環境」：例如，沒有了陰毛的保護之後，陰唇可能布滿生殖器疣。）談到自我厭惡這一點，女生都認為除毛是個人選擇，是「為自己」，為了舒服、衛生、實際。不過，她們還是一樣會說出另一個動機，那就是：避免屈辱。我們來看看亞莉克西絲一路走來的過程，她十六歲，是加州北部某公立高中的學生，一開始的時候她說：「我原本沒想到要除毛。可是有個朋友的姐姐在除毛，所以朋友也開始除毛。然後我們就都開始這樣做了，就像是連鎖反應。」

「可是，有一天，我也聽見班上的男生在說一個女生。她的短褲很低腰，舉手的時候，衣服往上拉，那些男生就會像這樣說，『我看得到陰毛耶！天啊，好噁心！』」

女生已經對她們（通常沒有名稱）的陰部有自覺了；想擊退那種不安全感並不會太難。很多女生說剔除陰毛讓她們覺得「乾淨」，尤其在月經期間；芝加哥的露比就說過這種話，可是她也補上一句：「我記得，聽這些男生說起某個『閃閃躲躲』的女生的事情。男生會到下面去，用手指頭摸她，那裡有毛，然後男生都嚇壞了。所以我就是……我的意思是，男生那個樣子，就好像是他們覺得摸到毛很**噁心**。」

黛比．赫爾貝尼克也說，她居住的那個大學城，秋天的時候，當地的美容院外面會用黑板寫著「開學蜜蠟」特價。四月份放完春假時，巴西人開的美容院也會有類似的特價活動。黛比．赫爾貝尼克說，「這等於是提醒女生，妳最好要表現出某一種樣子。」我約她訪談前幾年，有個女學生向她透露，某個男生宣布——在她課堂時宣布——他從未在現實生活中看見過女生的陰毛，要是搭上某個女生時居然看到陰毛，他一定掉頭就走。這個女學生聽到這男生這樣講之後，就開始除陰毛了。

完全除毛——不但要價不斐，而且很吃力——原是戀物癖患者，當然，還有A片明星的專門領域。美國的第一家「巴西式」美容院（因為這種美容院的老闆來自巴西，因而得名），是一九八七年開張，但是巴西式除毛會成為主流，卻是因為《慾望城市》的某一集出現了這樣的橋段。二〇〇六年時，引領潮流的前高貴辣妹維多莉亞．貝克漢宣稱，巴西式除毛應該「強制」從十五歲開始實施。（二〇二六年，等她的女兒十五歲時，我們是不是該跟她確認她究竟「強制」她女兒做巴西式除毛了沒有吧！）毫無疑問，無毛的外陰很光滑。絲般光滑，像嬰兒皮膚樣——還會有人說出這種令人不安的比喻。也許，女性在一九二〇年代，開始除腿毛和腋毛時，也好像是一種嬰兒化的行為，令人毛骨悚然，可是，時至今日，除腿毛和腋毛已經變成小女生轉大人的一種標準儀式，是宣告，而非否認自己的成年性徵。展現女性四肢之美的「飛來波[9]」大行其道，推動了第一波的除毛運動，史上第一遭，女性手臂和雙腿，不再是私領域。現在的除陰毛運動，或許也有著類似的暗示：我們開放了自己最私密的部分，接受前所未有的審查、評價、商品化；泰半是因為巴西式除毛蔚為風尚，接受小陰唇整型以除去外陰周圍的皮膚縐折的女性人數暴增：

9 譯註：一九二〇年代飛來波 flapper 應指「對社會舊價值觀漫不在乎、刻意把這種漫不在乎公示於眾的女性」。

根據美國美容整形外科學會的統計，雖然接受小陰唇整型的人數，還是遠遠落後隆鼻與隆乳，但是從二〇一二年到二〇一三年，卻增加了百分之四十四——前一年更是跳了六十四個百分點。其實小陰唇整型幾乎和性功能或性樂趣無關，卻真的可能對兩者都有妨礙。沒關係：二〇一三年，美國美容整形外科學會會長麥可．愛德華茲博士表示，接受小陰唇整型的人數暴增，只是「不斷發展的美麗與自信的概念」的一部份罷了。附帶說明一下，最被追求的外表，叫做——準備好要聽答案了嗎？——芭比娃娃：一種「『扇形』的效果，外面的陰唇看起來是封死的，根本沒有小陰唇突出來。」相信我不必提醒讀者，（a）芭比娃娃是塑膠做的，還有（b）芭比娃娃**沒有陰道**。

當天，黛比．赫爾貝尼克準備要教一堂「人類性學」的課，特別邀我去課堂上旁聽，這是當時印第安納校園裡最夯的課程之一。當天她要講的是性滿足的性別差距。我們抵達時，教室裡已經坐了一百五十多名學生，幾乎都是女生，大部分穿著運動衫，隨便地紮著馬尾，興高采烈地聽著課。這一天黛比．赫爾貝尼克在解釋年輕男生和年輕女孩描述「好的性愛」時，使用的語言差很大。「男生比較會討論樂趣、高潮，她又說：「可是女生談的比較多的，是沒有痛苦。有百分之三十的大學女生說她們性交時感受過疼痛，相對於女性，男生就只有百分之五感受過疼痛。」

黛比．赫爾貝尼克又補充表示，如果肛交也算進來的話，那麼女性感受疼痛的比例，會衝高到百分之七十。直到最近，年輕的成年男女才比較常進行肛交；A片——還有極賣座的限制級電影如《金牌特務》或《大學生「做」了沒》——裡，肛交的情節卻不成比例地常見，以致於現實生活裡，肛交的比率也提高了。一九九二年時，十八到二十四歲的女性，只有百分之十六說她們嘗試過肛交，現在十八、九歲的女生卻有百分之二十嘗試過，二十到二十四歲的女性，嘗試過的更高達百分之四十。二〇一四年，有一項針對十六到十八歲同性戀者的研究——我們在這裡先停一下，想想這些人有多年輕啊——發現會推向「五壘」的，主要是男生，與其說這第五壘是和伴侶（這個伴侶既需要，**也可以被**強）親密的方式，不如說是與其他男生競爭的方式。一般人就會期待女生要忍受肛交的過程，這個過程女生一直都說是會痛的；無論男女，都將不適歸咎於女方，都怪女生自己「無知或有缺陷」、無法「放鬆」。亨特學院的教授狄波拉．托爾曼就直率地說肛交是「新口交」。她說：「因為現在一般都認定女生自己的曲目裡就有口交這一項，所以肛交反而是『她做還是不做』的新行為，是『證明你愛我』的新方式。」她補充道，還有「女生的性樂趣，並不在等式裡。」根據黛比．赫爾貝尼克的說法，肛交的比例升高，也讓年輕的女生承受了新的壓力，要是不願意肛交，就會被貼上「假正經」的標籤。「這是個暗喻，用一個具體的行動來象徵缺乏性教育，將女性的疼痛標準化，曾經被汙名化的行為，經過了十年之後，變成一種受到期待的行為。你若不肯做，就會突然變得不夠好，太冷感，失去得到樂趣的機會，你就沒能探索自己的性，就是缺乏冒險精神。

我想起自己和莉莉的一段對話，這個女生高中時交的男友，滿腦子只想著性接觸，讓她真的很惱怒。她說過，這男生也看很多 A 片，特別興致勃勃想試試肛交。大部分時候，為了討好他，莉莉都會順從。「第一次的時候，因為我真的很討厭這種事，所以我們不得不立刻停下。後來，他逼著我再做一遍；說我們以前沒有真的做過，因為以前都太快就結束了。那一刻，我猜我是出於固執所以才做。好像是說，好，很好。**我就再做一遍，可我還是不喜歡。**」她笑了，說：「這種心態顯然很不健康。」

性接觸的時候，跟，比方說高潮比起來的話，女生好像越來越習慣被強迫、習慣不舒服，除非是真的太緊繃焦慮，否則都很怕拒絕。想想看，無論哪個年齡層，都有四分之三的男生表示跟伴侶做愛時會規律達到高潮，可是卻只有百分之二十九的女生有同感。還有，願意進行自己不要、不喜歡的性活動，特別是口交或肛交的女生，是男生的四倍。

黛比．赫爾貝尼克說，女人描述**不滿意**的性經驗時，用的語言比男生用的更負面。她們還是會說到疼痛，但也談到覺得矮人一截、情緒低落。但各項研究卻沒發現任何男性表達出類似的感受。根據打造**親密正義**一詞的密西根大學心理學教授莎拉．麥克利蘭所說的，拿女生和男生對於「性滿意」的報告來比較，這整個概念，隱含著對於「性滿意」的共同理解。很明顯，事實不是那麼一回事。假如女生交歡之前，不曾預期自己會比男人更沒樂趣、更痛苦的話，事實就不是麥克利蘭教授說的那樣。麥克利蘭教授研究的大學生當中，女生比較容易拿**伴侶**的身體愉不愉悅，來衡量自己的滿足程度，說出「只要他滿足了，我在性方面也就滿足了。」可是男生卻恰好相反：他們是以自己有沒有高潮，來衡量自己的滿意度。（順便說一下，女生對於伴侶的滿足這麼在意，跟對方的性別無關，這多少說明了女生為何在與同性伴侶性接觸時，更容易高潮。）所以，如果年輕女生報告自己性滿足的程度，跟男生報告的數字一樣，或比男生更大——研究結果常常是這樣——那麼可能不足採信。假如女生和伴侶性接觸時，希望不會痛，希望感覺自己跟伴侶更親近，又期待**對方**可以高潮，那麼只要以上這三個標準都達成，她就會滿足了。希望跟伴侶更親近，或者希望對方快樂，這兩件事都沒什麼不對，但是「不會痛」卻是身體滿足上一個很低的門檻。有個十八歲的高三學生就跟我說過：「我還沒做過之前，就瞭解男生所謂的做完是什麼意思，你知道在性方面，男生一定要做完，才會覺得開心。但我不知道對女生來說，做完是什麼意思。老實說嗎？我到現在也還是不知道。這種事沒有人討論，所以我已經開始做了，卻沒有真的瞭解自己。」

聽這些女生冗長枯燥地敘述她們空洞的早年經驗，有時候會讓我不禁覺得，我們等於已經在心理上為我們的女兒進行陰蒂割除手術了：我們彷彿相信，只要把真相（性愛，包括口交和自慰，可以，也應該感覺美妙）瞞著不讓她們知道，那她們就不會發現，也就能夠保持「純潔」。可是，萬一真相剛好相反呢？萬一，真正能夠提升女生對親密關係期望的，是瞭解人的身體反應，真實「表達自己的情慾」，而不是模仿性感呢？萬一自我領悟鼓勵她們為自己的經驗，無論是交往還是勾搭，訂定更高的標準呢？「性活躍」說到底，應該是什麼意思？古典的定義顯然已經過時了。我們可能必須從童貞開始，為「性愛」這個詞，徹頭徹尾賦予新的概念。

第三章

宛如處女，管它是什麼

克莉絲汀娜盤腿坐在學校宿舍的地板上，腿下墊個枕頭，筆電放在大腿上，看著YouTube播放的影片。畫面上，一個四十多歲，叫潘．史丹澤爾（Pam Stenzel）的女人，在打著「自由性愛的昂貴代價」橫幅標語前面走來走去。她穿著牛仔外套配牛仔褲，以一種凝重的、「我對小孩最有辦法了」的口吻，自以為是地高談闊論著童貞。「假如今天你在現場，而你還是處女，」她對著一群全神貫注的高中生聽眾說道：「那麼，這對你來說是好事！**這對你是好事！**因為你擁有這麼特別的東西，這麼珍貴的東西，值得不計一切代價擁有，因為它可以帶你進入沒有過去、沒有恐懼、也沒有疾病的婚姻！」學生歡聲雷動，熱烈鼓掌。

史丹澤爾是美國最聲名遠播（或說是最惡名昭彰，依人而異）守貞教育者，曾經受邀到白宮及聯合國，也擔任過《勞拉博士秀》、《比爾．馬艾之政治不正確》之類的節目來賓。據說史丹澤爾的母親是強暴受害者，她則讓基督教家庭收養，因此終身致力鼓吹貞操、讚揚處女。她一次演出可以賺到高達五千美元的酬勞，根據報稅記錄，她的公司登記名稱「啟發溝通」，年收入大約二十四萬美金。

我看著克莉絲汀娜觀賞影片，她臉上掠過一個歡樂的表情。當時她二十歲，不過外表和聲音都比實際年齡還要小幾歲，已經在西岸某公立大學唸大三了。我們待的那個房間，四面牆都粉刷深紫色，印度花卉床罩釘在天花板上，也蓋住床墊。門邊地板上，放著一盤吃剩的素食墨西哥捲餅。我要是沒弄清楚狀況，一定會以為自己搭著時光列車回到了一九八〇年。克莉絲汀娜告訴我，就在一個星期之前，住在這屋裡的人正激烈爭辯著（不禁讓我懷念起自己念大學的時光）女生是否有權在公共區域袒胸露背。她說：「長久以來，大家都在討論女性胸部怎樣被厭惡，又怎樣遭到媒體性化；也在討論我們在自己宿舍裡時，該怎樣展現我們的身體而又不會危險。這次的爭辯，再次激化了這類的討論。」自然最後的決定是透過多數決。

認真地說，從潘．史丹澤爾的貞操呼籲，到女學生可以光著身體在學生宿舍裡走來走去，可能還要很久；可是克莉絲汀娜是在科羅拉多州的科羅拉多泉城鎮裡長大的，那可是全美國排名前幾名的保守城市，也是基督教許多基本教義派組織的所在地，因為太多基本教義派組織都在這裡，所以科羅拉多泉素有「福音教派的梵諦岡」之稱。克莉絲汀娜不是在這樣的傳統下長大的——她是天主教徒——可是她在教會學校接受的「性教育」也大致相同，可以全部壓縮成一個詞：**不要**。人類的性，不是在健康教育課的時候教育，而是高一上神學課時才教導。課程主要教一些可怕的統計數字，告訴你婚前性行為會懷孕或染病，還教墮胎的危險。然後就引導學生記住聖經的段落，老師還用這些段落來譴責同性戀、提倡貞操觀念。克莉絲汀娜回憶道，那門課的年度大事，就是觀看潘．史丹澤爾的影片，那是全班同學的一種傳承儀式，就像學開車考照前要上駕訓課的人，一定得看一次車禍受害人可怕的火葬影片一樣。因為史丹澤爾的根據地，離科羅拉多泉只有一小時車程，所以也曾經在集會的場合，親自到克莉絲汀娜的學校演講，來的時候，大家總像是期待搖滾明星似地歡呼著迎接她。克莉絲汀娜說，即使在那個時候，她也懷疑史丹澤爾的演說「有偏見」，還有一點浮誇，但當年她倒也未必認定史丹澤爾說得不對。當年她從來不曾質疑過保持「純潔」一直到結婚的價值觀念。

螢幕上的史丹澤爾還在滔滔不絕：「一旦沒了，就是沒了。」她警告著：「你得花這麼久的時間，」——她捻著手指做勢——「才能把它丟掉。要持很大的尊嚴堅守到最後。」

掌聲更熱烈了，然後，影片就結束了。我們沉默了一會兒之後，我問克莉絲汀娜：「那你還打算保守住自己直到結婚嗎？」

她笑著搖頭：「噢，不！已經來不及了。」

用「童貞卡」支付

將近三分之二的青少年，大學之前就至少有過一次性接觸了——我說過，美國人平均是十七歲時失去童貞——雖然大部分都是跟相愛的伴侶，但也有不少女生是將童貞獻給了朋友或剛剛認識的男生。無論是全國的採樣，或是我訪談的對象，都有超過一半的人是在喝醉的情況下，酒後亂性。大部分的人都說很後悔，還說但願自己當初能再等等——也許不是等到結婚，但應該再等晚一點。

某種程度上，我非常訝異所有訪談過的女生，都會把第一次性接觸認作是一個里程碑。第一次之前，她們大多已經性活躍了好幾年了，但是，再說一次，這裡得把口交（或其他形式的性接觸）「算」作「性活躍」。當然了，會有人說現在的世界裡，把「童貞」當成「性啟蒙」的象徵，已經是一種過時、沒意義的觀念。這種觀念沒有真正的醫學根據（很多女生根本沒有處女膜，或者處女膜在運動、自慰、塞衛生棉條的時候就弄破了），也沒有大家都認同的社會意義：例如潔西卡・瓦蘭提（Jessica Valenti）就在她的《純潔神話》一書中，寫到「二次童貞」的概念，這概念是說，即使有過性接觸，只要之後能夠潔身自愛，守貞直到結婚之前，那麼童貞就可以神奇地恢復。這樣的概念，固然能讓倡導純潔的人士擁抱曾經「失足」的人，但也顯示「童貞」一詞的定義可以多麼武斷。我並不是說第一次性接觸在身體與心理上都沒有意義，絕非如此。只是，為什麼女生還是將如此單一的舉動（尤其，這舉動很少一開始就讓女生愉悅），賦予崇高地位？女生為什麼會將這種性的表現，幻想成是一條能讓自己從天真變成有經驗、從無知變成知識豐富的神奇變身界線呢？「童貞」這種特殊觀念，又是如何塑造女生的性經驗呢？這觀念如何影響女生的性發展、女生的自我瞭解、女生對性愛的享受程度、以及女生與伴侶在身體與情感上的溝通呢？

深秋時節某個週日早上，我又跟克莉絲汀娜約談，這次還多了她的一群朋友，在學生宿舍的頂樓露台上一起相聚。克莉絲汀娜談起自己的背景時，其他女生聽得目瞪口呆，覺得她的故事很異國風情，還有點嚇人。「我覺得不意外啊，」凱特琳鼻子高挺，她把鼻樑上的紫色方框眼鏡推高一點，說：「我高中的時候，他們就發免費保險套了，還發**潤滑油**呢！」

就連長著雀斑，在加州橙縣讀天主教女校的安妮，都認為她家的教養方式，比克莉絲汀娜家更開明。「高中的時候，我們老師打開一包薄荷餅乾，放在地板上」，安妮回憶道：「然後老師問大家：我們想不想吃。當然我們都說『好噁，不要！』然後老師又說了，『沒錯，一旦你打開，就沒有人要了！』」

女生聽到這兒紛紛大笑。「可是，」安妮補充道：「我媽有點像嬉皮，所以她就教我不要聽老師那一套。我媽會說：『買車之前要先試開，這很重要；你不能踢踢輪胎就決定要不要買。』」

布魯克讀中學時，她母親給了她一大疊老派的談論積極性愛的書，如《妳的身體，妳自己》之類（布魯克回憶道：「那些書的封面完全是七〇年代的風格，很好笑！」）至於學校裡發放免費保險套的凱特琳，十五歲的時候，她母親帶她去一家「婦女友善」的性愛用品店買了一個震動器。「我媽說，『我認為，在你真的跟別人性愛之前，先瞭解自己的身體和自己的性接觸，這很重要。』」

無論凱特琳還是布魯克，都沒有想過要把童貞留到新婚之夜。遇到克里絲汀娜之前，她們認識的人也都沒有這種想法。「我認為我媽的精確用字就是『童貞是父權架構』。」凱特琳說到這，笑了起來。她十六歲的時候第一次發生性關係，對象是她之後交往了三年的男生。「我的第一次其實應該會更早，可能是跟另外一個男的，在大二那一年。」她說：「可是那男生沒有主動提起。現在我很高興，因為當初我可能會主動提的。只是我主動提，並不是我要跟這個男生做，而是因為我想要討好他，我想要感受自己的重要。我終於做了的時候其實才跟那個對象交往兩個月而已，可是我就覺得我要。能夠百分之百確定自己想要，能夠知道『自己之前還沒準備好，可是現在真的已經準備好了』，真的會覺得自己有了可以作主的權利。」

布魯克的第一次，還發生得更早，是她十五歲的時候。她本來以為對象會是自己「在意」——她不用「愛」這個字——的一個男生，會在某種浪漫、薄紗似的場景中發生，那種場景，只有在舒摩兒灌洗液的廣告中才會看到：在懸崖邊上，太平洋的水衝上懸崖下方的岩石。「我對於那件事可能的樣子，可能比實際的情況想得更多，」她承認：「比如，怎麼樣才能發展得像個故事。」

然而事情並不完全如此發展：一方面，當年布魯克和她交往七個月的男友都沒有車，所以兩人根本不會去海邊；還有，當時是冬天。萬一有人經過剛好逮到他們呢？最後，兩人以一種非常世俗的方式為彼此獻出了童貞：某個週末，他家人都出去了，兩人就在他的上下鋪床上翻雲覆雨。那天，她把千挑萬選才在渥爾格林藥房買的保險套帶了去，還帶了潤滑油，還有，不知道為什麼也順便帶了一袋手工餅乾去。「真相是，失去童貞大概就是最低程度的性行為。」布魯克說：「很尷尬，尤其碰到對方也是第一次的話。戴保險套剛好是光滑的相反。所有的東西好像都分崩離析，要幫別人戴套，你不知道要用多少力道，我戴到有點冒汗，感覺也很差。」過了大概一分鐘左右，兩人都覺得自己已經「做」夠了，足以向人（向自己，也向雙方的朋友）說他們做過了，於是兩人就……停止。「可是，你知道，」布魯克補上一句：「對我來說，這是很正面的經驗。雖然尷尬，但是我們終究結合了，很好玩。雖然那一次很乏味，但整個狀況我都很自在，跟他相處也很自在，這一點我真的很感恩。」分手之前，他們又睡過幾次；布魯克留下第一次使用的保險套包裝袋作紀念，上面還寫上使用日期。

布魯克和凱特琳對於自己失去童貞的時間和方式，反而都能釋懷：她們表示，她們有太多朋友，只要想到要在大學之前卸下「它」，就覺得惶恐，結果反而匆忙地找對象，導致不愉快的經驗。我訪談過的女生，大部分都將大學設定為破處的最後期限：大一這一年若被標記為「假正經」，遠比被貼上「蕩婦」的標籤更慘。萬一被當作「沒經驗的怪咖」，或者更糟糕的，被說成是「長得太醜連男生都不想上」，與其冒這種風險，還不如快點結束童貞狀態，**找個人**做愛就算了。一般而言，年輕人都高估了有過性經驗的同儕數量，還高估了有經驗同儕經歷過的次數、以及他們的伴侶數（更別說是考量同儕的性經驗感受好不好了）。其實，四個十八歲的男女當中，就有一個沒有過性經驗。可是，除非他們有宗教信仰，否則是不會宣傳自己沒有性經驗的——不但不會宣傳，甚至還會謊稱自己有過經驗。克莉絲汀娜大一那年仍然期待自己婚前守貞，接受訪談時也覺得自己必須永遠捍衛那樣的選擇，舞會中遇到男生時，會開門見山地把這想法說出來，以避免壓力或臆測。布魯克說：「可是你要是想清楚，就會知道這種事情很可笑。我是指，才十七歲，一個剛高中畢業的人，就開始擔心上大學的時候自己還是處女之身，然後擔心自己喝醉之後隨便跟男生發生關係。這種擔心不會幫助你準備好什麼，這種擔心不會讓你有經驗可以更瞭解性愛。一般人，包括我自己，只會說做件事會改變你……」

「**天啊！**」安妮插嘴了。她去年，十九歲時，才初次有性接觸，對象是交往了很久的男朋友。「我本以為自己的第一次之後，就是個嶄新的世界！學校和教會都教我說，找到

『對的人』，真的戀愛、真的做愛的時候，你會脫胎換骨，就像是面紗會揭開一樣。但我不是那種感覺，我並不覺得自己脫胎換骨，既沒有鳥兒唱歌也沒有鐘聲響起。然後我就想啦，『噢，我的天啊，可能現在終究不是對的時間，或者我們可能做得不對。』我感覺自己就像是被花言巧語騙了一樣。」

《失去童貞》一書的作者蘿拉．卡本特（Laura Carpenter）發現年輕人一般是以四種方式來理解童貞，每一種方式都或多或少出現在這些女生描述給我聽的內容裡。第一種人，相信童貞就像禮物：雖然這些女生不再把童貞和婚姻扯上關係，卻一致認為，童貞是愛的珍貴表達。比方說安娜吧，她某種程度上和布魯克很像，都是「送禮人」，會把第一次說得很浪漫——無論是人、場景、意義——希望一切都「完美」，期望性愛能強化兩人的關係，讓伴侶對感情有更深的投入。如果性經驗狀況不好，尤其是萬一覺得自己被騙或被逼，那麼她們會心力交瘁。更糟的是，這種背叛會讓她們覺得自己沒有價值，將來的兩性關係上，她們會無法堅持自己的立場。蘿拉．卡本特書裡寫到一個這樣的女生，提到：「將童貞獻給一個顯然不領情的人，茱莉覺得自己價值大大減少，少到令她相信自己不夠特別，更不特別的男生來求歡時，她也不夠資格拒絕。」根據蘿拉．卡本特的說法，這類的「送禮人」面臨的風險就是：她們失去童貞的經驗，還有失去更重要東西的經驗，是根據伴侶的反應來定義的。

天秤另一端的人，則是將童貞當作恥辱，高中快畢業的時候，還留著童貞者會越發尷尬、越發沮喪。他們想像第一次性經驗如實境秀的改頭換面，讓她們從醜小鴨立刻轉變天鵝，從小孩轉大人。男女關係？羅曼史？算了吧！這群人喜歡**另闢蹊徑**；跟把童貞當成愛的禮物的那些人比起來，這群人對於自己的性經驗比較滿意（主要是因為他們的期望要低得多），不過雖然如此，他們往往更容易幻滅，因為發現失去童貞之後，他們並沒有真正改變多少。

蘿拉．卡本特的研究對象，還有將近三分之一的人和凱特琳一樣，認為失去童貞只是個過程，是個傳承儀式：是轉大人的一部份，卻不是轉大人的決定性因素。他們既不把童貞理想化，也不會認為它是負擔；第一次的性接觸只是成長、探索性的過程自然且無法避免的一步。他們比「送禮人」更覺得自己控制得住自己的選擇——尤其覺得自己控制得了性關係的對象和時間。他們也往往會多方實驗，在第一次性接觸之前，至少再多找一個伴侶，他們認為，做「什麼都可以」，只要是值得的事情。把童貞當成禮物的這些人，恰成對比，他們以性行為「比較少」，來衡量伴侶的信任和忠貞；把童貞當成里程碑的人，會認為只要沒有性接觸，就是辜負，就是一種安慰獎。

就像現在大多數的美國人一樣，這三類的年輕人並不期望守貞到結婚。同時，蘿拉·卡本特也發現，少數族裔的青少年，也許以前也包括克莉絲汀娜，已經完全朝相反方向發展，變得比較忠貞，也比較會發聲說要守貞到新婚之夜。對她們來說，童貞一樣是「禮物」，要跟真正的伴侶才能分享，但也代表著另一種意義：一種榮耀上帝的方式。

等待王子

一對迷人的金童玉女，出現在路易斯安那州士里波特的東嶺鄉村俱樂部門口，跨出低矮的跑車。他一頭黑髮，西裝筆挺；她則穿了一襲類似婚紗的衣服：無肩帶、閃閃發亮的緊身上半身，曳地的薄紗有好幾碼長。不過，再看一眼我就發現好像哪裡不對勁：男的已經兩鬢飛霜，可是女的卻還沒發育完成，這女孩才十四歲而已。這兩個不是新人，而是父女檔，聯袂來參加第七屆，阿洛德三州聯合貞潔舞會。會場裡，類似裝扮的其他父女檔，繞著桌子走動，桌上堆滿了糖果：粉色、橘色的雷根糖和口香糖球。參加的多半是白人，也有零星的非裔美國人和幾個拉丁美洲人。有一群女兒和爸爸（或者其他的男性「導師」

也可以），站在窗簾旁邊，窗簾上有著閃閃發光的燈。有些人則已經在糖果和絲花裝飾的桌子旁，找到位子坐下了。有些人擺出姿勢，要拍照留念，根據線上邀請卡的說法，今晚的活動是「為了訓練也鼓勵國一到高三的女生在婚前保守純潔之身。」每一對親子收費一百元（如果不只一個女兒的，則每個女兒再加收五十元），線上邀請卡還寫著：「這個活動，讓父親有機會保證愛護與保護自己的女兒，也幫助年輕女孩開始瞭解這個真相：自己是**值得等待的**珍貴公主。」（粗體字是線上邀請卡的原文。）

全球第一場貞潔舞會是一九九八年在科羅拉多泉舉辦的，克莉絲汀娜就是在科羅拉多泉這個城市長大。主辦人是一個名叫蘭迪．威爾森的牧師。牧師自己有七個孩子，其中五個是女兒，他認為自己有責任要「保護」女兒的童貞。不清楚這種活動一年辦幾場——一度有報導指稱全球一年有 14000 場，可是後來證明這數字只是炒作。更精確的數字很難估算，特別是因為這類舞會，就像許多社區活動一樣，會因為當地人表現出的興趣、主辦人的規畫技巧，而有場次多寡的差別。無論場次多寡，這些舞會都源自於一九九〇年代中期，由美南浸信會所發起的「真愛會等待」運動。這活動第一次辦理的時候，有十萬名年輕人參加，保證婚前守貞；到了二〇〇四年，有兩百五十萬人保證——美國女孩，等於每六名就有一名保證婚前守貞。至於另外一個，美國政府部分資助到二〇〇五年的「銀環運動」，則辦過一千多場活動，以基督教搖滾、嬉哈、動感及俱樂部式的氣氛來吸引年輕人；光是二〇一五年上半年，就安排了五十多場。

我參加的那場貞潔舞會總有什麼地方不太正常，因為雖然重點是父親與女兒，但卻完全是由女性來辦活動，一開始的時候，發起人黛波．布莉坦就是當地「懷孕危機機構」中專門教導「性健康」的老師。懷孕危機機構這類組織會引導意外懷孕的婦女不墮胎，將孩子生下來送養或自己撫養。侍者端了烤雞胸肉和馬鈴薯給我們當晚餐時，黛波．布莉坦對我說：「我心心念念想著的，就是要讓這些小女生有最好的性生活。很明顯，最健康的選擇，唯一保證不會得性病、自殺率不會提升三倍的方法，就是承諾婚前守貞。以數據來看時，就知道**毫無疑問**。」

我當下便記著要提醒自己去查自殺的數據：沒有錯；根據二〇〇三年，保守的美國傳統基金會研究報告確實是如此。不過，性與自殺之間的關連，很難說是偶然。例如說，女生也比男生更可能因為性活動而被霸凌，這一點就讓女生更容易沮喪，自殺的風險也更高。所以，問題不在性本身，而在於性活躍的青少年受到羞辱。也可能是，本身已經心情沮喪的青少年，性行為之後更容易後悔。當然了，也可能是因為青少年受到媒體的驅動，對性產生了很不切實際的期待。或者，喝醉的情況下發生了第一次性接觸，也容易讓孩子自殺的風險提高。無論是什麼樣的狀況，黛波．布莉坦的工作，都是進入當地的公、私立學校，然後和潘．史丹澤爾一樣，把她所知道的人生事實說出來。她告訴我：「女孩聽我說完後如何選擇，我隨便她們，可是當我說完該講的話之後，」她眨眨眼，調皮地用手肘頂我一下，又說：「她們就不能說沒有人告訴過她們這些了。」

那天稍早，我到鄉村俱樂部與先前參加過貞潔舞會的人閒聊，這些人每年都回來幫忙辦活動；有些人穿著運動衫，上面寫著SWAT幾個字母，代表「姊姊妹妹責任負起，攜手同行（Sisters Walking Accountable Together）」，這個社團成立的目的，就是支持女生遵守貞潔的誓言。我出門之前已經換了三次衣服。無袖上衣外面套一件寬鬆的圓領毛衣，突然好像顯得太暴露了，特別是因為毛衣會左右滑動，內衣的肩帶就會露出來。無袖上衣外面套開襟毛衣也可能不得體。最後我終於決定穿船形領的套頭毛衣，希望人家不會說衣服太緊。我想快速說句，早上起床整裝時，並不會有剛剛那些念頭，只是貞潔舞會強調「得體」、「純潔」，讓我更意識到我的身體、我的自我呈現，可能會被別人評判，從青春期之後算起，我還不曾像這次這麼深刻地意識到這一點。

白天的時候，舞廳內布置得一整片米色，窗外看得到濕潤天空下冬季土褐色的高爾夫球場。室內幾個女生在椅子上綁上粉紅色薄紗蝴蝶結時，讀高三的海莉穿著運動褲配SWAT的上衣，站在後方檢視布置效果，雙手叉腰，皺著眉頭說：「我覺得可能有點太『甜美十六歲』了。」

另一個女生回應道：「可是來參加的女生就是十六歲啊！」

海莉在很多方面和我見過的那些女生都很像：聰明、口條清晰、成績優異，還是個體育健將（她從五歲開始踢足球，而且踢得非常好，夏天的時候還去學風帆衝浪。）她甚至還上過她稱之為「文青，為所欲為吧」的通才教育國家多元培訓學校。某個寒冷的星期六，她把頭髮亂七八糟地盤成一個髻，短短的指甲上塗的紅色指甲油都斑駁了。我問她，除了她以外，她的同班同學有沒有很多人發誓婚前守貞？她冷笑地說：「才沒有。其實，在我們學校，**除非你是基督徒**，否則要幹出一番大事並不難，無論你認定自己是什麼性別，學校的人都很接受。這很酷。你想要何種性特質都可以，**只要不是純真的就好**。那樣真的很奇怪。我說起自己要去參加貞潔舞會的時候，一般人聽到的反應都是『你好愛品頭論足哦！』然後我會說，『現在是你在對我品頭論足！』」海莉說，結果她在學校沒什麼朋友，大部分的時候都是跟小小一群思維相同的運動朋友在一起。她說，第一次參加貞潔舞會是四年前，她十三歲的時候，對她而言，貞潔舞會就是昭告天下。她解釋道：「舞會帶給我的那種特殊感受，是我從來沒有機會感受到的。以前，我從來不認為自己可以像現在這樣愛、這樣被愛。」

海莉從沒交過男朋友。她開心表示：「我們學校有三分之二都是女生，大部分的男生都是同性戀。」不過她也說，如果有男朋友的話，她覺得自己最多最多就只能牽手而已，**或許**可以到接吻，但僅止於此。「我覺得，要是把初吻留到結婚那天，一定真的很酷。」她這麼說，身邊的女生都表示同意。有個女生說她從不跟男生單獨在房間裡，甚至不能一起待在暗暗的電影院裡——「**或許**餐廳的雙人桌」還能接受。另一個女生則限制男友只能擁抱三秒鐘，她說這樣「才不會惹出事情來。」

海莉和她的朋友好像是全然誠懇、對自己的堅定信念具有充分的信心。不過，她們如果一直如此，就會成為少數。根據德州大學社會學家馬克・瑞格納羅斯（Mark Regnerus）的研究，有四分之三的白種福音教派的青少年不贊成婚前性行為；主流新教的青少年只有一半不贊成，猶太教青少年更只有四分之一反對。（順便說一下，福音教派的處女也最不可能把性想像成美好的經驗，而猶太教的則最可能把性愉悅當成放縱的理由。）儘管如此，福音教派卻是三群之中性活躍**最強的**，他們平均十六歲就破處，較早失去童貞，也較不會避孕或預防性病，可能是因為缺乏教育，或可能因為他們不願意為了性接觸預作準備，以免讓自己的誤入歧途顯得像是早有預謀。

守貞的誓言真的有某種衝擊，特別是對於年紀較小的青少年：根據哥倫比亞大學的社會學家彼得・比爾曼（Peter Bearman）及耶魯大學漢娜・布魯克納（Hanna Bruckner）的研究指出，十五、六歲就發誓守貞的年輕人，初嚐禁果的年紀，平均比同儕晚十八個月（**但也不是**「等到結婚」的年齡），性伴侶也比較少。可是，如果特定的社團裡，有超過百分之三十的人要求共襄盛舉，那麼守貞誓言的效果就消失了。誓言要讓人覺得特別，要像獨家俱樂部的會員資格一樣才有效果。因此我猜想，守貞誓言的相關物品，如戒指、T恤、筆記本、腕帶、廣告帽、還有其他的廉價飾品，上面印著「喝酒不上車」[10]、「保持冷靜，保住純潔」或簡單寫著「真愛會等待」，這些東西也是一樣，需要有「排他性」才會有吸引力。

所以，也許守貞誓言真的有其影響力，但影響力不是無限期，更不是萬靈丹。宣誓守貞的男生，嘗試肛交的比率，是沒宣誓的男生的四倍；而無論男女，宣誓守貞的，嘗試口交的比率更是沒宣誓男女的六倍。不只如此，十八歲的時候，宣誓守貞的男女就會開始不

10 譯註：雙關語，有避免車震的意思。

堅定，到了二十幾歲的時候，超過百分之八十的人會否認或忘記自己曾經宣誓守貞；他們唯一還固守的一件事，便是仍然不太願意避孕，更不願意防範性病。這不足為奇，因為這些人一直反覆聽潘．史丹澤爾說保險套沒有用，無法防止感染，還說避孕藥會讓女生「不孕或死亡」，要是我，也會跟他們一樣。此外，有趣的是，年輕人只記住守貞教育中「不安全的性行為」訊息，揚棄了其他的部分；所以反效果就是，宣誓守貞的人，雖說整體上比較晚開始性接觸，也自稱性伴侶比較少，可是懷孕和性病的比率，卻和一般人一樣高。宣誓守貞也不能保證婚姻美滿：宣誓守貞的女生比一般女生早婚，可是，就算婚前從未有過性接觸（大約占了百分之十二），測出性病的比率，和婚前沒有宣誓的女生一樣。

蘭迪．威爾森和潘．史丹澤爾這些人總喜歡說，等到真正的伴侶出現再發生性接觸，不但會讓性愛更神聖，也會更熱烈；他們解釋道，男女歡好時，你的大腦釋放的化學物質，會讓你和那個人連結，訓練你，以巴夫諾夫氏制約的方式，讓你每次和他在一起的時候，都覺得色心大起，慾火中燒。這種概念當然很浪漫，但是，最終發現這種概念還是不正確。二〇一四年有一項針對福音教派基督徒男士的研究，讓我們對於婚前守貞者的婚後生活，有比較客觀的一瞥。結果是，這些男生在解除禁令之後，依舊無法動搖「性愛是獸行」的觀念。他們發現自己面對誘惑時仍感困擾：無論是A片、自慰、還是女人的誘惑都一樣。不只如此，單身的時代他們有其他守貞的男生可以相互支持，可是一旦結婚之後，他們發現跟朋友討論性問題，就被當成是背叛妻子，他們也不知道該如何直接和配偶溝通。

有個十歲就在浸信會教堂宣誓守貞的年輕女生，也在「某珍」女性聊天網站上，發表了類似的故事。她婚後放不下長期灌輸給她的羞恥和罪惡：「性愛感覺很骯髒、很罪惡，即使我已經結婚，現在應該可以了，」她寫道：「可是我有時候自己哭到睡著，因為我想要喜歡『性愛』，這實在不公平。我沒做錯事，我宣誓守貞，也一直恪守誓言。可是，應許給我的幸福婚姻在哪裡呢？」同時，二〇一一年，一項針對一萬四千五百人的調查，也發現脫離宗教信仰的人，比起仍有宗教信仰的時期，性方面滿意度更高，對於自己的性生活也更沒有罪惡感。

貞潔舞會上，女孩子和她們父親從桌邊站起來，深深注視對方的眼睛，然後交換誓言，女生承諾要保持純潔，男士則保證要「罩」他們的女兒，要帶領女兒、引導女兒、為她們禱告。然後女生複誦以下誓言：「知道自己值得等待，我承諾上帝、承諾自己、承諾我的家人、朋友、承諾我將來的丈夫、兒女，我必一生保持純潔，包括性純潔，自即日起，直到進入合乎聖經的婚姻那一天。」然後，父女檔就先到後面集合，然後，雙雙勾著手臂，一對一對走向舞池中間，就像婚禮的時候一樣，然後，當父親的從籃子裡取出銀髮飾，為自己的女兒「加冕」，然後女兒再從另一個籃子裡挑一朵白玫瑰。

這時，黛波．布莉坦為我引見現年三十九歲的企業家戴夫，他帶著十四歲的女兒來。「身為人父，我最希望的，就是她盡可能地過上最好的日子。」他對我說：「然而真相是：男孩或女孩，當他們從成年到結婚前經歷的過程，每一段關係中所做的或所發生的每一件事，無論是在生理上、情緒上還是心理上——總之每一段經驗都會帶進婚姻裡。貞潔真的可以從頭砍斷未來的很多痛苦。與其之後必須治療，還不如一開始就不要生病比較好吧？這一點誰能否認呢？」

戴夫繼續說著，他也知道自己婚姻就是這樣走得跌跌撞撞，很懊悔年輕時的荒唐，把婚姻最終的失敗歸咎於此。「我離家上大學後就靠自己了。」他說：「然後我就走偏了，沒能把志同道合的人留在身邊。發生了很多的心痛和難過的事。就因為這樣，我才覺得婚前的經驗真該死的重要。老是有人跟我們說沒有人會守貞，辦不到的。為什麼呢？因為守貞是一種選擇。」此時，戴夫的女兒靜靜地站在身邊，捻著手裡的白玫瑰。戴夫指著自己女兒，說：「假如每天有人拿槍指著她的腦袋說，妳要是失了貞潔，我就開槍斃了你。我保證她就絕對不敢失貞了。這都是選擇的問題。」

戴夫沒有——至少表面上沒有——雙重標準。對他來說，守貞對男生和對女生一樣，都很重要。他打算當孩子的模範，守貞直到（或除非）再婚。他期盼自己的兒子也一樣「純潔」。他的擔心似乎和性較無關係，比較涉及親密情感帶來的痛苦——很多人認為這一方面的痛苦足以影響一個人的成長，對於一段關係是否會發展出成熟想法和成熟的期待，至關重大。

聽著戴夫的話，我突然想到他的幾個觀念，例如他認定守貞可以保住他的婚姻，也能保護孩子將來不離婚——他還認為如果婚前就練習情感或身體親密的技巧，會威脅而不是提升自己和伴侶的關係——這兩個觀念，就像他放在女兒頭上的假皇冠一樣，簡直就像童話故事。我本身進入婚姻快要二十五年了。已經離我和我先生很遠的童貞，並沒有在結婚當天當成給予對方甚麼特別或珍貴的寶物；我們對彼此的愛和承諾才是。我所認識的幾對結婚多年的夫妻都會認同這一點；我每一個離婚的朋友，也一樣認同這一點。另外，如果戴夫真的希望孩子結婚之後永遠不離婚的話，可能要先調查一下標榜自由風氣的城鎮，如紐約、波士頓、舊金山等等，持有不動產者的名單。數據顯示，一個城市的高離婚率，最重要的因素是保守派或福音教派的新教徒比例偏高，一部份的原因是他們早婚、早生。把性嘗試或親密情感當禁忌話題不談的，反而會讓戴夫這類的父母自食惡果，不是逼得孩子得找一個不合的對象嫁娶，就是讓孩子沒準備好就婚嫁以尋求公然的肉體關係。

我們當中把宣誓守貞者說成觀念古怪，未免說得太容易。然而我仍不免想到身為「神的處女」的女生，其實和把童貞想像成「禮物」或想得很尷尬的那些人沒什麼不一樣：他們都相信一次的性行為會讓她們神奇地轉變——無論是好的轉變還是壞的轉變——所以，結果她們都冒著受傷的風險，來成就自己的性發展或情緒發展。她們衡量自己的價值、測定自己的自尊、（悄悄地或公開地）判斷別的女生的人格，都根據女生雙腿間正在發生，或沒在發生的事情。而且她們全都還是基本上根據自己的性特質來定義自己：根據自己是否有性接觸、幾時發生、在哪裡發生、跟誰一起，一共多少次。

將重點放在童貞，年輕人就縮小（甚至跳過）了性表達的其他型態，否認自己有機會知道、有機會體驗。畢竟，和伴侶刻意而緩慢地移動，不但是不可思議的感官體驗，對於學習，真正的**學習**，更是重要；學習什麼呢？學習慾望、樂趣、溝通、相互依存、以及親密。這種學習，比「達成」性接觸更能改變人生。印第安納大學醫學院小兒科也是研究青少年性特質舉足輕重的專家，丹妮絲．福騰貝里（Dennis Fortenberry）如是說：「用『經驗』來思考，是一種愚蠢的方法。如果你把事情想成一池子的親密經驗、溫暖經驗、慾望經驗、吸引經驗、激發覺醒的經驗、接觸的經驗、還有高潮的經驗——那麼其實這些都只是種種可能的「性學習」）的一部份而已。學習才是年輕人應該做的事，學習我們稱之為性愛的那種妙不可言的事情，性愛會以各種方式呈現，我們認定這是年輕人未來大約六十年的人生當中的一部份。我覺得，在我有生之年大概看不到年輕人學習性，可是，我們是不是應該開始想想，可以真的告訴孩子『花個一兩年時間，跟你想要的對象，進行口交或外生殖器的性愛，真正知道性愛到底是怎麼回事，也弄清處性愛之後可能會有什麼事。』」

當我走進舞會的現場，看著女生穿的白洋裝、婚禮主題、看著那些父親們變成女孩「性純潔」的捍衛者，我心裡真有點七上八下的。父親們甚至領取壓克力包覆的六便士錢幣，以象徵女兒的美德，要保存到女兒出嫁的那一天（就像婚禮習俗中，新娘一定要穿戴「一項借來的藍色東西，還得在鞋子裡放一枚六便士銀幣」。）還有什麼比這個更顯父權、更走回頭路？同時，世俗文化中的性化猖獗，也不見改善。老實說，我完完全全、強烈地反對他們的方式，只是，我也明白這些父母跟我一樣，只想讓自己女兒過上最好的日子；用他們的方式，他們相信自己在幫助女兒力抗現代的壓力和有失體面的刻板印象。黛波．布莉坦跟我談起「A片流行」，談起年輕人無論到哪裡都會面臨「性的攻擊

／侵害」，所以「賦予權力」給年輕人讓他們「橫渡性的攻擊／侵害」是很重要的，這樣一來，年輕人才能做出有道德、負責任、「健康的性選擇」。她和我一樣，相信我們應該「用非常直接的方式」給孩子性教育。都是一樣的語言，但卻有著完全不同的含意。對我來說，純潔和過度性化是一體的兩面，我寧可教導女生，無論她們的性地位是高、是低，都不能用來衡量她們的人格、道德、價值。

舞會中的父女檔完成了「加冕」儀式，簽署了純潔「盟約」後，下舞池去跳他們的「第一支舞」，又是另一個反映婚姻的儀式。他們都面露喜色：女兒在父親或導師的關愛之下，備感溫馨。我可以不贊成這次聚會的目的，我可以不同意他們傳達的訊息，但我終究欣賞這些父親與女兒之間的交流，欣賞這些父親願意不疾不徐地深化自己與女兒的連結：創造互信、討論關乎性愛的道德與價值。為了寫這本書，我訪談過不下七十個年輕女生：當中只有兩個曾經和自己父親實際談過性愛這件事。其他的女生一聽我提起這個題目，就只是笑。媽媽也好不到哪裡去：就算有媽媽認定自己曾經跟女兒聊過性愛，這類的媽媽也往往高估她們所聊內容的成效、開放，以及可以安慰女兒的程度。不知道為什麼，若要讓父母閉口別提「不要⋯」兩字，父母往往不知道該說什麼了。所以，貞潔舞會中那些爸爸們公然的性別歧視固然嚇人——對，沒錯，我就大吃一驚——沒想到和他們完全相反的一種方式，居然是完全沉默，也同樣令我大吃一驚。

一兩首歌之後，爸爸們退出舞池，女孩子則踢掉高跟鞋，開始跳來跳去，試圖「解決掉」一些流行歌曲，例如菲董的「快樂（Happy）」[11]，場面有點小混亂。我溜到門外時，《冰雪奇緣》的聖歌「放手吧（Let It Go）」正好響起。舞會上的女生，就像其他地方隨處可見的年輕女孩一樣，在合唱聲中，奮力一甩，誇張地伸開了雙臂，大聲唱出歌詞。爸爸們在旁邊看著，寬容地微笑著，渾然不知整首歌的重點，就像歌詞所說的——「沒有是、沒有非，沒有規則可以束縛我。我自由自在！」以及「那個完美的女孩早已不復存在」——艾莎公主就要恢復權力，拒絕她父親，也就是國王，加諸在她身上的限制和道德了。

11　譯註：電影神偷奶爸2的主題曲。

好人檢驗單

克莉絲汀娜讀幼稚園時就認識布蘭登了，兩人在學校操場追逐，到當地的滑冰場去參加對方的生日派對，中學時代的科展，布蘭登得了第一名，克莉絲汀娜則是第二名。高三那年的冬季舞會之後，他們交換了初吻，兩人的身體親密隨著時間加深，可是兩人始終沒有忘記教會幽靈。克莉絲汀娜回憶道：「就好像，『我男朋友脫掉我的上衣了，萬一有人發現了怎麼辦？』就算現在我可以滔滔不絕地把那些感受說出來，可是那個感覺還是在。有不同程度的羞恥和罪惡，可能早就烙印在我心底，真希望不是這樣。那種感覺影響了我很多的行動。」她若有所思地頓了一下，繼續說：「到那時我還是不知道哪一部份屬於我的教養，哪一部份屬於我的個性，這兩者的界線在哪裡。我天生是個謹慎的人。」

也許吧。可是我初見克莉絲汀娜的時候，她正打算出國，到南非的波札納去待一學期，這在我看來是非常勇氣可嘉的。她故意選的大學，是可以挑戰她長久以來所認定的價值，還故意選擇需要逼迫自己在外租屋的生活方式。克莉絲汀娜這麼願意遠離自己教養的安全網——這對很多年輕女生來說極為困難，無論她的政治立場是什麼——我認為值得讚賞，甚至可以說很勇敢。為什麼這樣做，她解釋不清楚，可能是因為她父母不像學校的老師那麼保守。學校老師教她的貞潔觀念，克莉絲汀娜的母親從不反駁，可是她不接受學校說同性戀是一種罪。克莉絲汀娜說：「她就是直接跟我說，『學校說的不對。』」除此之外，克莉絲汀娜還總是感覺自己跟同學都不一樣。跟她同年級的孩子都是白人，可是她長得像菲律賓裔的父親，她是全校唯一的亞裔。中學時代，男生拿她的眼睛形狀、她的膚色來揶揄她；這讓她至今覺得自己沒吸引力，沒有人要。這種差異感和疏離感，可能就足以讓她開始追尋自我。

克莉絲汀娜期待自己的價值等到上大學時才接受考驗。「我知道我會恪守自己的道德，」她說：「如果我不想喝酒，就不會喝；如果我不要跟人發生關係，我就不會那樣做。」只是，才過不了幾個月，她就開始，套一句她自己的詞，她就開始「鬆懈」了：冒險參加派對，喝一兩次酒，找舞池裡的男生親熱。「我猜我有點美化那一切，」她承認道：「我想我當時是有點羨慕那些女生的自由，沒有人訂一堆規矩來約束她們。當時我就是想知道那是什麼感覺。」

大二那年初秋時分，有一次她參加這類派對的時候，遇到了伊森，他高大、溫和，跟她一樣出身於保守的社區。他們聊了一整晚，發現自己很喜歡對方在身邊。最初她也遲疑著不敢和伊森發展男女關係，但是大概過了一兩個月之後，他們就正式交往了起來，十月底的時候，就開始發生性關係了。「就是很自然，」克莉絲汀娜說：「我就是想透過性愛的方式認識他，他也想透過性愛的方式認識我。沒有壓力，完全是我自己作主，一切就如同伴侶交往式進行」。

這就是一般人所希望的，女生能體驗到的性接觸方式。對於伴侶的在意和關懷，可不可以不要是女生保守教育裡意外的副產品呢？難道只是因為克莉絲汀娜第一次性接觸時，年紀比一般的女生大嗎？這實在很難說。克莉絲汀娜真的認為她們學校有一套總體教育，教學生善良、尊重他人——雖然在這套教育之下，她顯然還是因為種族而受到了揶揄。她也相信因為性愛成了檯面下的話題，所以她班上的男生，大多數也不得不把女生看成性的代替品，學校那套教育，也害她特別沒有安全感，還特別不瞭解自己的身體和身體的反應。她說：「上大學以前，我**什麼都不知道**。」我問：「比方什麼？」「嗯，」她慢慢地說：「比方說我擔心性愛『正常』的那部分，可是又不能問，因為每個人都不一樣。所以我無法…」克莉絲汀娜越說越小聲：「我不知道，不知道對我來說，要怎樣才算『正常』…」她再次躊躇著，然後怯怯地看著我。「比方說，從來沒有高潮，正常嗎？」

克莉絲汀娜和伊森在一起將近半年，她從不後悔把第一次給了他，可是，兩人分手時，她還是懷疑：那現在怎麼辦？「我是每次建立認真的男女關係時，就要和人家一起睡嗎？還是我該訂原則，說我要跟某人約會約到一定的次數，才能睡在一起？還有，萬一我又跟另一個男生睡，那我的數字就會增加為二。我在乎那個數字嗎？」

「數字」確實是女生經常關注的。有些女生認為，童貞只不過是另一個時代的遺跡，可是就算是這種女生，也會不禁懷疑多少個性伴侶才算是太多。（就像童貞本身一樣，這個「數字」只統計有性接觸的對象而已——沒有女生會把口交過的男生也算進去。）失去童貞本身並不會留下汙點，可是，要是太過分了，是不是就可能留下汙點呢？蕩婦恥辱依然存在，過分而公然地色色的，允許自己被利用的女生，還是會被貼標籤：女生的性活動還是可能損及她們的人格。布魯克承認：「如果我的數字開始站上兩位數，我猜我會覺得噁心。」她朝著克莉絲汀娜的方向看，這時克莉絲汀娜正在掐手指算數字，默默地統計布魯克的男朋友到底有幾個。「別算了！」布魯克打斷了克莉斯汀娜，笑了之後，又恢復嚴肅，繼續說道：「我覺得性愛很重要。對我沒有意義的男生，我不會和他做。而且我年紀還不夠大，還不可能有很多真正有意義的伴侶。」

凱特琳搖搖頭，不耐煩地推推自己的眼鏡，說：「我有點不同意。我覺得自己可以跟某個人做愛，可是不一定代表什麼意義。我還記得，我剛跟交往三年的男友分手後的第一個做愛對象，那種感覺實在是⋯⋯情感上很輕鬆、很好玩，很放鬆、很自在，我真的是太驚喜了。」

「所以，說到底，什麼叫做『具有某種意義』呢？」她繼續說道：「意思是你愛那個人是嗎？可不可以是一種靈魂出竅的經驗呢？難道不能只因為這個人很好、很大方，我欣賞他嗎？這樣難道沒有意義嗎？」

布魯克聳聳肩，剝著自己的指甲油，「這可能是我的自覺。無論什麼情況，拒絕，包括拒絕幫朋友的忙，對我來說都很難。所以，我有時候就會意外地讓事情越演越烈，明明事情的當事人不是我屬意的；我覺得那種感覺很差。可是我猜，如果是我情感上無意的人來引發我的興趣……我簡直無法想像，可是也還好啦。」

「這種事情是相對的，」克莉絲汀娜沉思著說：「我出身和你大不相同，所以對我來說，性交的意思也就大不相同。要是我一年前跟兩個男生做愛，我可能會覺得不行，但是現在我覺得可以。所以我認為所謂的『有意義』，每個人的認知會不同，也會隨著時間改變。我覺得…我覺得我不再在乎到底跟幾個人了。我是說，為了安全的性行為，對，要在乎跟幾個人，但是說起這些人到底是道德上的好人還是壞人……我曾經認為，是不是好人的標準清單，應該列出『喝不喝酒、抽不抽煙、有沒有性交、對人是不是很隨便？』現在我不再拿這個當標準了。因為人的深度比清單上列出來的要深得多，人的面相也比列出來的要多得多。」

「我也認為自己不要再給自己畫線了。」她補充道：「因為畫線之後，一旦超過線，你就會失望。我必須相信自己知道怎樣做才會感覺好、感覺自然，怎樣做不會。」

凱特琳弄著克莉絲汀娜的電腦，又找到了潘．史丹澤爾的另一段影片，這段叫做「性愛的定義」。影片中的潘．史丹澤爾，還是在寫著「自由性愛的昂貴代價」標語前走來走去，像卡茨基爾喜歡教唆觀眾參與的喜劇演員一樣滔滔不絕。她說到自己認識的一個女生，這女生國一就染上人類乳突病毒，國三時子宮頸癌確診，才十八歲就動了「全子宮摘除手術」。（潘．史丹澤爾警告的沒錯，保險套確實不能完全阻絕人類乳突病毒，只是她也故意絕口不提有一種疫苗可以阻絕，這種疫苗，孩子十一歲的時候就可以找小兒科醫師施打。她當然也沒提到常規的子宮頸抹片檢查可以有效地查出異常狀況。）然後她開始再次地談到童貞，說道：「我不跟你們說醫學上如何定義『性交』。」（此時觀看影片的人應該會狐疑，因為正如我說過的，事實上根本找不到「性交」的醫學定義。）「這是你不能逾越的醫療防線，你要是越過了這條線，就會有染病的風險，**而且就需要接受檢測**，你敢不敢！你敢不敢告訴所有的人你是處女！這是你不能跨越的線。絕對**不能有任何形式的生殖器接觸**。也就是說，手不能接觸生殖器、嘴巴不能接觸生殖器、生殖器也不能接觸生殖器。口交，也就是嘴巴接觸生殖器，也是性愛，所以才會有「性交」這個詞。假如你和人口交了，你就不再是處女，你絕對**不敢**跟任何人說你是了。」

這些女生看著影片，時而傻笑，時而嚇得直喘氣。可是，奇怪的是，我發現自己雖不認同潘．史丹澤爾的結論，也不贊成她羞辱、恐嚇自己的聽眾，可是居然贊同她所說的話。我們對於「性愛」的定義太狹隘了。我瞭解到，為了女性的健康而要求拆解童貞，是一種理想化的作法，但光去質疑我們對於童貞的假設到底有什麼隱含的意義時，也就值得了。以下幾個問題，都值得問問：為什麼把性交歸屬到特別的範疇，為了保護女生（還有男生），讓他們免於疾病、強迫、背叛、侵害嗎？要求年輕人守貞，可以讓他們更能掌握自己的性經驗嗎？要求年輕人守貞，真的是鼓勵年輕人在乎彼此、互相關心嗎？要求年輕人守貞，會怎樣影響年輕人認知其他類型的性互動呢？如果青少年男同志，擁有好幾個「沒有異性性交」的性伴侶，那麼對他們來說，守貞是什麼意思呢？再次強調，並不是因為性接觸的形式不重要，而是因為性接觸的形式並非**唯一重要**的事。我寧願年輕人用一種比較水平的眼光來看待性愛，就像丹妮絲．福騰貝里建議的那樣，把性愛當作探索親密關係與樂趣的一種方式，而不是當成一種被誤導的賽跑，只為了垂直奔向某個目標。萬一你的初吻就是喪失童貞的一種形式呢？萬一你第一次口交就算是呢？萬一初戀也算呢？或者萬一真的像潔西卡．瓦蘭提在《純潔神話》書中說的一樣，女生要跟伴侶第一次高潮才算失去童貞呢？

跟克莉絲汀娜和她的朋友道別之前，我問她，要是將來生了女兒，要怎樣撫養自己的女兒。她思考了一下。「我的性教育裡，確實有很多大洞讓我無法視而不見。」她終於開口：「但為了不讓女兒沒上到這些讓我受益的教養課程，我不太想用不同方式去教育女兒。但我真心希望可以敞開心胸跟我的孩子討論，我不太能夠想像自己停留在『好，這就是你的陰蒂。』這類性教育程度。可是再次強調，如果能讓孩子在世上過得更舒服自在，那就是我要的。」

她繼續說道：「我猜我會跟女兒說，『這完全是你自己可以決定的。只要你覺得舒服自在，都可以。可是你一定要安全：性愛當中有很多壞事會發生，但也有好處。』我必須告訴她：『這件事大部分要看你、要看你的感覺而定。』因為我認為，這終究是所有的決定當中最私人的部分。」

第四章 勾搭與感情障礙

霍莉在西岸某私立大學就讀大二，因為某個具體的理由而志願和我對談。她想要瞭解為什麼有些像她這種的女大生，會樂在所謂的勾搭文化之中。「要是有個女生到處亂睡，就會被稱為蕩婦，書上和文章裡面都這樣寫；書上和文章裡面還說，所有的女生都一樣，只想要情愛關係。」霍莉這樣說著，把自己的淡色金髮撥到一邊肩膀上，繼續說道：「要不然就是說勾搭文化對男生有利，說男生可以跟一堆女生發生關係，會有一種成就感。可是有一點我想在這裡說清楚：要是我跟想做愛的對象做愛，也會覺得很有成就。上週四早上我醒來的時候，我住的姊妹會的會所，所有人顯然都知道我前一天晚上做愛了，因為他們隔著天花板，還是聽到我的床吱吱作響，然後每個人看到我都喊『霍莉，擊掌！你辦到了耶！』我真的很有成就感，就跟男生的感覺一樣。我感覺就像是『我出門，看起來很美，展現了自己，然後昨晚我終於達到目的了。我這樣很好』。」

一視同仁？

如同一九九〇年代的口交一樣，討論目前流行的「勾搭文化」，相當於助長從前媒體曾有的恐慌。各項報導中，你能找出的訊息介於兩種極端：不是說勾搭對女生來說太可怕了，就是說勾搭對女生來說是解放！不是說女生是受害者，就是說女生太瘋狂了！這些報導鮮少說的是：事實上，現在的年輕人比以前的年輕人更常做愛——至少，如果你認為性接觸就是性愛的話，確實是如此。密西根大學的社會學家伊麗莎白．阿姆斯壯（Elizabeth Armstrong）和她的同事曾經針對大學生的勾搭進行過全面性的研究。據她調查，婚前性行為的劇變，真正發生在嬰兒潮世代，這個時代，口服避孕藥問世、女性運動興起、「男女合校」管理鬆綁，引爆了性革命。草率的性行為此種概念，倒也不是今天的年輕人所發明的。不同以往的是，現在的大學生以及越來越多的高中生在建立情愛關係的時候，往往不是從約會開始，而是以不給承諾的性接觸為開端，如此一來，性愛就不是親密的產物，而是親密的前身，有時甚至是親密的替代品。**勾搭文化**這個詞彙，即出自此意。印第安納大學金賽研究所的黛比·赫爾貝尼克說過：「草率的性行為，以前在大學裡就層出不窮，但以前的人並不認為**此舉是應該的**，現在的人才覺得是應該。我就有學生說，人在性愛的時候，應該要能夠沒有感情，如果你做不到沒有感情，表示你哪裡不對勁，而且這就算失敗了。」

如我先前所提，**勾搭**這個詞彙本身，定義不清，從親吻到口交到性接觸到肛交都可以算。更讓人看得隱晦不清的是，勾搭還有不同的類型：單次勾搭、重複勾搭、獨占勾搭、「互惠的砲友」等等。這幾種勾搭，唯一的共同點，便是沒有共同點——或者，更正確地說，**毫無連結**：沒有感情上的承諾，雙方除了當下的歡愉之外，對彼此都不提任何的保證。線上大學社交生活調查的研究對象，包括了二十一所大學裡的兩萬一千多名大學生，根據這項調查，有百分之七十二的男、女大學生，大四的時候至少玩過勾搭一次，平均伴侶七個。勾搭這種行為在富裕的白人異性戀者之中最為常見，非裔美籍女性和亞洲男性則最罕見。兩成的大學生大四時勾搭十次或十次以上；勾搭三次或三次以下的則有四成。這一類的勾搭，只有三分之一有性接觸；另外三分之一則有口交，或以某種形式動手刺激生殖器；剩下的三分之一，則是親吻或我祖父母那一代所謂的「熱烈愛撫」。所以，勾搭真的不是「羅馬帝國滅亡」之類的大事。重述一次，孩子多半會高估同儕的性活動次數，或許都是因為媒體反覆塑造的腳本驅使——從排行榜單上的歌曲，高達百分之九十二都和性愛有關；到《飯飯之交》、《好友萬萬睡》之類的電影；再到《美少女的謊言》、《吸血鬼日記》、《囧女珍娜》、再到《實習醫生》之類的電視影集（創作並主演《怪咖婦產科》的明蒂．卡靈就開過玩笑表示，她的同名角色在過去的幾季當中，交往過的男生比她本尊，也就是真正的明蒂，一輩子交往過的男生更多——算算大概有三十個。）還有Tinder之類的勾搭應用軟體，描述幾百萬人歡樂地在床上相遇。但是，年輕人對於現實的認知，盲點還不只是高估了正在發生的性愛數量：我造訪過印第安納大學黛比．赫爾貝尼克教授教授的「人類性學」課，教授針對那個班級一百五十名學生進行不具名的調查，發現無論男女，都有超過七成相信自己的同學只想勾搭，只有不到一半的人，相信同學對於建立情愛關係有興趣。然而，真相是，將近四分之三的男生，及八成的女生，都說自己比較想約會，不想要勾搭；也有將近八成的男女學生表示希望下一學年能夠建立有感情的情愛關係。

某些女生，如霍莉，表示勾搭讓她覺得被認可，免除對另一半的情感責任，也能自由承認自己具有情慾。說起真正的性愛呢？再說一次，勾搭的時候，女生的身體滿足往往是次要的、後知後覺的。比方說，女生就不太可能接受萍水相逢的男生舔陰；就算接受了，也很少會高潮：第一次勾搭，如果只有口交的話，只有百分之十七的女生表示有高潮；恰成對比的是，如果屬於交往中的男女，那麼最近一次舔陰，有百分之六十的女生表示有高潮。（順便說一下，男生勾搭的時候，往往高估了伴侶高潮的比率，有三分之一到一半的男生，都說伴侶有高潮。）如果勾搭時有性接觸，則有四成的女生說達到高潮（這個數值只有男生說的一半），但是在認真的情愛關係裡，則有四分之三都能達到高潮。當然了，高潮未必是性滿足的唯一指標——有時候會有女生跟我抱怨，男生逼著一定要「達到」高潮，往往讓女生很緊張，特別是在這些女生性經驗不足的情況下——但是，有高達六倍的年輕女性，會說她們高潮的時候，很能享受性接觸（無論是勾搭的時候，還是正式的關係當中），可能因為這個緣故，所以男生的說法也算合理。可能會有人說男生需要一些時間，才能瞭解女性伴侶的身體和反應，可是，要瞭解伴侶的身體和反應，其實也需要興趣——還有基本的尊重。男生老是表示，自己對於勾搭對象的興趣和尊重，不及對其女友甚至「互惠的砲友」。就像某個男生對密西根大學社會學家伊麗莎白·阿姆斯壯及她的同事說的，「勾搭的時候，我根本一點都不在乎。」女生也同樣是以如此方式決定自己投該入多少以成就對方的愉悅。由此可見，為什麼百分之八十二的男生說，勾搭的隔天早上通常都很開心自己辦到了，可是卻只有百分之五十七的女生表示開心。

即便如此，百分之五十七還是算很高的比例，足以明白顯示勾搭不一定都是男生發動的，獲益的也不只是男生。隨著初婚的年齡提高，「該在大學時代尋找適合的丈夫」這想法已經成了一種時代謬誤，伊麗莎白．阿姆斯壯和她的同事發現女生不再樂意花時間建立情愛關係。反正大學畢業後得單身好幾年，女生寧願把力氣用在「自我成長」上：追求學術、個人、專業的目標，或者跟朋友出去。父母也一樣，鼓勵她們志在四方，而不是兒女情長。勾搭讓她們能夠追求自我成長，並保有活躍的性生活。此外，人可以——或者想要——戀愛多少次呢？如此一想，勾搭文化便成了一種緩衝，權充正式的、成人伴侶關係開始之前的墊檔。我遇過的女生常宣稱自己太「忙」，沒時間經營正式的情愛關係。聽到女生的生活不是圍繞著男生，固然令人振奮，但也很難想像女生有哪個時期會不「忙」——大學畢業之後，女生開始拚事業，或者唸研究所，可以說生活只會變得更緊湊。大學時代，女生到底在忙什麼？她們總不可能得自己買菜、煮飯、或者去學校接孩子。雖說我全力支持探討種種的可能性，但是「兒女情長和志在四方兩檔事不相容」這一點，倒是讓我相當困擾。這一點，讓我想起「魚與熊掌無法兼得」這句老話，通常以這話來責怪女性個人，而不去責怪害女性面臨工作和家庭之間掙扎的結構不平等。

「現在有一種觀念，說到自我身分的認知其實獨立於情愛關係之外，並非建立於情愛關係中，」心裡治療師兼作家的萊斯莉．貝爾提出：「所以，唯有成為『完整』的成年人，才能進入情愛關係。這種轉變很有趣——早年學術上的想法和民間智慧，普遍認為女人天生是戀愛腦，透過情愛關係成長的女人，比情愛關係之外的女人成長更多。」萊斯莉．貝爾並不反對勾搭，但是，她也發現自己的研究對象並沒有和伴侶嘗試體驗甚麼愛、親密、人性脆弱或自我宣示。她的研究對象比我的研究對象大個五到十歲，這些人將自己的成熟和獨立，建立在「藉由性來否定而非表達自己的情感連結」上。「就是強調『不要被玩弄』的重要，」萊斯莉．貝爾說：「為什麼沒有太多人討論怎樣經歷一段很差的戀愛經驗，然後從中學到什麼？為什麼沒有太多故事說明即使最後覺得自己被玩弄了，還是值得冒險一試呢？感覺中間的關連性和依賴性被人扭曲了——似乎女性只要戀愛了，就表示一定會失去自我。」

聽著萊斯莉．貝爾的述說，我想起自己跟麥肯琪的一段對話，她在舊金山灣區某個勾搭文化盛行的高中就讀高二。我遇到她的時候，她正經歷一段艱難的時光：交往一年的男友剛剛背叛了她，在派對喝酒之後跟另外一個女生親熱，她正掙扎著要不要分手。我們聊的時候，她總是淚汪汪的，描述自己怎樣在這段感情裡「失去自我」。「可是，我並不是說這全都是壞事。」她補充道：「我也對自己更了解。我了解到自己擁有很多，能夠付出很多。還有，我更瞭解自己和自己的脆弱。我可以愛得很深，我認為這是好事。我也更了解自己的身體和自己的思維——光是跟另一個人在一起，跟對方親密，聽他們對事情的看法就可以。我還在學習，我還在學習『處理心碎』到底是怎麼一回事；我還在學習處理一個你以為不會傷害你，卻偏偏傷害了你的人。這整個過程。」

我造訪過的大學校園，都認為勾搭就是拿到門票，可以參與社交、好好享樂、賦以權限、甚至是展開一段可能的情愛關係。決定不勾搭的女生，尤其是大一的，可能禮拜六（或禮拜五甚至是禮拜二）的晚上，就會百般無聊或形單影隻。如此有何可樂？她們拒絕勾搭，通常不是為了道德的理由：她們並不覺得勾搭的女生就是「隨便」或者不挑，反而覺得草率的性愛沒有深刻的情感，可能不安全，有時候還不衛生。比方說，西岸某私立大學的大一學生貝佳，曾經被朋友暱稱為阿嬤，因為她總是九點就寢。年紀更小的時候，她勾搭過很多次——和她就讀的猶太中學裡的男生親熱，才國三就第一次幫人吹簫了，十五歲時就在酒精和大麻的催化之下失去了童貞。這些經驗讓她感覺很糟。高三剛開始不久，她就有了固定的男朋友，對象是她所愛的男生，雖然那男生就讀的學校遠在別的州，但她還是對他忠心耿耿。她對我說：「我的朋友跟我說過，『貝佳啊，你還在上大學，不該先交男朋友的。』所以，昨晚我去參加派對，然後有兩票人跟我說這個大二的男生想要上我。我的反應則是，『很好，他根本不想認識我，就想要上我嗎？』我已經找到自己真心所愛的人了，我不要放手，不要隨便跟男生勾搭。我是說，難道你要我跟一堆男生勾搭，然後染上單核白血球增多症嗎？我不懂。」（值得一提的是，在貝佳的學校裡訪談過的對象中，只有貝佳不會對大家趨之若鶩的上呼吸道感染，被稱為「爛泥」疾病的症狀感覺噁心。）還記得那個不跟男生朋友獨處的高中女生阿珊嗎？貝佳也跟她一樣，覺得勾搭文化阻礙了伯拉圖式的戀愛關係。她說：「比方說吧，我最近有一次玩『日趴』（也就是白天的派對），結束之後，又跑去兄弟會的聚會場所玩，就是跟一票男生出去玩，大家聊天這樣，然後當中就有一個兄弟，直接了當表達他的困惑，說不懂為什麼我會這樣出來跟男生聊天，因為我沒有跟當中的任何一個男生勾搭。」

西耶拉也在高中時勾搭過，但是也同樣發現勾搭不能讓她稱心、滿足。我見到她的時候，她才大一，已經跟她當時的男朋友在一起快要一年了。她說：「我以前一直以為性愛這種事，是你可以建立情感連結的方式，但是事實卻不是這樣，得先有情感連結，先有情感連結，性愛才會這麼美妙。我們第一次做的時候，我下意識地想著：『做愛會讓他這麼興奮，不是因為性愛本身，而是因為他是跟我做，是因為他在跟一個他終會愛上的人做。』他在乎我的感受，早上的時候他發簡訊給我，說『早安！你今天好嗎？』假如我回一句『我很累』，他就會再回傳一句『嗯，可是你今天覺得怎麼樣呢？心情怎麼樣？壓力大嗎？開心嗎？難過嗎？』於是我們心照不宣，知道我們要彼此認識了，我們就要明白對方為什麼被惹毛、為什麼開心、為什麼難過。是因為那種情感連結，那份安心，才讓這次的性愛不會變成『打帶跑』。我們活在當下，珍愛我們在一起的分分秒秒，可是這絕對是因為性愛之前已經有了情感連結的關係，才讓這場性愛這麼值得。」

至於另外一個極端，至少我一開始認定的另一個極端，是中西部某大學的大一新生，她對我和盤托出了自己的轟轟烈烈搞了兩個鐘頭的性事，告訴我她拒絕陰莖尺寸「沒達到她的標準」的男生，也拒絕太重（她說「我不喜歡胖男」）的男生。可是我們聊到最後，我問她還要不要補充什麼，她躊躇了一下，幾乎是咬耳朵似地，說出了「戀愛恐懼症」這個詞。

我狐疑地看著她，她解釋道：「就是害怕愛上人，或者害怕談戀愛。我在書上看到的。有時候我覺得我就是因為這樣才會從來沒有真正跟男生交往；我很難很難對人產生情感的依戀，我不想受傷。所以我一個男的換過一個男的，設下障礙，阻隔自己跟別人，避免真的動情。」

我不想說情愛關係一定一切盡如人意。有些女生確實在交往時找到愛與喜樂，但是也有些女生遭到玩弄與毀滅。貝佳跟幾個高中男友分手之前，就經歷過兩段非常沮喪的事；麥肯琪最近發現男友劈腿時，更是哭到吐，幾乎有好幾天吃不下東西，她的課業也受到嚴重的影響。青少女若遭受情愛關係伴侶的身體虐待或性虐待，有超過一半的案例，即使女生成長為大人後，年輕的歲月也有機會再度成為受虐者。和我聊過天的一個女生，說起自己高一的男友，聽到自己吵著要分手，竟然呼她巴掌，還把她甩到圍籬上；至於另外一個現年大二的女生，則表示不知道自己或許——甚至也曾經——被最近一任的男友強暴。鼓勵女孩找到能彼此關心、有情感連結的關係中，探索自己的性愛，是一回事；**要求**女孩一定要如此做，又是另一回事。若堅持女孩一定要從戀愛中摸索性愛，可能會把性愛轉變成一種商品，女生得拿出性愛交換自身「安全」為承諾時，還間接羞辱了不願如此配合的女生。

我遇到的女生，無論是對於勾搭或者情愛關係，態度都不太一致。不過，面對草率性行為的文化，無論她們願不願意參與，都表示這行為是有得商量的，得在既有趣又對立、既輕鬆愉快又危機四伏的當中，找到自己舒適的立足之地。對我來說，勾搭這一個議題，對女生而言不再是探討「好」或「不好」意涵，而在於即使有了性接觸，無論何種情況下，都是要確保是否有互惠、尊重，以及參與感。這意味著瞭解了女性的新形態自由後，無論身體上還是心理上，依舊有其存在的限制。

快樂勾搭

霍莉就讀西語系與心理系，在十六歲那年，初次修正了她對於「蕩婦」的定義。她出身於美國東岸郊區，社區內住的多半是白人，家境富裕，崇尚自由；她讀的是一所前衛的女子高中。她母親告訴她，要等到新婚之夜才可以做愛，只是，上健康教育課時，她學到了節育，還練習將保險套套在塑膠製的陰莖模型上。（不過，還是一樣沒有人跟她提到陰蒂的位置、提到自慰、提到女生的性高潮。）高一的時候，她的一些朋友就開始幫男朋友口交了；然後不到一年左右，這些女生就開始有性接觸了。「當時，我的觀念一直就是『只有討厭的公立高中女生才會做那種事，』」霍莉說：「可是，假如是我的朋友有性愛，那就一定可以的，對吧？所以我得重新評估。於是我想，『很好，他們已經交往了一年了，他們已經建立了信任的情愛關係。』」

然而，霍莉還是守身如玉，頭腦清醒：維持一個要等到二十一歲才會喝酒，在有感情基礎下才嘗試性愛的「好女孩」形象。她真正想像自己交男朋友的時候，幻想堅守的是浪漫而不是性——通常她會幻想著海邊和夕陽。然後她上了大學，她說自己依舊是「非常純潔」，可是校園生活很快地改變了她。在學校才第四個晚上，她就跟一個初相識的男生在派對裡親熱了，玩得很嗨。那件事過了一週之後，她就幫同一個男生吹簫了，男生則撫弄她的乳房。她回憶道：「對我來說，這是**大事**！我摸到男生的陰莖！他摸到了我的咪咪！我實在是有點招架不住，因為不過三個禮拜之前，我還是很拒絕的。可是當時我就想要這樣做，雖然也就只有那樣做而已。」才到十月初，她就快樂地跟另外兩個男生勾搭了，在舞池親熱，然後再回到男生的房間去。她說：「我幾乎覺得是自己想要這個機會的，因為高中的時候我從來沒有機會跟男孩子勾搭，而上大學之後，我有無窮無盡的機會可以勾搭，所以我覺得自己可以。」

康納和霍莉住在同一棟，兩人是在一次學校橄欖球賽時認識的，兩人政治立場相同——跟同儕相比，他們比較自由主義——也都熱愛諷刺時事的《每日秀》，所以走得近。一開始的時候兩人互傳簡訊，接著某一天晚上，康納問霍莉和她的朋友可不可以一起去參加兄弟會的派對。在兄弟會及姊妹們派對主導的大學校園裡，大一這一年，男孩子並不好過。有派對的時候，為了「維持」女生對男生的「比率」——為了主辦男生的福利，往往會多留幾個女生——兄弟會會所往往更限制，不讓不相關的男生進去。所以，除非被夠大一群（三個，四個，甚至更多）女生簇擁著，否則大一男生前往兄弟會派對時，很可能被拒於門外。

霍莉給我看一張她近日晚上出去玩拍的一張照片，她已經貼在IG上了。我猛一看還以為照片中的她，穿的是姊妹會的固定妝扮：緊身的黑色迷你裙，露出雙腿，露臍裝，配上細高跟鞋。頭髮燙直了，塗著紅色脣彩，畫黑眼線，照片中的人，和我面前這個臉擦洗得很乾淨的女生一點都不像。她告訴我：「我很少覺得對自己身體更自信，除非是穿著露臍裝、展現美胸和美腿，配上超級高的高跟鞋。只有這樣我才覺得自己得到解放。我以自己的身體為傲，而且我也想要展現自己的身體。」

「以自己的身體為傲」這句話持續迷惑著我。一方面，我佩服年輕女生的霸氣，佩服她們願意公然四處尋覓，佩服她們拒絕因為自己穿什麼或不穿什麼而遭到羞辱。可同時，一般只允許某些身體成為「自傲」的來源，只有某些身體才被當作是性特質濃厚，足以逆轉羞辱，而霍莉的身體並不總能夠引以為傲、也並不總能夠逆轉羞辱。她大一的時候，比我們初次見面的時候，還重了超過十一公斤——為了甩肉，她整個夏天都在節食、運動——而且大一的時候，她的穿著相對比較保守。她說：「當時我絕不會穿緊身暴露的衣服，因為我不喜歡自己的樣子，要是穿著緊身而暴露的服裝，反而會對我的心理狀態有負面的衝擊，因為會有一些人，特別是男生，他們會說『她很胖，應該穿別的。』」我們可以了解，霍莉展示「對」的身體時，為什麼會感覺開心——對的身體可以吸引男生的贊同和女生的羨慕——可是，只要遭到嘲笑的危機還存在，我們就實在很難看出她的服裝能夠「解放」什麼。比方說，她姊妹會裡的一個姊妹最近胖了，霍莉說：「並不是她**不能**穿緊身暴露的衣服，而是因為她知道，萬一有很差勁的男生說『她是胖妹』時，自己會有什麼感覺。」

我造訪過的大學校園，勾搭的場景，都是以兄弟會、姊妹會（或者是運動員的住處）為中心。全國泛希臘會的二十六個姊妹會志願停擺，所以現在大部分的派對都是兄弟會主辦、管制進場、提供酒類。典型的情況是，兄弟會保證會到新生宿舍或姊妹會去載一群女生來參加活動（雖然並不保證活動結束會載女生回家），這樣一來就能為「拿年輕女生當妓女」如此單一的概念，提供源源不絕的變化。主題包括了「執行長和商業女」、「健身哥與瑜珈女」、「救生員哥與衝浪女」、「特種部隊與軍隊女」。喜歡參加這類派對的女生對於那些輕蔑根本不當一回事（就像對自己喜愛的歌曲當中那些貶抑的歌詞也刻意視而不見一樣），她們說「男孩子就是男孩子」，跟大部分「親身」面對的男生行為模式不一樣。兄弟會只有在性別歧視變得很過分，或者性別歧視跟種族歧視混合的時候，才會惹出事情來：披．西格瑪．卡帕兄弟會在加利福尼亞理工州立大學分會因為舉辦「殖民兄與納瓦女」派對，而在二〇一三年時遭到學校當局調查。（結果發現該活動並未違反學校政策。）哈佛的西格瑪．紀分會也因為一場名為「征服哥與納瓦荷人」的類似活動，引來怒火。同時，西格瑪．卡帕的杜克大學分會，則是舉辦了充滿種族歧視色彩的「亞洲精華」派對；邀請函上寫著「哈樓，杜克的好倫！」（杜克的兄弟會那幾年，不是邀請「可能的純砲友」去參加「B計畫的賽前」派對，就是發電子郵件給女同學，要她們參加萬聖節派對時要穿得「像蕩婦護士、蕩婦醫師、蕩婦女學生，或者就像個不折不扣的蕩婦」。那幾年，杜克的兄弟會一直因為這類的滑稽舉動而上頭條新聞），新聞爆發之後遭到停權。耶魯大學兄弟會則在二〇一〇年時被禁止進入校園，因為男生聚集在新生宿舍高喊「不要就是要，要等於肛交！」以及「我叫傑克，我戀屍，我幹死女人，用我的精液填滿她們的身體。」二〇一二年時，有學生抗議同一個兄弟會的阿默司特分會，為了該會一年一度的烤乳豬活動印了一件T恤，上面的圖案居然是穿著胸罩和丁字褲的女生被綁起來，放在火叉上烤，嘴裡塞了一個蘋果，兩側身體都擦傷了，一隻豬站在她身邊，上面印的字是「把一八四七年胖到現在的都烤了」。二〇一四年的時候，斐德塔西打德州理工大學的分會也遭到廢除，起因是某次派對中，他們懸掛了一面寫著「不要就是要，要表示肛交」的旗幟，還用一條「陰道灑水器」對客人噴水。跟全國泛希臘會的成員一樣，這些兄弟會的成員多半都是富裕的白人子弟；不知怎地他們相信種族歧視和厭惡女人可以讓自己顯得很反骨，不再只是站穩腳步的老兵群中的那群新兵。

年輕女生很有默契地期望用性愛來回報派對主人的慷慨大方，或者至少保證可能以性愛來回報。「每個女生都知道，一旦走進了兄弟會的會所，你最珍貴的資產就是自己的性吸引力。」東岸某私立大學的大三學生告訴我：「每個人都知道要暗示自己願意跟男生發生性關係，才能夠讓這些男生給你酒、給你毒品、載送你等等之類的。每個人都玩這一套——因為在我們學校我們全都是優等生，所以我們都玩得很好！」

在霍莉的學校，凡是加入姊妹會的女生，一個禮拜至少有四個晚上要參加兄弟會辦的派對。（除了星期一以外，天天都有「狂歡派對」。）主要活動之前，他們還會參加別的兄弟會的「賽前派對」，花一兩個鐘頭交交朋友、喝點酒。通常這種場合上，霍莉會喝個

三、四杯啤酒，有時可能也拍幾張照片。然後女生會被第二輪的人載到正式的派對地點。「有些兄弟會的會館，基本上你一到現場，去到地下室，跟一個男的磨蹭，然後就會跟他走了，就是那麼快。可是在我最喜歡的會所，我會跟朋友聊天，划酒拳，跳跳舞，然後再回來抽點菸。有時候我只跟好姊妹跳舞，很愉快。而磨蹭也很好玩，有個男生像那樣抱緊你，也很好玩。你不用勾搭——無論如何，派對裡女生比男生多，所以也不是每個女生都可以勾搭。但常常都有很大的勾搭場面。」

我加總了一下，發現霍莉一個晚上通常只要三到六杯（或六杯以上）就倒了。對女生來說，四杯就算是爛醉了。她覺得自己酒量不好，而且她朋友酒量也一樣不好。在勾搭文化中，酒精是地區性的，不是只有酒精才能對勾搭產生潤滑作用；可是勾搭卻得依賴酒精，才能製造西方大學社會學副教授莉莎・韋德（Lisa Wade）所謂的「強迫寬心」。東岸某大學的大二學生就告訴過我：「這就好像我認識的女生都過著雙面人生活，禮拜天晚上到禮拜四下午，大家全部時間都在圖書館用功，然後週末來了，全都躲回宿舍去為了兄弟會的「前派對」迅速乾個幾杯酒。一個半小時大概乾了四到八杯，這樣很正常。然後，要是醒來發現自己身邊躺幾個男的，想不起來自己怎麼會來到這裡的，這也很正常。」

根據莉莎・韋德的說法，大學生是用酒精來告訴對方，兩人進行的這場性愛沒有意義。為了進行研究，她找了八十四個大一新生，每星期繳交一份日誌；這些學生都修了一門單學期課程，課程主題是學校園裡的性愛和約會。莉莎．韋德說：「這些學生，述說自己性愛時依然保持清醒，口氣非常虔敬，好像在說一隻神奇的獨角獸一樣。這種性愛是『有意義』的，喝醉之下的性愛完全不可同日而語。」喝醉取代了雙方的吸引力，成了大學生性接觸的催化劑。她繼續說道：「宿醉醒來，回首前塵的時候，會知道『已經完了事』本身就是性愛的一個好理由。」

就像性接觸一樣，過去的十年，年輕人喝酒的比率其實是降低了，但是，單看女生（專指白人女生）每個場合**喝酒的量**卻不曾降低。美國疾病管制與預防中心二〇一三年的調查指出，前一個月內曾經狂歡過的女生，大學生每四名就有一名，高中生則是每五名中有一名；這些女生通常一個月狂歡三次，平均每個場合喝六杯就倒了。另一項調查則發現，將近三分之二的女大生，以及超過八成的男大生都有狂飲的經驗，狂飲往往還結合飲食失調——有時稱之為酗酒厭食症——想把熱量留給酒精，於是限制食物攝取的女生常常這樣。百分之八十九的大學生隨機勾搭之前，會先喝醉，每次平均四杯以上就醉了。四分之三的大學生，則在跟認識的人勾搭之前會先喝醉。要是性接觸涉及到某種形式的穿透：無論是口交、陰道交、或是肛交，他們可能會醉得最厲害；他們也最可能在這樣的經驗之後表示後悔。

我訪談過的女生，常把「瘋癲」說成「大學經驗」裡不可或缺的一部份；那種語氣聽起來，像是從同一本旅遊手冊裡引述的。我不確定「瘋癲」這個詞，曾幾何時竟成了醉酒派對的代名詞。雖然我想起自己讀大學的時候，也有不少人喝酒、吸大麻，但是，如果要我描述「大學經驗」，我會說是離開家人，密集地跟朋友秉燭夜話、欣賞音樂與電影、找到自己的熱情所在、談戀愛，透過這一切重新定義自己。可是，凱特琳．弗拉納根（Caitlin Flanagan）披露在《大西洋》雜誌的文章指出，隨著學費暴漲，各大學顯然得說服「顧客」（也就是可能的學生）：只要能上大學，就算是大量舉債也值得。說高等教育不只震聾發聵，還無敵好玩，有什麼比這種說法更誘人的？凱特琳．弗拉納根寫道：「一般的瞭解是，他們透過每一場桶裝啤酒聚會、每一場瘋狂派對……積極投入美國年輕人自我成長最有意義的行動，也就是：上大學！因此大學經驗的每個時刻，都被美化了。」我們遠遠聽到一陣呼籲，提醒我們最初設立大學的目的是：訓練年輕人擔任神職工作，這個過程涉及到禁慾、節制以及貞潔。

每次問女生「為什麼不清醒著勾搭？」她們會笑著著說**這樣很尷尬**——講起不愉快的情緒時，她們就用這個詞帶過去（還有一個詞是不自在，有時候再加上一個**很詭異**）。讓她們最緊張的是，如果是在清醒的狀態下勾搭，那麼她們不僅無法將自己的行為「歸咎」於任何事情，而且還要在性接觸的時候，身體、心理、情緒都要在場。有個大一的女生告訴我：「清醒的勾搭，會讓人以為你好像想要建立情愛關係。這樣真的很不自在。」

康納纏著霍莉的第一個晚上，兩人都有點醉，在舞池裡親吻，隔天則一起去看橄欖球賽。不到一個禮拜，她就幫他吹簫了，這是她從來沒做過的事。「這就好像是，『哇啊！這是打哪想起的？』」霍莉告訴我：「他根本沒有要求，我就是有一點受到酒精的引誘，然後我就有點是『好啦，我就是想要做這個。』然後我還想著，『你知道，這也不算太糟，我幹嘛大驚小怪啊？』」她頓了一下，尋思著。「我想，就在那一刻，我變得非常不緊張。」

回顧這一段，霍莉相信自己對康納「過分大方了」——她就想讓他「快樂」，而他卻無意回報同樣的溫情。「有一天晚上我問他，『你要不要幫我口交？』」霍莉跟我說：「然後他就壓倒了我，過半分鐘之後，他說：『我沒辦法，我覺得很噁心。』」

「我是玩得很開心，」她繼續說：「可是這快樂時光**和我無關**，我的高潮不是理所當然的，也不是那麼重要，我的高潮不是承諾的一部份。」

勾搭了兩個禮拜之後，康納要霍莉當他的女朋友，她很激動。她說，康納從沒有強迫她性接觸，只說，要是她準備好了就告訴他。一個月之後，她準備好了，她以為性接觸會「像場電影一樣，成為神奇又美好的時刻。」為了這一刻，她甚至還用聖誕燈泡裝飾房間。沒想到，這一刻很痛，非常痛。「我逼他停下來。然後我們又吻了一會兒，再擁抱，對彼此很有感覺。然後我就說，我們再試一次吧。這次持續得久一點點，但還是好痛。」

性接觸可能讓霍莉失望了，但感覺上還是一種成就，一個里程碑。康納離開之後，霍莉昂首闊步地走進朋友的房間，用她的 i-Pod 播「我破處了」這首歌（選這首歌實在有些諷刺，因為歌詞說「我剛剛破處了／感覺真爽／有個女人讓我把我的那話兒放進她體內」說的是一個男生很滑稽地把伴侶給忘了。）「就好像是，我覺得**真酷**！」霍莉說：「我覺得自己好像就這樣長大了！這特別的一刻，我是跟一個喜歡、信任的男生在一起，我對他有感覺，他也對我有感覺。還有，我是清醒的——對我來說，這很重要。我並不希望自己是在喝醉的情形下，進行了第一次的性愛。我要有能力**體驗性愛**。」

兩天之後，康納和她分手。

這個男生，曾經拿他們的關係跟父母的關係來做比較（他父母也是大一的第二個月就開始約會），還曾說放寒假時自己會想念她，明明還有一個月才放寒假，並且要她當他的女朋友。霍莉覺得心力交瘁，急著要離開，所以感恩節假期前兩天就離開學校。

她父母去火車站接她的時候，她母親上下打量她，說：「你失去童貞了。」霍莉告訴我：「我問她是怎麼知道的，然後我媽說：『瞧你，你簡直一團糟！希望這次你得到教訓，知道不是隨便獻身給什麼人都可以。』」

女生對於性愛的想法和態度，是家庭、媒體、朋友，還有自身的經驗塑造出來的。霍莉奉行著當代對於女性的性體面準則，做一切她認定是「對」的事情，沒想到卻遭到背叛。於是她的反應就是放棄愛、放棄承諾。她想要「變得無感，說得更明白一點，就是不要有情愛關係。」此外，她也很忙：忙課業、忙姊妹會、跑派對。她還是打算把性接觸留給有承諾的伴侶，無論這個人何時出現。「我當時覺得就像是——」她停頓了一下，糾正自己的說詞：「我到現在還是覺得性接觸代表著某種意義，表示你和別人有親密的連結，真的喜歡這個人，而且你在表現溫情。」

因為沒有男友，所以二月份姊妹會辦攜伴派對的時候，霍莉邀了個宿舍的男麻吉同去。兩人到場時都已經喝醉了——「賽前派對」時她已經喝了六杯。派對結束之後，她回到他房間，以為兩人會親熱，但她依然醉得厲害，所以，他讚她漂亮，說想跟她做愛的時候，她竟想：「幹嘛不呢？」

幾分鐘之後，她彷彿從恍惚狀態中醒來，「我想著，『天啊，我在做愛耶，可是我除非已經跟對方有感情了，不然是不該做的。』」於是霍莉大為恐慌，跟那個男生說自己需要停下來，男生慫恿她留下，可是她跳下床，飛快地披上衣服，光著腳丫拎著鞋子，甩開房門的那一刻，竟看到一群年輕男生就站在外面，聽著房裡的動靜。於是她奔向一個朋友的房間痛哭。

霍莉說：「我居然在沒有感情的情況下發生了性關係，我很氣自己。可是後來我還是撐過去了。現在我不是這麼在乎這一點了。我只在乎對方是我認識的人。可是想當初，我就是覺得自己是個騷貨，我就是那種只顧著跟人家做愛的騷貨，是壞人。」

每個人的淫蕩朋友

梅根．馬蘇的牆上掛著小貓的圖，她的枕頭上方則有一張《黑色追緝令》的海報，海報上的鄔瑪．舒曼趴在床上，穿著細跟高跟鞋的兩隻腳，腳踝交叉，一隻手的指頭虛虛地夾著菸，另一隻手則是隨意地掛著一把手槍。梅根的書桌上都是沒喝完的零熱量可樂，打開的餅乾盒，還有幾個烈酒杯。我避開地上堆放的衣服走進去，清空了一張堆滿衣服的椅子，然後坐下來，腳放在圓點花紋的墊子上。

梅根在中西部某公立大學讀大二，唸經濟系，非常嬌小（身高勉強有一百五十二公分），一雙深色大眼睛，常常微笑，用離子夾燙直了的黑髮，我們聊天時她編了辮子又拆開。據她說，她母親是個「一般的白人婦女」，她爸則是黎巴嫩人，在她上大學的前一年，送給她一罐粉紅色，口紅形狀的防狼胡椒噴霧；梅根把這罐噴霧當成笑話一樣留著。「他到現在都以為我還是處女呢。」梅根這樣說，笑了。

梅根穿著短版的橘色運動背心，配上遮了一半大腿的迷你裙，裙子包住她的臀部，腹部非常貼身。她站在鏡子前面左照右照，照前面、照旁邊，又照背部。她問一個站在門口的朋友：「穿這件，肚子看起來會很大嗎？不要想上我。」

那個朋友說：「我才不想上你咧。你看起來很火辣，就像那個媽的紙片人婊子。」於是梅根再看看鏡子裡的自己，很不滿意。她告訴我：「只有在打扮準備參加派對之前，我才會想到自己吃什麼，然後我就會覺得，自己實在不該多吃那個甜甜圈的。」

梅根繼續穿衣打扮的時候，跟我說起她這學期修的那門性別研究課。「我之前從來沒有注意到，廣告裡的男模總是在做點什麼事——例如彈吉他或者開車——可是女模就……」她擺了個古典的姿勢：頭歪一邊，下巴壓低，手放在臀部，並露出靦靦的笑容。

我笑了，對她說：「你真的示範得很好。」

「從六歲開始，我每次拍照都歪頭，」她回答道：「也不知道自己是打哪兒學來的。」

她再次看看自己的肚子、又看看自己的臀部，然後把上衣換掉。把裙子脫掉之後，她試了另一件，決心先讓自己肚子看起來好看一點，然後又換回原本那一件。「上性別研究課的時候，我是完全支持『父權制真該死』的理念。」她對我說：「可是到了晚上，這種信念就垮了。我就只在乎『穿這件裙子，我的屁股會不會比較好看？』」她抓了化妝品往浴室走，她說，雖然她討厭化妝，但是為了吸引男生的注意，也只好擦點深色唇膏和煙燻、閃亮的眼影。她雙手並用，把自己的頭髮梳順（一手拿髮刷，一手拿梳子），穿了一雙十公分的高跟鞋，然後噴了大量的香水。她解釋道：「多噴點香水，我才不會一直感覺到自己穿了這身衣服、穿了這麼高的鞋子。我有點覺得自己昂首闊步，就像在告訴眾人，『對，我就是這屋裡最壞的婊子。』」這天晚上很冷，但是梅根沒帶外套，也沒帶包包，一隻手拿著鑰匙和學生證（之後她兩樣東西都會搞丟），把電話和 i-Pod 塞進裙子的腰帶裡。腰帶夠緊，兩樣東西都不會掉出來。她終於最後一次看著鏡子裡的自己，轉身看看臀部，把裙子的縫邊往下拉一拉，這動作，今晚她每隔幾分鐘就會重複一遍。她抓了一瓶伏特加，準備在賽前舞會時跟眾人分享，然後就走出了房門。當時已經快要十點鐘了。問她到底有什麼目的？她開心地回答我：「目的就是喝得大醉，然後跟某個男生親熱，因為，要是都沒有男生注意你，那麼這個晚上還有什麼重點？」

勾搭文化興起，卻沒能讓「蕩婦」汙名消失，只是蕩婦的標準變得更難以捉摸。女生通常會跟我說她們頂討厭蕩婦這個詞，拒絕用這個詞，也不會拿蕩婦「羞辱」自己的同學（雖說事實上她們常常這樣做）。同時，她們也會監督自己。某些女生就像霍莉一樣，在自己行為改變的時候，就一直改寫，而不是拋棄自己對於「騷貨」的定義；還有一些女生則像梅根一樣，將「蕩婦」這個詞當成榮譽臂章，至少是試圖當作榮譽勳章。我們初次見面時，她喜孜孜地告訴我：「我就是那個淫蕩朋友。我覺得這樣很解放，我喜歡成為瘋狂的那一個。如果有人要來批判我的所作所為，那很好，就讓他們去批判吧。我不在乎。要是你認為你的性愛次數沒有我多，這樣就叫比我好，我才他媽的不鳥。要是你是因為性愛很可怕，性愛次數少，那我還替你難過咧。我不是說每次出去都跟某個人勾搭，那根本不是重點。可是，不要控制自己真的比較好玩。不要擔心勾搭是什麼樣子，而且在大學裡，根本就沒有人在乎這一點好嗎？」

梅根也和霍莉一樣，說自己的行為是一種「解放」，就算是在勾搭的界線掙扎時，也認為是解放。我們另一次聊天時，她堅持表示：「我不是蕩婦，可能會有人說我是，可是我覺得自己不是，因為我的舉手投足不是那樣……。我把自己想成蕩婦的時候，總是勾勒出一個女生黑眼線畫得很濃，眼睛則是煙燻妝，穿兩件胸罩，要把自己的胸部撐大。」還有一次，她告訴我：「我喜歡單身，」過沒幾分鐘，她推心置腹地對我說：「沒有男生會想跟蕩婦約會。」她來回踱步，對於女生的性的古老概念，時而抗拒時而妥協。跟梅根談話時，有時候會覺得自己在看一個人支撐沙雕城堡，可是城堡卻在不斷崩落。與其說梅根在超越限制，還不如說，雖有種種限制，她還是在限制範圍內讓自己合理化。「我認為，」某一次她告訴我：「每個女生的目標都一樣，就是要夠浪蕩，既不是假正經，又不是妓女。對，你有自己的一夜情；對，你有經驗，可是你不會跟兄弟會的每個男生都睡，你不會讓兄弟會的兄弟都變成『婊兄弟』」——所謂的「婊兄弟」，就是兄弟會的某兩個，甚至兩個以上的成員跟同一個女生有過性接觸。「每個女大生，都夢想著要達到這樣的平衡點，你明白我的意思嗎？」

跟我聊的時候，梅根也像霍莉一樣，有她自訂的議程：她也一樣想要有機會可以理解性史，那種歷史的進展，跟她自己曾經體驗過的很不一樣。梅根也像霍莉一樣，把自己說成了高中裡的「乖女孩」——十七歲以前，她連男生也沒吻過；十七歲開始，她迫不及待想要向前邁進。「我真的很想找個男朋友，趕緊擺脫我的眾多『第一次』。」她說道：「我所有的朋友都吻過男生、吹過簫了。我慢了。」跟她第一任男友交往四個月期間，她就「趕上進度」，幫對方吹簫，卻始終沒能得到回報。她說：「我那時候根本不知道『有來有往』也是一種選項。」上大學之前那個夏天，她失去了童貞，對象是她交往的另一個男生。她說，不過兩人從沒有在臉書上標示「正式交往」。終於有了第一次的性接觸，她鬆了一口氣，每次想起這次經驗都覺得柔情萬千。

梅根十三、四歲就自慰過了，不費多大力氣就能自己達到高潮，有伴侶的時候卻從來不曾高潮過。「很多男生前戲不夠，」她解釋道：「他們只想快點進入性愛，然後，一會兒我就累了，我知道他們真的盡力了，所以我就假裝高潮，結束一切，然後我就是一副『噢，剛剛真是**好棒**。』」我訪談過的女生，都會偶而假裝高潮；聽起來好像很不幸，但也不足為奇。不過，根據《大學生的性愛生活》這本書的說法，假裝高潮的人數持續增加，從一九九〇年的不到一半，增加到現今的百分之七十。這至少可以在某種程度上解釋，性接觸時，為什麼許多男生認定女生達到了高潮，而事實上女生真正高潮的比率卻非常低。女生會假裝高潮，是因為覺得無聊、覺得累、覺得痛，希望這一夜結束。一般的女生往往跟梅根一樣，是為了保護伴侶的自尊，或是因為覺得有壓力，希望對方看自己是享受性愛的，於是就算實際上並不喜歡，也會假裝——特別是因為一般認定勾搭這檔事的整個**重點**就是要有樂趣。女生假裝高潮還因為她們不提出，或不能提出，自己在床上的要求。少數人開始懷疑，假裝高潮會不會產生反效果。長春藤聯盟某大學的一個大二女生對我說：「我從來沒那麼在乎過跟我在一起的人，在乎到會想投資時間訓練他們瞭解身體的運作方式，瞭解我喜歡什麼、不喜歡什麼。可是現在我要開始努力了，因為我覺得，如果不能把這些帶進男生的意識裡，我就對不起別的女生了。還有，如果我根本就不喜歡這檔事，又為什麼要把時間花在這上面？」

梅根和霍莉一樣，大學剛入學沒幾天，就第一次勾搭了。她說那次的性愛「非常糟糕。那個男生用的是插入式，你知道的，就是一直鑽我，鑽到我假裝高潮為止，然後他就去睡覺了。」即使是這樣，她說，接下來的兩個月，她還是半規律地繼續跟他勾搭。我問她，既然性愛這麼糟糕，為什麼她還要回去找那個男的。她聳聳肩說：「某種層面上，性愛永遠都很好。每次我喝醉的時候，就非常討厭自己回家。那感覺，就好像我需要一個男生或一個墨西哥捲餅，你懂嗎？」

我們第一次碰面時，她大二才讀完一半，她把自己的經期追蹤應用軟體叫出來，裡面紀錄著自己性接觸的勾搭。她說她已經有十二個伴侶——可是如果有人問起這個，她就會把數字降到五，這是社會上一般能接受的數字。她還是寧願「幸福地無視」自己只有口交的勾搭次數。「我真的覺得幫男生吹簫沒什麼大不了的，」她說：「比如說，這個傢伙吧，我去他們兄弟會的時候，他會說：『嘿，梅根，你要不要來看看我的房間？』然後我就會幫他吹簫，跟他親熱。我告訴他『我喜歡我們現在做的這種隨興的事』，他則是一副『我知道啊，我也是』的樣子。我連他的電話號碼都不知道。」

我告訴梅根，這男生如此安排能得到什麼，我看得很清楚，可是她呢？她得到了什麼呢？她聳肩：「我得到什麼？男生跟我說我吹簫很厲害，可能因為我練習的機會多。我真的很喜歡吻他，很刺激，腎上腺素飆升，感覺就像是，我至少有伴，至少他會欣賞我，即使只有欣賞那區區的十五分鐘。我會有對象可以一起出去玩，有對象可以親熱，讓我覺得很特別。」

「好玩」變得不好玩的時候

霍莉姊妹會裡的一個姊妹，覺得霍莉需要找個男生。於是這個姊妹讓自己的男友把霍莉介紹給兄弟會的兄弟羅伯。他們四個會一起去吃午餐，也會四人一起約會。霍莉覺得羅伯很可愛，可是無論是戀愛還是性方面，霍莉對羅伯都不是特別有興趣。不過，因為這麼常被拉在一起，霍莉和羅伯還是彼此認識了。然後，某一天晚上，在羅伯兄弟會的派對上，兩人在舞池裡親熱了。不久之後，她卻「發現自己」在羅伯房間裡，「什麼都做了，只差性接觸」。她度過了美好的時光，她說：「我們幫彼此口交，這對我來說可是大事。」然後羅伯陪她走回宿舍；霍莉說，雖然她喝得大醉，可是羅伯真是「紳士，沒有利用女生喝醉的機會和我發生性愛。」

當時學年已經接近尾聲，她和羅伯整個期末都在傳簡訊，一起去散步了好幾次，還親熱。她對其他的事都沒這麼有興趣，就是喜歡他的陪伴。某一夜，過了午夜之後，他們潛入某一棟教學大樓，就在一間教室裡勾搭。她說當時她已經喝了兩杯啤酒，但並不是特別醉，羅伯也一樣。這回他們再度「什麼都做了，只差性接觸」，但這次沒有性接觸，主要是因為他沒有保險套。「真夠怪的，我當時是真的很想跟他做愛。」霍莉這麼說——也許是因為這是第一個似乎真正投入，能帶給她身體樂趣的男生。「不過，我們沒做也好。」她繼續說：「因為要是做了，我會恨我自己，會想著：『你才剛認識這個男的不久，需要多點認識才行。』」

霍莉整個暑假都試著跟母親討論避孕的事，她想服用避孕藥。「我告訴母親，現在的社交環境下，我服用避孕藥會比較安全，免得發生什麼事，不料我母親說，『嗯，你不該想要有性愛；你也沒有男朋友，你才十九歲。』可是我腦子裡想的剛好相反：『我都十九歲了，我沒有男朋友，而且我想要有性愛！』我媽都不知道。我要是把跟你說過的話都跟母親說，她一定不准我回大學去，她會說我就跟『**那些女生**』一樣。」

那年夏天也發生了別的事情。在那之前霍莉從來沒有自慰過——她覺得女生不會自慰。去年生日的時候，姊妹會裡的幾個姊妹，開玩笑送過她一個震動器。有一天她自己在家，百無聊賴，於是決定把震動器拿出來試試看，然後，她就第一次嚐到高潮的滋味。於是，夏天剩下的時間，她都拿來探索自己的身體。「好酷哦！」她說：「我可以不用尷尬地引導別人，就能夠瞭解自己的一切了耶。」女生常常跟我說，她們的第一次高潮具有轉化作用，無論高潮是自慰時還是跟性伴侶一起時發生的。就算女生缺乏相關的主題教育，第一次的性高潮怎能沒有轉化作用呢？「第一次高潮時我哭了，」一個高三女生對我說：「我**哭了**耶！高潮好強大，我覺得這件事真的幫助我長大，成為真正的人。」

大二一開始的時候，霍莉開始有了新的性標準。她還是對「認真的」情愛關係沒有興趣，卻急著想要實驗，於是決定，她性接觸的對象，只能是在她認為安全的情況下認識的男生。她說：「某處一個怪怪的房間，需要幫助的時候沒有人能幫忙，像這種地方就不可以。」另外，男生一定要戴保險套，沒得商量。然後，某一天晚上，她已經在賽前派對喝了三杯之後，又在派對上喝了三杯，然後她喝了「野格炸彈」，就是把一小杯的野格酒滴進啤酒裡；然後她又喝了一杯紅牛。能量飲混合酒精之後，會讓人錯覺自己很清醒——或說是「完全清醒的醉」：例如說，大學年紀的酒吧老闆，會將咖啡因和酒精混合在一起，讓明明喝醉的人，會比同伴多出三倍的自信，認定自己可以開車。可能就是因為這樣，霍莉的姊妹會裡，那些應該要「照顧」彼此的姊妹，才會認為霍莉看起來還好。也或許她們自己就已經處在無法注意到的狀態了。無論是哪一種可能，當天晚上，霍莉最後就只記得自己喝了紅牛。

名叫泰勒的某大二男生開始撩她的時候，霍莉正在一場非常低調的派對裡玩啤酒乒乓。大約凌晨兩點，她的朋友都準備好要走的時候，泰勒要梅根留下。

她告訴泰勒：「我沒有要跟你做愛哦！」

「那太好了，」他答道：「我們只要親吻和擁抱就好了。」

梅根的朋友最後一次和她對上眼，默默地對她的決定進行故障檢查。梅根點頭。她並沒有爛醉，跟泰勒也玩得很開心。

他們牽著手，一邊聊天一邊走回他的兄弟會會所，準備要彼此認識。他好像很可愛，只是，兩人一進入室內，他的態度就變了，催促著她上樓，進他房間，上他的床。兩人親熱，她開始往他的下面去的時候，他一直逼著要求性接觸。梅根拒絕，然後他就更激烈要求。梅根說她沒有避孕，認為這是好藉口，也不冒犯對方，不會傷到泰勒的心。沒想到，這時泰勒卻拿出一個保險套，把她壓倒，然後進入她身體。「我就只是躺在那裡，」她說：「我以為自己對性愛表現得差一些，他可能就會停止了。某一刻他問我要不要一起沖澡，而我就是一副『反正我們都做過了，現在拒絕有什麼意義呢？』我只能試著讓狀況變好，心理上一直告訴自己，不要把事情想成本來那個樣子。」

兩人沖澡的時候，泰勒粗魯地吻她，然後又把她壓到磁磚地上，開始從後面硬上，於是梅根將熱水的水龍頭扭到底，希望這樣可以逼他停下來，沒想到他沒有停下來，而是轉換成肛交。「我跟他說他弄痛了我，他就是一副『哦，我很抱歉』，可是還是繼續下去。其實他那些兄弟真的進了浴室，也看到了我們，還笑了。」於是梅根又說了兩次，要泰勒停下來；最後他終於罷手了。因為不知道要做什麼，所以她也就這樣過了一夜。隔天早上，他送她回宿舍，臨別時她對泰勒說：「謝了，我玩得很開心。」她至今不懂自己怎麼會那樣說。有個朋友到她房間裡來，關心她昨晚到哪裡去了。

梅根告訴朋友：「我想我被強暴了。」

校園派對的場景可以充滿歡樂——假如不是的話，就沒有人要參加了。可是誠如伊麗莎白．阿姆斯壯和她同事研究指出的，這種歡樂氣氛，往往也助長了強暴。穿著清涼的，是女生，不是男生；放棄自己地盤，需要交通工具的，是女生，不是男生。這裡說的女生，都是年輕的女學生，一般預期她們人要「好」，對主辦派對的男生主人要順從。「好玩的女生」絕不會因為某個男生抓她的臀部或壓倒她或磨蹭她，就當眾大吵大鬧，而會找個優雅而客氣的方式閃躲。「好玩的女生」也會自由地喝酒——有了酒精，她們就有資格性感，鬆動禁忌，又可以免除親密、尷尬、或責任。酒精也削弱了她們的抵抗力、記憶力，以及理直氣壯報告自己遭到性侵害的能力。伊麗莎白．阿姆斯壯寫道，操弄派對文化，既是系統化的又是無形的，但這種操弄，似乎是可接受的「瘋狂」大學行為的連體（如果發展到最極端的話）。因為受害者要說服任何人，包括說服她們自己，有人犯下了一種罪，這說服過程往往很辛苦，因此一般來說也都沒有結果。

隔天早上霍莉醒來，不知自己身在何方。床的另一邊躺著一個男的，是個學長，她只知道名字，卻不記得自己派對上見過他。地板上還有一個用過的保險套。

「你記不記得昨晚發生了什麼事？」學長問她。

她搖頭。

學長又說：「我們做愛了。」

那個男生住在學校外面，隔著幾條街，他說他的車子壞了，於是霍莉還穿著前一夜的派對服、穿著讓她「為自己身體感到驕傲」的高跟鞋，自己走回姊妹會的會所。所謂的「蒙羞之路」，也是勾搭文化的另一面，因為男生和女生不一樣，男生去參加派對時，穿的往往就是白天穿的衣服。有時候，女生會跟性伴侶借東西（雖然可能永遠沒有機會歸還），可是梅根告訴我：「大家都看得出來你穿著『過夜服』，你走過校園的時候，他們還會質問你，說一些『噢哦哦！昨夜過得怎麼樣啊？』之類的。」再說一次，這種騷擾通常只對女生。

回到宿舍之後，霍莉穿著運動褲，哭著看電視，直到室友過來抱她。那是我初次見她的前兩個禮拜。「我不打算讓這件事毀了我的人生。」她這樣跟我說，語氣堅定：「我不是以那件事情定義自己的，就只是一件事情發生了，而且我以後一定不可以喝得那麼醉了。」

喝到斷片固然不好，可是對霍莉來說，想要恢復控制力卻是很自然的。我迷惑的是，這女孩把所有的過錯都往自己身上攬，怪自己喝酒，而不是怪男生趁她喝酒占了便宜。

「我想說，他並不知道我到底醉到什麼地步。」她說：「可是我也不知道，我有個朋友在對抗校園強暴的組織裡，她說根據定義，當下我不同意，所以我算是被強暴的。而我幾乎……」她頓了一下，繼續說：「我不是希望強暴這種事發生在我身上，可是我也希望自己不是坐在那裡，說『對，我想要性愛！』因為我說過『不能跟隨便的人發生性愛』，要是我坐在那裡說我想要，就違背了自己說過的話。」她搖頭嘆息：「我竟然想不起來，我猜我算幸運吧。」

與她們初相見時，我無從得知梅根是強暴受害人，而霍莉也可能是。我召募志願受訪者的電子郵件裡，沒有問到被迫的性愛，她們說她們也不是因為被迫的性愛才想要接受我的訪談。二〇一四年司法部發布的一份報告指出，雖然全國都知道大學校園有性侵害，可是舉報這類罪行的受害大學生，估計卻只有兩成左右，比例遠低於同齡的一般受害人。她們之所以隱忍不發，是因為害怕報復、羞辱、自責，或者鑑於史上僅有極低比率的校園攻擊犯遭到處罰，更讓受害人相信舉報罪行只會讓狀況更糟。受害人很少舉報的另一個原因，則是因為在派對的場合，對於女生同意與否經常打迷糊仗。在南部某私立大學就讀大三的女生瑪麗亞就勸我不要把希臘字母體系的兄弟會妖魔化。寫給我的電子郵件中，她寫道：「我是個聰明的女生，假如姊妹會為我所做的一切，反而讓我無力抵抗性侵害和酒精毒害，那我現在早已經棄它而去了。」她也在姊妹會的姊妹裡，交到一輩子最親愛的朋友，根據她的描述，這些女生都「很投入」、「能啟發」又「有才氣」。她也承認，希臘字母體系確實是認定「異性戀正常化」的，也充滿著種族與性別的不平等有待解決。她寫道：「可是我堅信姊妹會正是、也可以是一段很棒的經驗，是改變的工具，在現代的大學校園裡，更是女性主義的堡壘。」

不過，她同時也感覺到大學校園的勾搭文化，一直壓得自己與姊妹們喘不過氣來，勾搭文化，讓兄弟會的男生覺得可以任意觸摸、親吻、甚至是不經允許就磨蹭她們。（瑪麗亞說「妳該拿拍子，像打蒼蠅一樣把那些男生趕走。」）女生很容易原本因為性感而覺得志得意滿，卻迅速轉而感覺自我厭惡：厭惡自己像物品一樣被利用、被消耗。男生也一樣會感覺困惑、不確定：急著想要融入，卻又因為對於男子氣慨、性愛、強迫、征服等有著種種的假設，所以苦苦掙扎著。對於混合的訊息，男生可能會錯誤解讀，也可能會因為自己喝得太醉，所以無法瞭解伴侶的狀態——可能隔天早上雙方醒來時，都不確定自己跟誰在一起，不確定之前發生了什麼事。瑪麗亞寫道：「這時沒有人知道強暴是什麼意思。」男生不知道，女生也不知道。「假如我被強暴了，我會知道嗎？假如是暗巷裡的陌生人下的手，也許我會知道；但如果不是這種情形，我就不確定自己究竟知不知道了。」

然後，梅根的事情聽得我很驚訝；她在學校治療師的督促之下，透過學校的學生道德教育事務處，對泰勒正式提出指控。整個下學期都在進行調查，梅根一而再再而三地敘述事發的經過，她的朋友說她自從那一夜之後簡直性情大變，變得更抑鬱，無法專心，退掉了一門課，而且還比以往更常喝酒。整件事泰勒也有他的一套說詞；問到事發的確切時間時，泰勒相信梅根已經表明同意進行性接觸；梅根記得泰勒說：「嗯，她就幫我吹簫啊，我非常認定那表示她同意了。」這種說法讓梅根火冒三丈。「我是為了結束一切，才幫他吹簫的，不是為了要開始什麼。我早跟他說過我不要做愛，我跟他說過我沒有避孕，然後他就從床上跳起來，戴上保險套，然後強暴了我。」

梅根懷疑，最後她的案子如何判決，並不是根據她或泰勒的說詞，而是因為泰勒兄弟會的弟兄反將他一軍，承認泰勒這人可能好鬥，甚至有點暴力；他已經因為打架而被留校察看了。最後，泰勒被判緩刑一年，那學期所有的學分歸零，梅根雖然不好說泰勒有沒有從這次事件學到什麼，但很確定他是不會回來了。「聽到他說他很抱歉之後，我還是有自己的感覺。他說是說了，卻從來沒有真的道歉過。」梅根說：「他根本不相信自己做錯了什麼。」事實上，梅根也坦承，**她**得控制自己不跟**他**道歉。她說：「我恨他，可是好奇怪，我也想抱住他，告訴他我很抱歉控告了他，很抱歉我毀了他的人生。」

在某校外的學生租屋處，電視上正在播《神偷奶爸》，梅根和她朋友正把賽前舞會的小杯烈酒，一一倒進糖果色的玻璃杯裡。屋裡一共有六個女生和兩個別的學校來的男生。他們交換著轟轟烈烈的故事，包括自己經歷過的宿醉、烈酒 Everclear 的危害、還有他們喝過的最誇張飲料，如：叢林果汁、蘋果派月光、伏特加酒混大麻或奇果彩虹糖。接下的一小時，梅根和其他的女生，每一位可以喝到四至五小杯，兩個男生則可以各喝到六杯。「我們有個制度，」有個男生告訴我：「喝三杯之後，等三分鐘，再喝兩杯，等五分鐘後再喝最後一杯，就完成了。」我問他為什麼要等待，男生說：「要等待，我們才會知道自己是不是受到了太大的影響。」語氣顯然是一本正經的。

不喝酒的時候，這群人就聊天、和朋友傳簡訊，還把自拍貼到 IG 上，永遠小心翼翼地避免畫面中出現烈酒（他們全都還不到可以喝酒的年紀）。梅根半開玩笑地告訴我：「只要 IG 上沒有發生的事，就是真的沒有發生過。」他們各有一套隨時可以端出來的招牌表情，例如：性感的目瞪口呆啦，「這我朋友，我愛她」式微笑，張著嘴「我瘋了，玩得超開心」的表情。兩個男生則是胡鬧著，擺出古典的「姊妹會蹲拍」的姿勢。有個男生察看自己的貼文，抱怨道：「我只有一個『讚』，可是現在應該會有四十七個了！」兩個男生至少花了一半的時間一起全神貫注地盯著自己的手機螢幕。

這些男孩子說自己的高中女同學「白天是基督徒，晚上是蕩婦」，或者，在大家好意爭辯兄弟會的派對是女生出比較多錢，還是男生出比較多錢：兄弟們買了所有的烈酒，女生卻只是「保養」了頭髮、指甲、衣服、鞋子和化妝品。我不知道男生說這種話、爭辯這種問題的時候，究竟知不知道自己多常談到性別這件事。女生提醒男生，她們參加兄弟會派對的代價，不只是金錢。有個女生說：「像是，我們必須剔除**所有的毛**。」

一個男生笑著回答道：「我脖子以下不用剃刀。」

「好啦，還有，」另一個女生說：「我們還得穿十二、三公分的高跟鞋走路。」

這一點，男生承認女生贏了，如果這樣算贏的話。

他們還談到派對場面的附帶損害：他們認識的一個女生暴食症，另一個康復中；有些兄弟會被踢出校園；還有個喝醉的男生試圖要從吧台後空翻，結果悲劇收場。

「模糊界線」出現在歌單上，聽著跳針似的、令人毛骨聳然的副歌反覆唱著「我知道你要，我知道你要」。梅根跟著拍子點頭，對歌詞內容似乎無動於衷。

令人驚訝的是，梅根說，她遭到強暴之後，性衝動變得更強烈了。她也和霍莉一樣，不會用負面的經驗來定義自己或自己的大學生涯。「對，我以前是有過很多隨機的性愛，這樣很好。我喜歡早上醒來時覺得暈淘淘的，而不是像離開泰勒那時候一樣覺得可怕。」

不過，這時她已經大二下學期了，越發厭倦一夜情。她說：「我真的常有痛心的感覺，我決定要自立自強。我知道最後的結果，就是他不再傳訊息來，每次都是這樣。男生只要跟你做過愛之後，就不會尊重你了，事情就是這樣，感覺真的很爛。可是你還是會照對方發的簡訊來做。我是說，有人說這樣很好玩，我們應該一起出去，你就會照著做。可是，萬一某人之後三天都沒再發簡訊來，我就會覺得，操你的咧。可是之後，萬一他們突然禮拜六晚上又發簡訊來說，『嘿，要不要過來？』你又會覺得好像有義務要過去，因為你想跟他見面，要見面就只能過去。」

雖說大部分的女生和男生都宣稱他們最近一次的勾搭很快樂，但大多數的男生、女生也都會表達自己曾經在某個時刻後悔過自己的隨機性愛。表達後悔的時候，男生通常是後悔自己「利用」了別人；而女生則是覺得被「利用」所以心情很差。我曾經跟新英格蘭地區某私立大學的一名大二學生說過，睡過一夜之後的關係，傳個簡訊根本是最低標準。那個女生同意，還表示：「就算要達到**那個標準**，男生也覺得自己讓了一步了。同時，女生還得坐著等，坐著等真的是很折磨，要是女生先傳簡訊，又會把對方嚇壞。拿我們學校來說吧，我們只有一個吃飯的大廳，所以，光是在飯廳看到他，他又沒發簡訊來，你就知道他在說『看著我的眼睛，我不要娶你。』又或者教室坐你旁邊的男生正因為看過你的奶，所以根本不想跟你有任何關係。所以說，最好不要跟班上同學勾搭，也不要跟住在同一層樓的人勾搭。你得把自己的社交和學術生活劃清界線。」

受害人還是勝利者？

喝到斷片之後一個禮拜，霍莉又再次跟羅伯勾搭，這個男生是她前一學期期末才開始碰面的，最後兩個人終究是發生性愛了。很神奇。「我隔天早上醒來，好高興自己跟一個不是交往對象的男生發生了性愛，這個人我認識，是個好男生。」她說：「我們可以玩得很開心，可以實驗——而且我們都高潮了。我們都已經同意要維持這種非正式的性行為。萬一真的有什麼了，也只算是『互惠砲友』。我們真的是朋友啊，假如我們繼續下去，或許我會希望再有什麼，可是也只是『假設』，因為前所未有。」回顧這一段，霍莉仍然難以相信自己已經進展到這一步。才不過一年之前，她還是處女之身；一年之前，她還會說她性接觸的對象，至少要認真交往半年。她說：「狀況很明顯改變了，我已經逼著自己超前、超前、再超前了。可是，走到這一步很有趣。我不知道是不是我身邊的文化告訴我，我可以這樣做沒關係，還是我長大了，更成熟了，已經長大成人。」她搖頭，難以置信的樣子：「這真是一趟奇怪的旅程。」

我見過的女生，談起「互惠砲友」時，往往都認為是追逐到一場浪漫安排夢寐以求的「聖杯」：能和在乎的伴侶有規律性愛，對方又對你沒有情緒上的要求。不過，真相卻是，「規律性愛」和「情感索求」之間，可能是一種很難達到的平衡。社會學家莉莎・韋德說：「互惠砲友是大學生自己想要，或許也具備充足理由——因為是很實用的交往模式。然則，理論雖說得過，實際上我看到的卻非如此。」從她追蹤研究的學生看起來，最後無論是約砲的「好處」或者雙方的友誼，都無法維持。「問題就出在，友善不是勾搭文化的劇本內容，某人說『我喜歡你』的那一刻，就會被理解成想要建立情愛關係。要是你根本不能告訴對方你喜歡他這個人，那麼你們也不可能是真正的朋友，對吧？所以，不當朋友，又要維持持續的性關係，唯一的方法就是粗暴對待對方，當個混蛋，這樣他們就知道你們不是浪漫關係。」約砲時比較沒有熱情的，不一定是男生。我遇到過一個大一女生跟我說：「砲友之間的狀況，我過去看過兩種。每次我都跟男生說我現在不想交男朋友；話說得很急，不必討論，可是有一次，那個男的反而陷得更深了。他說，『我有點想要更多。』而我就是一副——」她聳聳肩——「『我有點不想。』我喜歡他沒錯，跟他一起也很好玩，我能夠吸引他，可是最後，我**不夠**喜歡他。說到底就是這樣。而現在我們連朋友都做不成了，真的，感覺很差。」

大二那一年的秋天和冬天，霍莉和羅伯繼續著他們的……管他什麼關係，可是到了三月的時候，當我透過社交軟體Skype跟她最後一次聯繫的時候，羅伯已經提分手了。這時反而是霍莉對羅伯「情不自禁」了，她想要開始「對話」來定義雙方的關係。羅伯無意於此。於是兩人在聖派屈克節[12]這一天最後一次勾搭，當天她「陶醉無比」。她說起自己怎樣倒在羅伯身上，腰部以下全裸，身體前傾希望得到一吻，沒想到羅伯別過頭去，拒絕了。這真的很傷。「我得說，」她告訴我：「我真的愛他，我們在一起那幾次，是我這一年最快樂的時光。老實說，我現在感覺非常差，可是我想說清楚的是：我一點都不後悔有這段「非情愛關係」，雖然我們從來不算是正式的男女朋友，但是我們對彼此有感覺，在乎彼此，也享受在一起的時光，所以，儘管我跟羅伯在很多方面可說是勾搭文化對交往關係『有害』的典型例子，但我還是要讓你知道：我不是勾搭文化的受害人，只是勾搭文化的參與者。」

12　譯註：聖派屈克節在三月十七日。

十一點左右，梅根學校附近的街道上，擠滿了穿短裙的女生和舉著啤酒罐的男生。這是春季的第一個週末，所以每個人都在開趴。我們從一幫安靜的人中間穿越的時候，突然有兩個男生對梅根喊著：「來嘛！」看到梅根沒有反應，又大喊著：「**你去哪裡？**」再度遭到拒絕之後，這兩個男生用不屑的口吻說了一句：「**蕩婦！**」

梅根翻著白眼，說：「我好討厭這個！」

梅根也和霍莉一樣，遭到不尊重的待遇時比較容易自責，而不是堅持雙重標準。她跟我說過：「男生不會認真看待我，我算是自毀一切，傷害了自己。現在我設法認識新朋友，也到可以讓人另眼相看的地方參加派對。他們要是知道我的底細，就會覺得自己更可以抓我的屁股，或者更可以在舞池裡跟我親熱。沒有人會約淫蕩的女生出去，這讓我很煩，但還沒煩到想改變自己的行為。」

心理學家，同時也是《得之不易》的作者萊斯莉．貝爾說過，女生不是「勾搭文化中主要的受害人或勝利者，卻常常被誤導。」所以她相信女生應該要清楚瞭解自己在草率的性接觸時可以得到什麼，又可能得不到什麼——例如說，女生如果想要培養美好的性愛和美好的情愛關係所需的必要技巧，那麼勾搭就不可能有幫助。萊斯莉．貝爾的建議很睿智，卻無法改變辯論的條件。還是有女生對我吹噓表示她們也能「像男人一樣發生性愛」，意思是說她們可以不帶感情地投入，可以像男生嫌棄女生的時候一樣，嫌棄她們的伴侶，這似乎是一條悲傷而又低劣的男女平等之路。反過來說，要是女生期待男生像女生一樣在性方面給予呢？要是我們教女生說，對待所有的性伴侶，就像我們與人互動時一樣，無論對方是完全的陌生人或者親密的人，都值得我們尊重、寬待呢？要是這方面她們一步都不讓呢？

我又該回到大人的國度裡了——梅根要去參加兄弟會派對，我跟她都知道我不可能通過前門口那個把關的傢伙。梅根大驚小怪地，擔心我在偌大的校園裡自己找不到回來的路，擔心我叫不到車，還擔心我會不會平安。我們說了再見之後，擁抱彼此，然後我開始遠離。

「要平安哦！」梅根在背後喊我。

我心想著：「你也一樣要平安哦！」

第五章

出櫃：網路世界與眞實世界

我旅館房間窗外，整個早上濕答答的。雪下得很厚了，兩吋，四吋，六吋，十二點的時候，我造訪的這個中西部大學城已經關閉，停課，路面濕滑，沒有車輛也沒有巴士敢上路。附近一處山丘，坡度勉強可以讓小孩划雪橇下來，參加滑雪社團的學生，就在這個小丘頂上臨時湊了個擴音系統，興奮到頭昏還有一點暴躁地，即興發揮著打拍子。三點鐘左右，天色暗下來，我這一天的約定全部取消。

只有一個例外。街道的另一端，我看到一個穿著長靴和羽絨夾克的人影，吃力地行走著，雙手插在口袋裡，迎著寒風拱著肩膀。我快速走向大廳，剛好趕上旋轉門打開，一陣冷空氣衝進來。迎面而來的人蹬著白雪覆蓋的靴子，拿下圍巾露出粉紅的臉頰，脫下了手套。一隻手伸過來，堅定地抓住之後和我握手。「你一定是佩吉吧？我是安珀．麥克尼爾。」對方的微笑和表情，正好落入我眼裡。

新的街角

我實在不應該驚訝安珀願意冒著暴風雪跟我碰面的。回應我電子郵件的同性戀女生，是最堅持表達自己的一群。比如說，有個女生回信給我，寫道：「我是個年輕的女酷兒（queer），有色人種，我們一定要面談——我是你的獨角獸！」酷兒女生給我的回信，比我想像的多，這些女生來自四面八方，涵蓋各個種族。有個十八歲的韓裔美國女生將自己標記為無性（asexual）：身體上既不喜歡男生也不喜歡女生，我得承認這一位讓我真是納悶——訪談她，讓我覺得自己好像在跟一個一輩子吃全素的人說明吃肉的樂趣。可是她希望留下記錄，證明自己的性傾向具有正當性，絕不是遭受虐待或拒絕引起的。「我從不記得自己有過任何一種別的想法。」她說：「我就是對性愛從來沒有興趣，我覺得那檔事有一點……噁心。」不只這樣，她還補充道，網路上有個無性的團體在蓬勃發展，從中可以找到支持團體、教材、還有聚會地點。

我帶領的每一場訪談，一開始的時候我都會問到要用哪個代名詞——或者哪一組代名詞——來稱呼女生的性伴侶。很多人都只是模糊地說是異性戀者或男同志，有些則說是雙性戀或雙性好奇。有幾次訪談本身變成了探討初期感覺的場所。例如，講話細聲細氣，現年十八，在大西洋中部某大學剛剛入學一個月的女孩麗滋，在我們討論的過程中，她多半都坐立不安或紅著臉，講話的時候不是低著頭，就是瞪著我肩膀後方的空氣。好像有一股揮之不去的淡淡憂鬱籠罩著她，而且她很沒反應，讓我開始懷疑她究竟是不是志願接受我的訪談。她告訴我，高中時，她就是那種被排擠、被罷凌的女生，被叫「賤人」被說「胖」，而這樣說她的，都是「運動很強的『全能』女生，是男生一般會喜歡的那一種。」不過，高三那年，她還真的交了個男朋友，名叫威爾，這傢伙在學校樂隊吹單簧管。她說：「我對他，從來沒有感受過性的慾望。他反而比較像是我最好的朋友。我們可以一起出去玩，可以一起看電視，看電影。有時候我們會親吻一下下，但還沒有到親熱的地步。」

我問她那段時間有什麼感覺，她聳聳肩：「我猜，很好吧。那真的不是我在意的事。老實說，我不了解那有什麼大不了的。」大約過了四個月之後，威爾開始強迫她要進一步——要進很大一步——透過越來越堅持的簡訊：「我們應該完整地做愛！」他這麼寫，還寫了「來吧！一定會很好玩！會很棒的！」又問「為什麼不呢？我不懂！」麗滋說：「於是我跟他說，他這樣寫讓我很不自在，當時我們從來沒做過脖子以下的事！可是他會一直提出來，一再地傳簡訊給我。」

麗滋覺得沒必要證明自己沒興趣跟只有親吻過的男生性接觸，何況這個男生顯然不尊重她的界線，對話的技巧還停留在鍵盤手的階段，不過，無論如何她還是願意試試看。她說，也許她是因為對自己的身材覺得羞愧，才不情願跟對方性接觸。「你知道，很多模特兒和超級巨星，她們都很瘦很瘦也都很美，」她說著，低頭看著自己鬆軟的肚子：「就連買衣服都是這樣——衣服的剪裁，都是給很瘦很瘦的人穿的，我就偏偏不是很瘦很瘦。」說到這兒，她搖搖頭，繼續說：「可是真的，他還不夠吸引我，我連試都不想試。情況就像是『啊，不！他想要做愛，可是我不要。』抵擋了他兩個月之後，她建議雙方「休息一下」。可是，威爾，這個她認定的「最好的朋友」從此再也沒跟她說過話了。

從那時候開始，就有其他的男生，甚至是成年男人表示對她有興趣，可是她從不回報對方；只要想到之後會有身體親密，就讓她退避三舍。要她回想一下哪一次自己的身體真正感受到性愉悅，她紅了臉說：「我還真想不到半次。」那有沒有過「被喚醒」的感覺呢？她的雙頰更紅了，說：「我沒有探索過這類的事情，我只想好好把課上完，做自己的事。對人開放好難，需要非常努力。」

我看得出來她，真的是這樣的人——我們的對話進行得斷斷續續；我遇到的女孩裡，她也許是最不善辭令的。然後我問了：「我們已經談論的只有男生而已。那你有沒有感覺過別的女生吸引你呢？」麗滋的臉又紅了，可是這次似乎是因為喜悅而臉紅。她承認道：「我有個真的很好的朋友。」然後，這是我們談話過程中我第一次看到她笑。「我對她，有點是雙向式的喜歡，你知道嗎？我好像達到一種很刺激的平衡。她有著……很神奇的特質。」說到這裡，麗滋又笑了，笑容讓她整個臉都亮起來了。「我說不上來。我從來沒遇到過誰讓我有這種感覺……覺得**那就對了**。」

麗滋本身認識的人，並沒有男同志，可是她在網路上讀過同性戀的東西，特別是同人小說：也就是受歡迎的書籍、電視劇、戲劇、電影或流行歌的忠實粉絲寫了之後在網路上流傳的原創故事。情色小說《格雷的五十道陰影》起初就是根據《暮光之城》創作而成的同人小說。《哈利波特》光在一個網站上，就有八萬篇的同人故事。根據《飢餓遊戲》創作的同人小說，更是在創作期間便吸引了超過兩百萬次點閱。同人小說可以「跨越」世界、跨越性別，因此，例如英國男團「一世代」的哈利．史戴爾斯才會脫離他的世代，跑到中東去。同人小說一般也都包含情色的愛撫，典型的是同性之間的愛撫，例如：星際爭霸戰裡的史波克和柯克船長一起；福爾摩斯和華生博士；蝙蝠俠和小丑；或者赫敏與金妮。這種情節（或許）是角色的原創者作夢也沒想過的。女性是同人小說最大宗的創作者和消費者；這樣一來，也很難說同人小說裡的性接觸，為什麼幾乎都發生在男性之間。也許是因為女性在主流媒體上的代表性還是不足，女性角色更是不足以引人注目。還可能因為寫男性身體，可以讓女性不至於讓一般人對其外表、行為品頭論足，讓她們堅定進行自己的性探討時，不至於受到批判。無論原因是什麼，同人小說都為年輕女性提供了一種自由的形式：因為同人小說一般都沒有商業動機或商業價值，只是媒體的一角，除了少數例外之外，幾乎沒有人可以從中獲利。

網路上的大雜燴包山包海，無論是什麼事，只要包山包海，都會利弊互見：有個來自史坦頓島的十八歲的女生，回想當年高中時，怎樣無意中發現了圖像式的同人小說。「小女生和大女生，偶而也有男生會以他們喜歡的角色為基礎，寫**很多的**色情故事。」她告訴我：「我全部都看，讀了同人小說，我才知道什麼叫皮繩愉虐；很多的性愛場面裡都有。我有好長一段時間，都以為沒勃起的陰莖平均是二十公分長——然後還會再變大。然後當時我心裡還在想：『我才不要這種東西靠近我呢！』」

麗滋是電視劇《神祕博士》的鐵粉，某次看到社群網站Tumblr的某部落格，有人將電視劇中的兩個異性戀者湊成一對，讓她無意中認識了女同性戀。「一開始覺得很怪，」麗滋說：「可是故事真的很好，很成功，所以我就看下去了。它擴展了我的眼界，我是說，以前我從來沒想過這種事。女同性戀……不丟臉，只是很奇怪，很異國，很刺激。」

大人，包括我在內，都會煩惱網路對孩子的危害，特別是牽涉到性愛的時候。我們的害怕不難理解：孩子可以輕易觀看到A片，扭曲的女性身體，還有不雅照的醜聞；這一切足以讓一九八〇年之前出生的任何人感覺「末日近了」。可是，就像大部分的當代文化一樣，事情沒那麼簡單。只要大人依舊避免公開討論性，那麼青少年就無可避免會到時下的聊天網站去挖資料，這代表著問題，也代表著機會。沒錯，就如Reddit之類的討論版，只是討論不了多久，就會跑出令人毛骨悚然的照片，拍女生的乳溝、穿短裙和比基尼的青少女露屁股等等之類的。（雖說公司早在二〇一五年初，就明文規定，不得「未經當事人同意散布私密影像」，但目前為止都沒有具體行動來減少這類的「社團」。）這類的網站，還有「紅字青少年」，「去問愛麗絲」，以及「性愛及其他」，都把「不得散布私密影像」的建議字樣寫得很清楚，卻僅止於醫療用語一絲不苟的精確。

就像他們的異性戀同儕一樣，網路對非傳統雙性戀的青少年也可以是一把雙面刃。根據男女同志與異性戀教育網二〇一三年的報告《跳脫線上》，非傳統雙性戀青少年受到網路罷凌的機率，是異性戀者的三倍——而且遭到霸凌的女生比男生多。可是這些非傳統雙性戀孩子，還是會回到網路上去找資料、尋求支持——支持對於這個族群很重要，因為他們嘗試自殺的比率，是一般青少年的五倍。根據這份報告，不親自走出去的非傳統雙性戀年輕人，有半數會利用網際網路，讓自己和同類的人做虛擬連結。這樣的年輕人，每十個就有一個，會在告訴「真實」世界裡的任何人前，先向網路上的朋友透露自己的性認同；也有超過四成的人，更常在網路世界裡出櫃，下了線之後，反而比較無法如此。

理想狀態下，酷兒青少年不需要在男同志的聊天室大放厥詞，藉此尋求資訊或接納。同時，網際網路也提供了前所未有的途徑可以正常化或擁抱自己的性認同。我們看著麗滋這個年輕女孩在網路上找到了支持，支持她的「無性」，或許能讓我們一窺網際網路如何開始讓性別認同正常化。然而，最能說明超連結的網路世界如何發揮這方面的潛力（以及一點怪異）的，還是目前十九歲，念的大學與麗滋學校相隔了幾百哩路的安珀。

在冷颼颼的旅館大廳介紹完彼此之後，我們直接往我的房間走；安珀坐在燈下的靠背椅上，開始跟我說她如何保持異性戀的外表，維持父母期待的乖女孩形象，卻又同時偷偷地透過網路忙些她以前一點也不懂的事情，也就是建立第二個身分，最後證明這個身分才是最真實的。

扮演異性戀女孩

安珀第一次在網路上扭曲自己的那年，才九歲而已，做著父母害怕的事：在遊戲網站上跟陌生人聊天。「那些人一開始會試著跟我聊一些性事，」她說：「我到現在都不知道，當初自己是不是真的明白性愛是什麼。那時候我還只是個無知的孩子。」最後她父母終於懷疑她為什麼花這麼多時間用電腦，於是去查看她的瀏覽紀錄，發現女兒在做什麼之後，他們立刻無限期禁止她上網。與其說安珀懼怕這樣的處罰，還不如說她介意父母那種驚慌失措的反應。她回憶道：「當時我覺得自己做了真的、真的很壞的事情，覺得自己很差勁。那件事情之後，我整整一年沒摸電腦鍵盤。」

不過，一摸鍵盤，她就陷入了「第二人生」和「模擬市民」這兩個虛擬世界；在這兩個世界裡，玩家可以選用螢幕上的化身，又可以再次地彼此互動。無論是在網路上，或者是在電子遊戲機裡，安珀永遠都選擇當男生。「我當時沒有多想，」她解釋道：「只是選我喜歡的。我會選定我的男性化身，然後連到這些網站去，跟女生聊天，跟她們說她們很漂亮，或者說些小五學生的話題。當時我從來未懷疑過這些，真的連**男同志**這個詞是什麼意思都不知道。當時也沒有人談：我父母沒有，學校也沒有提。這樣真的很奇怪，因為我又不是憑空出現莫名其妙長大的：我家附近就有一所很大的大學，我讀的高中有三千名學生，可是誰都沒提過那個詞。所以，我從來沒有懷疑過自己的性別特質。」

這當然是在美國最高法院裁定同性婚姻受到憲法保障之前的好幾年，最高法院這項裁定，促成同性婚姻在美國五十州合法化。不過，這還不算真正的黑暗時代：一九九〇年代，瑪麗莎・伊瑟莉姬和艾倫・狄珍妮絲之類的名人公然接納自己的性別特質；電視劇和電影裡，公開同性戀的角色也越來越常見（而且越來越細膩）。或許因為如此，所以美國同志出櫃的平均年齡，開始陡降：從一九九一年的二十五歲，到今天的十四到十六歲。在舊金山州立大學負責「家庭接納計畫」的凱特琳・萊恩（Caitlin Ryan）告訴我：「小孩會說他們在大概十歲的時候，意識到性吸引。這年紀，比大部分的大人，包括父母認定的時間，要早得多。可是「性傾向」不只關乎性愛，還與社會、情感有所關連，例如人際關係、心心相惜等感覺。」她以百老匯音樂劇《歡樂之家》為例，這部音樂劇，改編自漫畫家艾利森・貝克德爾的圖文式回憶錄。劇中，九歲的「小艾莉森」，看到一個男性化的女同志送貨員進入餐室時，第一次面對自己的不一樣。她所唱的終場曲「鑰匙圈」，不只是講性興奮，更講身分，講認同：禮讚那個女送貨員的「神氣」和「舉止」還有她「恰到好處」的短髮、牛仔褲、繫帶靴，以及她存在的方式、她呈現在世人面前的方式。

也許安珀遊戲裡的化身也是她的「鑰匙圈」。無論如何，這個化身也沒能撐太久——她父母再次檢查了她的瀏覽紀錄，再次發現了她在搞什麼。就在那時候，父母離婚了，她父親要搬到其他州去，安珀還記得送機時坐在母親的車上等著移交，父母在路邊商議她的事。她聽到她爸爸嚴厲的說：「舊事又重演了。」之後，母親問安珀為什麼線上遊戲要選擇男性的化身，可是，不等安珀回答，母親就補上自己想聽到的答案。安珀回憶道：「我媽說，『你只是想要知道那是怎麼一回事，對嗎？』」就算當時母親對安珀的性特質有任何的想法，並未讓女兒即刻知道。

過不了多久，孩子上線的能力便超越父母了。國二的時候，安珀已經精明到可以擦掉自己的瀏覽記錄，申請一個父母找不到的免費電子郵件帳戶，掩蓋自己的蹤跡。她在交友網站「MySpace」裡放了自己的網頁，用的是個名叫傑克的男性假身分，大頭貼的照片，是她下載的同校男生照片，還聲稱自己來自洛杉磯。要是當時你問她，她一定也說不清楚自己為什麼要這麼做；現在回想起來，她才知道這種行為和她的性傾向有關。長達兩年的時間，她就用這個假的網頁跟她所說的「許多許多」女生打情罵俏，不過，這些女生就算是和她通電話的時候，也都沒有人發現真相。（受訪時，安珀示範自己無與倫比的功力，模仿青春期男生的聲音。）不過她還是做錯了一件事：不該把自己真正的手機號碼給對方，由於最近剛搬了家，連接的還是中西部的區域號碼。這已經是六年前的事了；她至今還會接到某些女生的簡訊。「某一天，晴空朗朗之下，我收到一封簡訊說『我想你』，」安珀說：「這感覺就有一點怪。」

我突然想到也許青春期的女生，最合乎理想的想像男友，可能是另一個假扮男生的女孩。誰會比女生更知道女生想要聽什麼？這一點，安珀表示同意。「我覺得女生都會回想起自己在高中的日子，然後想著，『噢，我記得那個男的：人超好，而且**真的一直很懂我。**』」

回想那段日子，安珀覺得很痛苦，她因為自己欺騙了其他的女生，而覺得羞愧、內疚。她說：「我難過了很久，現在好多了，但是在收到這些簡訊後，我又覺得，**真是見鬼了！**想一想，都已經看過那麼多網路吹噓的情節，總該知道網路上那個人，不可能是寫錯區域號碼的真實人物。」

「想到這點的時候，」她補上一句：「真有點傷心。」

如果說，安珀在網路世界裡模仿男生，那麼真實世界裡她就是學習著，勉勉強強地，在模仿女生——至少是模仿某種特定的女生。青春期之前，安珀一直被視為「男人婆」。穿著寬鬆的衣服，梳著油頭，有時候還模仿她爸爸刮鬍子。問她是不是偶爾被錯認成男孩子？她說她覺得被看成男孩也不錯。沒有人真心要**逼她改**，但是就在快上國中時，外人對她的期望也越來越明顯。她母親曾經是高中的啦啦隊，父親則是齒顎矯正醫師，對他們來說，外表很重要。也許她父母都開始懷疑她的性傾向了；也許他們希望可以扼殺那種傾向。至少至少，他們迫切希望讓她的行為舉止像個傳統的女性化女生。於是父母開始鼓勵她穿裙子，媽媽還開始教安珀化妝。安珀回憶道：「我不想當個『怪』孩子，所以你知道的，我就得要隨波逐流。於是我刷睫毛膏，然後說『噢，太好了，我愛柴克．艾弗隆！』因為我想要融入，但是我穿衣服的時候，永遠都是使勁地拉扯，從不覺得自在。我只是隨波逐流——永遠隨波逐流。」

安珀在朋友實驗著「情愛關係」時，也試著加入，不過這種關係通常只持續大概一週左右。無論什麼時候，只要有男生勾她的手臂，她一律推開。她說：「我會跟朋友說這個男的很怪、很恐怖或很黏，然後我會叫朋友為了我去跟對方『分手』。」不料就在十五歲這一年，安珀遇到了一個碰巧名叫傑克的男生，立刻就被他吸引了。「我們是最好的朋友，我媽還說過我們就像是住在兩個身體裡的同一個人。我們會一起打電動、看電影，我會跟他家人出去，他也會跟我家人出去。」她並不鼓勵羅曼史，可是也說，這種事就像迷你裙和唇膏一樣：「我只是順勢而為，既然這樣，何不也順勢交個男朋友呢？」

傑克是個打算婚前守貞的虔誠基督徒，這讓安珀鬆了一口氣。因此她認為自己「沒什麼好擔心的。」從高二上學期開始，有好幾個月，這一對除了親吻之外沒有多做什麼。安珀雖然不是很喜歡這樣，但也不會不情願。她回憶道：「親吻的時候，我真的沒有什麼感覺，親吻沒有讓我動情，就只是……親了而已。」

一月的時候，傑克邀她去參加他們學校的冬季正式舞會，雖然「穿短裙在舞池裡磨蹭」實在不吸引人，可是她還是答應了。她找了一件及膝的紅洋裝，據她說的，「很前衛，可是不會露乳」，再配上一雙細跟的高跟鞋（她表示「沒有綁帶，也不露腳趾的。」）那跳舞呢？她就只能勉為其難——這一點，老實說，我訪談過的很多異性戀女孩也是如此回答。舞會之後，傑克提議去麥當勞的得來速買汽水，然後回車上聊一下。安珀答應了。她說：「我就在想，是我跟傑克啊，你知道嗎？所以，很好，怎樣都可以。」於是他們把車子開到教堂的停車場，傑克將車子熄火之後，俯身吻她，然後，迅雷不及掩耳地將手伸進安珀的裙底；她嚇出了一身冷汗，胃絞緊，可是她還是不出聲。傑克提議他們移到後座的時候，安珀又再次地，「隨波逐流」。

傑克抓著她的手伸到他褲子裡的時候，安珀還是隨波逐流；他褪下她的內褲的時候，她也隨波逐流。「然後，」安珀說，「天啊，他只不過是個十六歲的男生——他的手指頭跑錯地方了，伸進了我的屁眼！」

傑克窘得要命，直說：「對不起！對不起！」安珀一直安慰他說她沒事——她說她不希望他感覺不好——可是弄成這樣，氣氛也壞了。他拉上褲子的拉鍊，鑽回前座去，「發生這種事，真的是最好的狀況了，」安珀說，「因為這樣就終結了一些事情。他就開車送我回家，然後我就是『**沒事！**都過去了！』」

不過，事情當然沒有過去。因為安珀既然允許傑克摸她一次，他就會認定自己可以再摸一次，而且安珀從來沒有真的拒絕。她也沒有說可以，而傑克把安珀的消極被動解讀成同意。他對她上下其手、磨蹭她的時候，她會一動也不動地坐著，手放旁邊，瞪著遠方。「有一次他還問我，為什麼我不會像A片裡的女生一樣，發出類似的聲音。」安珀說，「他看過**很多**A片，我告訴他，因為我很感興趣，所以才會不出聲。於是他以為我也喜歡這樣，還認為這樣很正常，我也就隨便他去。因為當年的我，是隨波逐流的安珀。」

我遇到的男同志，或者女同性戀，大部分都會有個實驗階段，試圖轉為異性戀者，或者拿異性戀當幌子，嘗試女女戀。例如，舊金山某高中有個三年級的女生，會到全年齡俱樂部去，希望可以在舞池裡跟別的女生親熱，這女生回憶道：「大部分的女生去，都是希望可以吸引男生的注意，而我不是。可是她們都不知道。所以這樣真的很棒。」後來她進一步，把另一個女生送到自己男朋友床上；然後，大一那年，她開始跟一個女人交往。一般來說，女生對於同性之間的吸引近期變得有比較開放，比較能接受「性向流動」。例如，根據《大學生的性生活》所描述，一九九〇年代早期，認定自己是異性戀的女生，只有百分之三說出自己的同性經驗；到了二〇〇八年則將近三分之一（不過，到底這種「同性經驗」指的是真正的女女戀，還是為了刺激男生而表現出來的女女親熱，書中並沒有說清楚。）

對安珀來說，「隨」著異性戀的「波」逐流，變得越來越難。她知道自己不會——也不能——像同性朋友一樣，對傑克，或對任何男生有感覺。「我朋友會把自己在暑假遇到，或者在臉書上看到的男生照片抽出來，跟我說些『噢，這傢伙好帥，真希望他上我。』」安珀說：「然後我就會擺出一副『嗯，對，我也一樣。』我就只能這樣說。或者有時候加上一句『他真的很迷人。』我從來沒說過某個男生好辣，或者長得好看之類。我從來沒覺得有男生好帥、好好看。」

安珀就跟麗滋一樣，據她所知，她個人從來沒有遇到一個真正的女同性戀，雖然在《女歡女愛》之類的電視節目裡看過不少女同志，她擔心別人認定她的感情不正常，這樣一來會讓母親蒙羞、讓父親失望、讓朋友疏離。高一那年，努力保持異性戀女孩的形象，讓她精疲力盡又沮喪萬分，所以她轉向自己唯一能想到的出口：網路。「當時我需要找人發洩，」安珀回憶道：「我以為自己會把一切都釋放出來，然後就夠了；釋放之後我又可以再次壓抑個幾年。」於是她到社交網站 Tumblr 去搜尋同性戀的部落格，這事我自己也有試過，一開始會搜到一堆男生照片傳回來：有甜蜜互吻的，有光著身體撫摸著巨大陰莖的；有射精到另一個人臉上的；有兩兩一組、三人一組或一大群人一起表演口交或肛交的。「女同性戀」的搜尋結果也同樣「圖像式」，只多了「青少年」引體向上以及ＸＸＸ費，還有青少年的強說愁名句，還有貓跳舞的圖片，以及精心拍攝的自拍照。在一個名為「喜歡女生的女生」的網頁上，安珀巧遇了漢娜，她剛好也在只能意會不能言傳的強說愁陣營裡。漢娜只發表了自己寫的東西，配圖是她夢想著有朝一日要去的巴黎、倫敦和羅馬，沒有她臉部的照片。安珀回憶道：「這樣一來，顯得她是真的想談。」漢娜也住得很遠，在加拿大的渥太華。「簡直太好了，我打算把自己做過的鳥事都發洩給她聽，發洩完就不再找她聊了。」

安珀頓了一下，搖搖頭：「我大錯特錯了，」她繼續說道：「錯得**太離譜**了。」

「漢娜撼動了我的世界。」

二十一世紀出櫃

和安珀初次見面之後，又過了幾個月，又是一個寒冷的傍晚，安珀將我介紹給漢娜；她們相隔三千哩，還跟我加州的家隔著國界，但拜 Skype 之賜，我們都在同一個房間裡，每隔幾分鐘，漢娜就會跳起來，察看她正在幫安珀烤的巧克力脆片香蕉蛋糕。（漢娜解釋道：「她最愛吃這個。」）她們說起自己除夕和聖誕節參加的舞會，安珀帶漢娜去滑雪，還送她項鍊；又說起他們最近和家人相聚。她們挨著坐，手臂攬著彼此，不時輕拍對方，就像年輕戀人一樣。安珀穿著漢娜學校的帽T，漢娜則穿著安珀學校的T恤，一頭深色長髮遮住了校徽。

安珀發送了第一則要命的訊息之後，才過了五分鐘就收到漢娜的回應，建議兩人可以通 Skype。她們果然就通起了 Skype，結果一聊就聊到隔天凌晨四點。「我什麼都告訴她了。」此刻安珀說起當年，說話時深情地凝視著漢娜：「我告訴她 Skype 的個人資料是假的，告訴她我怎麼被爸媽抓到，我什麼都說了。當時我瘋了，我，好像一瞬間就知道自己此生除了漢娜之外，再也不想跟任何人說話了。除了她以外，先前從來沒有人跟我說我的感情沒問題。於是我知道：真正的情愛關係就應該是**這樣**，你就該覺得自己被欣賞、被接納，就該覺得自在，就該能夠跟對方無話不談。」聽到這裡，漢娜熱淚盈眶，安珀把她拉近一點，問：「你幹嘛哭？」

「因為那個時候你好傷心啊，」漢娜答道：「你真的需要有人聽你說話，我還記得當時我就在想，『真的需要有人告訴這個女生沒關係。』」

才不過幾個禮拜，安珀和傑克的關係就垮了，於是他們同意分手。她恢復單身時，也才十六歲，而她新的感情目標住在加拿大，安珀根本沒有辦法看到漢娜本人——至少要跟父母把話說清楚才會有機會。

YouTube 裡一大堆「出櫃影片」——用這個詞搜尋，可以得到大約兩千一百萬筆結果。父母無論是接納還是拒絕孩子，都赤裸裸呈現在螢幕上，所以有些影片沉痛和搞笑，有些則是揪心悲慘。有雙胞胎一起出櫃的，也有「如何出櫃」的影片，還有另一類則是某些人以出櫃為主題寫的歌曲。安珀看了幾十支影片之後，試圖鼓起勇氣向母親坦白。她本來決定等寒假的時候說，可是聖誕節都過了，新年也到了，她還是繼續拖延著，拖到最後，眼看就要開學了，於是她邀了母親去吃午餐，這不是她平日會做的風格，只能是一種策略性的選擇：安珀認為母親在公眾場合不會大吵大鬧。於是母女倆約在快餐店碰面。當天早上，安珀緊張到發抖，那天居然能順利開車到達目的地，沒有撞車，她至今都想不通自己怎麼辦到的。到快餐店的時候，她母親已經坐在位子上，滿臉煩惱，沒等安珀坐定，母親劈頭就問：「你懷孕了嗎？」安珀笑了，說：「媽，我沒有。」心裡又想：「你想的跟我要講的差了十萬八千里。」

然後安珀攤開一張紙，是一個月前就寫好，一直帶在身上的一封信，她唸道：「我愛您，不想讓您失望，我一直要讓您快樂。」接下來就是這句：我是同性戀。但她要唸這一句時，卻卡住了。「我說不出口，我想是因為我自己都還沒能接受這一點。最後，不知怎地，那句話就跑出來了。」一開始的時候她母親好像鬆了一口氣，慶幸女兒沒有嗑藥、偷東西、也不是懷孕或得性病，也不是想搬去跟她爸住。此時她母親摟著她，告訴她沒關係，真的沒關係。她說：「我愛你。」然後雙方的對話轉了個彎，母親問安珀：「你怎麼**知道**自己是同性戀的？也許這只是一個階段而已，」母親繼續說，也許是因為父母離婚的緣故，讓安珀沒能看到男性的好榜樣。安珀說：「她就是沒法相信我生下來就是同性戀，她就是不明白。」

隨著同性戀者出櫃的年齡層下降，父母的支持變得格外重要。你爸媽在你二十五歲時將你掃地出門是一回事，在你十二歲時就把你逐出家門，又是另外一回事了。一項針對萬名以上青少年的研究顯示，認定自己是同性戀、雙性戀或變性者的青少年，提到自己生活中最想改變的事情時，會把寬容和家庭狀況列入；其他的青少年寫的則是財物、體重或外表。同性戀、雙性戀或變性的青少年也會認定家庭是他們「最重要的問題」；其他孩子最重要的問題則是成績。根據凱特琳・萊恩的研究，家庭的支持是同性戀、雙性戀或變性孩子幸福的最大單一因素。凱特琳・萊恩的組織也認為，孩子自殺、沮喪、藥物濫用、染愛滋病毒得愛滋病的風險升高，是因為他們認為父母排斥；在某種程度上，這一點是很明顯也很清楚的；但比較不明顯的，卻是青少年體驗到的「排斥」。例如，父母不發一語；有個女生就曾經氣呼呼地跟我說，她母親的臉書頁面上都是她弟弟和弟弟女友的照片，卻連一張她和她女朋友的照片都沒有。安珀母親那一類的評語（「你確定嗎？」或者「也許這只是個階段而已」）讓孩子深受打擊，更別說親戚們不時冒出的羞辱及評論。話雖如此，凱特琳・萊恩還是發現大部分的負面評語或矛盾反應，都是出於愛。「父母常常都是因為資訊不正確才會表現出恐懼或焦慮。」她表示：「父母親會想：『接下來我的孩子會出什麼事？在我自己家裡，這件事我該怎麼處理？我要怎樣調和彼此衝突的信念？』幸好只要父母的反應稍微調整一點點，結果就會大不相同。」

安珀的媽媽要爭辯、緊張好幾個月之後，才會甦醒過來；此時確實不適合跟她提漢娜的事。於是安珀先把漢娜的事按下不表，想要再等一陣子。同時，這兩個女生每天都用Skype聊到深夜。

安珀的小妹妹會問：「你在跟誰聊天啊？」

安珀會聳聳肩，回應：「跟一個朋友。」

這種答案當然滿足不了小女生的好奇心，於是小妹妹開始變得疑神疑鬼，懷有敵意。有時候她會躡手躡腳跟在安珀後面進入洗衣間，對安珀說：「你是個娘砲，安珀，你是個歹客[13]。」有時候她甚至會噓安珀，說：「你就是一個蕾絲邊！」

安珀說：「我想，我妹就是不知道如何用一種健康的方式讓我對她出櫃，偏偏她又真的想知道。」我讚賞安珀寬大為懷的精神時，她補上一句：「可是，這真的傷了我的心。即使到了今天，這件事還是影響了我們的關係。我是說，誰會這樣對待自己的姐姐？」

13 譯註：皆為美國俚語，娘砲 fag 指男同性戀，歹客 dyke 則是女同性戀。

出櫃當然不是單次性的坦誠公開，可能得一而再、再而三地做上許多次，出櫃的對象不只是自己已經認識的人，更包括自己之後會碰到的人。安珀試著向幾個非常信任的朋友坦白，又或許不出所料地在臉書的對話或文字中透露消息。可是她說：「我就是無法面對面地說。」她那些女生朋友知道以後，都向她保證一切都不會改變，可是之後卻絕口不再提這件事，而且雙方的友誼還雲淡風輕了。「我會想，『好啦，我猜你只是忙而已。』可是現在回頭想想，我明白了，她們知道我是同性戀之後，就不想再跟我做朋友了。」

安珀一直沒能真的鼓起勇氣向母親坦白漢娜的事——沒有勇氣直接坦白。可是，有一天，安珀在房間裡的時候，母親突然衝進來，用力把門推開，門砰的一聲撞到了牆壁。她揮動著安珀的手機，喊著：「這該死的是誰？」

安珀與漢娜的簡訊，她全都看過了，包括兩人宣告愛彼此的那一則簡訊。安珀目瞪口呆，回憶道：「這可能是媽媽發現真相最糟糕的方式，真叫人難受。因為，假如她不是真的接受我同性戀，就不可能接受我隨便跟一個女生遠距離戀愛。」

「你以為你在幹嘛？」她母親繼續追問：「這個人幾歲？你怎麼知道她不是三十五歲？」

至於漢娜的母親——她父親過世了——則比較能接受女兒的性特質和這段正萌芽的關

係：她主動表示願意安撫安珀的母親，安排兩個女生碰面。不料安珀的母親拒絕了，她女兒絕對不能到加拿大去見陌生人。「我會乞求她讓我見漢娜，一天就好。」安珀回憶道：「不一定要到加拿大：她母親願意讓她來看我們。可是我媽說不行。她好像覺得，只要逼我們分開，我就不會再同性戀了。」

到了夏天，安珀的母親已經平靜到允許漢娜來三天，漢娜可以到他們家來，可是兩個女生必須要各睡一層樓。安珀倒是不在乎，只知道自己就要看到女朋友本人了。她不需要擔心：兩人獨處的那一刻，安珀與漢娜就開始親吻，那種感覺是安珀先前從來不曾體驗過的。「我很沉醉其中，」她回憶道：「這是很自然、很正常的事，就應該是這樣才對。我當時的感覺就是，其他人有親密關係時也該有我這種感覺。」

跟別的女生交往的女生，談起性愛的時候，跟和男生交往的女生很不一樣。加州某公立高中的高三女生，認定自己是雙性戀，她告訴我，她在同性的性接觸時，找到一種互惠，她很享受那種互惠。「是這麼的不同，」她解釋道：「就像是，這次輪到我，下次輪到她，再下次輪到我，然後輪到她。」另一個雙性戀的高三女生則說，她和男性伴侶在一起的時候，比較容易被動。「可是跟另外一個女生的話……嗯，不可能**都**被動，這樣就做不了什麼事了。要是跟男生一起，感覺上好像他要**對**你怎麼樣，可是跟女生一起的話，你們是**一起做**點什麼。」中西部某大學的大三女生告訴我，跟她女友做愛的時候總感覺是「脫稿」：因為沒有什麼事情是她們**該做**的，她們可以自由創造她們可行的性愛生活。

因為和傑克不曾有過性接觸，所以安珀遇到漢娜時，覺得自己還是處女之身。她受訪時我曾問她是不是還覺得自己是處女之身，她搖頭說著：「我以前都不清楚，不確定『同性戀』到底什麼意思，還得去Google上面打『女同性戀者何時才算破處？』」

我問她，那麼答案是什麼呢？安珀說：「沒有答案，對我來說……」她頓了好一會兒之後，才說：「你和對方親密了，不只親吻還觸摸彼此的時候，就已經破處了。不一定要摸胸部，但一定是摸腰部以下。摸到那裡的那一刻，你就不再是處女之身了。」

「可是老實說，我不喜歡定義，反正我就是知道了。我猜我會把破處定義成……可能一旦跟某人在一起的時候有高潮嗎？一旦體驗過高潮，你就一定不再是處女了。對呀，我就會這樣定義。」

女生幾時不是女生？

兩人高三那年，安珀與漢娜的關係更深厚，這時安珀對於自己人生中的其他部分也更有信心了，她發現自己喜歡演講，還在全校的才藝表演時擔任司儀；她還獲選參加返校國王皇后選舉；她社交活動也更多了。雖說大部分的時候她都沒有吐露自己的性向，但丟掉了裙子和化妝品，追求更簡潔、更中性的外表。「這外表就屬於我，」她說：「又礙不著別人。」

我們初次見面那個下午，她從手機裡點選了一張她以前的照片給我看。照片裡的女生——梳理整齊的頭髮，夾雜著縷縷金絲，飄在肩上，擦著糖果粉色的唇膏、畫藍眼線塗睫毛膏——跟我眼前這個年輕女人一點都不像。同時，目前這一「版」的安珀，和我見過的異性戀女生，也沒什麼不一樣，撇開跑趴的服裝不說，至少她們去上學的時候都穿得差不多：安珀穿著牛仔褲——她說是男生的牛仔褲，只是，她如果不說，我也猜不出來是男生版的——還穿著印了校名的帽T，配上登山鞋。她沒化妝，只是當天別的女生也多半沒化妝。她用頭巾把頭髮往後攏，再綁成一把短馬尾。即使如此，我們談話的過程中，她臉部的陰影和平面彷彿一直在轉換：也許是燈光的關係，也許是因為我太累，可是，她真的有時候看著像女生，但有時候突然會顯得像男生。

安珀自己也不是永遠確定自己是男生還是女生；就因為想要回答這個問題，所以她才上網找答案，原先覺得網路很可靠的，後來卻很失望。YouTube上的影片，和她掃過的網站，暗示她可能是個「跨性別者」，這個名稱她聽都沒聽過。（當時應該是拉福恩．考克斯、凱特琳．詹納登上各大雜誌光滑封面前的好幾年。）她接下來，在上大學之前，又整整擔心了一年，怕自己真的是個跨性別者。她說：「我真的是嚇死了，我就開始懷疑，那再來該怎麼辦呢？難道我得動所有的整形手術，然後改名字。當時我以為這是唯一的選擇。」

網路上真的可以找到一堆錯誤訊息，扭曲、不專門的知識，以及差勁的建議。在Google上，一點小破皮都可能變成性命攸關的緊急狀況，健身和沖澡也一樣（不過，你要是不運動，也不妨考慮少沖澡，藉以降低兩種風險。）所以，一個從來沒聽過T，更沒聽過**跨性別者**的年輕女同性戀，會很容易感到困惑，如果這個女生和安珀一樣，自幼生長在一個對男性特質和女性特質看法很傳統的環境裡，更是如此。美國人被認定是跨性別者的比率估計僅有千分之三——也就是接近七十萬人。（被認定為男女同志或雙性戀的成年人，則占了百分之三點五，十八至二十九歲這個年齡層的比例較高。）不過，真正的數字很難估算，因為這數字可能包括，也可能不包括那些認為自己是「性別酷兒」的人——也就是遊走在兩種性別之間、或兩種性別之外，或結合兩種性別。性別酷兒最極致（也有人說是最可怕）的展現，就是翻轉男性女性的概念、翻轉男子氣概和女人味的概念，將原本生理上不可改變的男女之別，隨著身分、表達，以及喜好，而有客製化、不斷變動的男性女性吃到飽概念。例如說，二〇一三年就有一則新聞，主角是出生時是女兒身，卻有著男孩心性的艾倫．安德魯斯（Arin Andrews），和生為男兒身，卻想當女生的凱蒂．西爾（Katie Hill）。兩人在跨性別青少年支持團體裡相識，一起經歷彼此的轉變，甚至繼續發展成一對異性戀夫妻。當然也有像莎夏．佛萊希曼（Sasha Fleischman）那種比較陰鬱的故事。莎夏是個生於加州奧克蘭的男生，他是無性別——也就是說，他不認為自己是男生或女生，寧願別人用「他們」這個代名詞來稱呼。高三搭市區公車時，因為有個青少年點火燒了莎夏的裙子，導致他雙腿嚴重灼傷，於是引發了眾人的大力聲援——當地有「為莎夏穿裙子」的男生走上街頭遊行抗議；網路上更募集到了幾千美金的醫藥費；當地學校更改變政策，允許「非常規性別」的學生選擇自己要用的廁所或更衣室，選擇自己想要加入的運動團體。

現代大學校園充滿了性別鬥士，會具體說明自己是順性別（cis-gender，意指他們的情緒、心理、生理和基因都吻合的性別）、非常規性別、還是跨性別。他們可能會用比較中性的代名詞，咱（ze）、哪（ne）、偶（ou）、伊（hir）、他們（they），甚至是它（it）來取代男性的**他**和女性的**她**。反對「性別二元論」或許可以真的徹底解放，但同時若急著幫年輕人貼上「非常規性別」的標籤，可能會很不聰明地把傳統的分類弄得很僵化。有個案例，某個就讀一年級，男變女的跨性別者，她父母因為她就讀的科羅拉多學院不准她使用女廁，憤而提告：她父母最初暗示，他們的兒子，也是三胞胎裡唯一的男嬰，五個月大的時候突然變得不正常了，居然會伸手跟某個姐姐搶粉紅色的毯子。之後還拒收小汽車當聖誕禮物，對運動主題的服裝不感興趣，玩幻想遊戲時，穿公主洋裝，不穿消防隊員制服。其實，五個月的嬰兒根本分不清楚粉紅色和藍色的差別，至於選薄紗不選工具嘛？我們應該尊重這家人，該尊重這個可能是跨性別的孩子，可是就算這樣，他父母說的那些所謂「證據」，好像充其量也只是大人的偏見罷了。然則，我所看過的書面報導，幾乎每一篇都把這類故事拿出來說嘴，不但這樣，還都把這類故事放在重要的位置。我雖然讚嘆孩子的父母支持女兒，但他們對男子氣概過分僵化的定義——還不能接受兒子喜歡閃亮亮的洋裝之前，就認定他是**女性**——同樣讓我擔心。

安珀會質疑自己的性別身分，原因很多，某些原因也是一樣走回老路，例如說：她覺得自己在床上比較強勢、會為自己發聲、打算在商場闖出一片天、討厭烹飪等等。我遇過的年輕女同性戀，也不只安珀會覺得自己的穿著和態度根本就是個男的。比如芳齡十八，自稱是我的「獨角獸」的女生瓦倫蒂娜，高三那年也是一整年都在想自己「一定是」跨性別者。她在芝加哥一個收入低且主要多墨西哥裔族群社區長大，她閃避傳統上一切女性化的事物，例如：芭比娃娃、粉紅色、裙子、縐摺裝飾等等。穿著絨布襯衫配寬鬆牛仔褲的她，告訴我中學時代，其他的女生會黏到她大腿上，依偎著她，喊她「大爹地」（她體型壯碩），問些有關交男友的建議。到了高中，她就開始上網搜尋線索，想知道自己的身分。「當時我很想知道，」她說：「『我到底是不是同性戀？』『我是不是跨性別？』」

我問她：「當年你會覺得自己生錯身體嗎？」

「不會。」

「那你當時覺得想當男人嗎？」

她又說：「不會呀。」

「那你為什麼覺得自己跨性別呢？」

「就是那麼回事！」她說：「我最後終於知道自己不是跨性別，是因為我讀到有人說：『我覺得自己體內住了一個男生，想要衝出來。』我從來沒有這種感覺。我從來不覺得自己應該是個男的，我喜歡自己的陰道，不希望改變。可是那時候我也不確定自己真的想要當女生。」

傑克．胡伯斯坦（Jack Halberstam）認為這種困惑是可以理解的。傑克．胡伯斯坦是南加州大學的英文教授，也是南加大女性研究中心主任，寫過不少文章探討跨性別。看到考克斯和詹納之類的變性女，看到Amazon的《透明家庭》之類的電視節目，可能對某些年輕人會有幫助——部分年輕人甚至可能得救——但即使是這樣，扮演「T」的女同志和變性男之間的緊張情勢還是一直升高。「現在『T』整個被看成一種候診室的概念，你可以留在T這個狀態下，到你身體性別改變為止。」傑克．胡伯斯坦說：「有的人強烈認同跨性別識別，卻還是喜歡自己的身體，我們沒有適當的名稱來稱呼這種人。T這個詞已經過時了，可是跨性別的『跨』字暗指轉變，可能是賀爾蒙的轉變或變性手術。性別酷兒也許是個很好的通稱，但也真的很粗略。」我思索「跨性別識別」的概念，這個詞似乎也常常是由文化做決定，這對安珀和瓦倫蒂娜這類女生很不利。如果我們賦予她們這一代的女性特質得透過如此狹隘，又如此的性慾化、商業化、異性戀的方式定義，還有甚麼空間、願景及讚揚其他種成為女孩的方式嗎？

至於安珀，第一次跟她碰面時她就告訴我：「我心情沉重地研究過；身為跨性別者是怎麼回事，我什麼都可以攤在陽光下說。我會把自己在網路上看到的這些清單都帶過一遍。他們會問下列這些問題，『想到自己有陰道，你會想哭嗎？』我會想，『不會呀，真的不會。』要是有人跟我說我可以選性別，也許我會選擇當男的，可是我不會因為自己是女生而煩惱。我曾經有過一切衝突的感情，例如，我不是真的在意自己的胸部，很怪，對吧？然後我就面對『我是不是生物學上的**錯誤**』這個問題。」

最後，安珀瞭解自己並不想放棄原本的身分，她並不想變成一個全新的人：「我是說，比方妳明明就叫雪若，」她解釋道：「可是你要變成尚恩，你必須不再當雪若，也不要再談雪若。」

「嗯，」她往前坐一點，補充道：「我喜歡當安珀，就算再過一百萬年，我也不會不當安珀。**我是安珀**。我不知道自己能不能完美地當個女同志，但我一定不是跨性別者。我可以在這個身體裡過自己的生活，活得快樂而自信，而且建立很健康的情愛關係。」她又往後靠，雙手下垂，放在大腿上。「我花了一年的時間，整整一年，才有辦法坐在這裡跟你談這件事。」

我們用 Skype 聊天時，安珀和漢娜跟我說她們不怕在渥太華的街上牽手、依偎，甚至是親吻；漢娜到美國來找安珀時，她們就稍微謹慎一點；安珀的母親還沒完全清醒。（安珀說：「她絕不會像接受我跟異性戀者談戀愛一樣接受我們。」）雖然她念的大學當中的人多半能接受了，可是安珀和漢娜這一對，還是偶而被成群的年輕男生騷擾。安珀還是一直實驗著，更大方告訴別人自己的真實身分。最近有一組非傳統雙性戀人士到她們學校來參訪各班，分享經驗、回答問題，她還志願去幫忙。她也已經宣布要兼修經濟和公共政策兩個系，也正在盤算著要念法學院，將來要從政。「我想要試試看能不能在眾議院搶得一席，」她告訴我：「競選公職這件事對我有點不利——我既是女生，也是同志。可是我會想辦法的。」

「嗯，」我說：「只是時間早晚的問題。」

她點頭，笑了，說：「我一直是這樣跟自己說的。現在有很多事情，都開放給女性和我們同性戀了。我猜大家會懂的。」

第六章
模糊界線：一個巴掌拍不響

一次在某個社區大學見到麥蒂．里德的時候，她剛報名參加了專為在家自學或「獨立」高中生安排的特殊課程。跟我握了手之後，她露出笑容，這個女生蒼白、窈窕，鼻子上長了一片雀斑，紅棕色的長髮過肩。她已經在這個社區大學上了一個學期的課了，還打算再待一年，待到畢業。這表示她不能按照原先的夢想去幫高中的報紙寫稿，也不能出去參加壘球隊，更不能去參加舞會。「我沒去想那個，」我們在校園裡漫步，想找個安靜的角落談話，她告訴我：「我不讓自己想。我知道別的女生碰到同樣事情的時候，狀況更糟。至少我還模糊地知道自己發生了什麼事，至少沒有照片流傳出去。但是，我以前從來不知道這會是個問題。以前我總以為這種事情只發生在……不知道耶，發生在世界上別的地方。」

誰把同意偷走了

過去幾年大家對於性侵害空前關注，從宿舍房間到記者招待室到白宮，都在對抗強暴，尤其是對抗大學校園裡的強暴，這已經成為這時代最醒目、也最具爭議的公民權議題，媲美同婚、墮胎、以及警方施暴等議題。那麼，性侵害的定義到底是什麼？「同意」的構成要素是哪些？學校該怎樣公平地處理性侵害指控？不過，這不是熟人強暴第一次引發爭論。八〇年代末、九〇年代初期，就有一堆舉足輕重、廣為人知的案例。第一個，可能也是最駭人的案例，是一九八九年發生在紐澤西的葛蘭瑞奇慘劇，當地一群高中男生，拿掃帚和棒球棒，侵害一個心智障礙的女生（他們童年時代就認識的年輕女子）。這個案例凸顯了幾項要素，這些要素是目前國家動盪時會重新掀上檯面的：事發地點是位處鄉下、對橄欖球狂熱的小鎮，幾個男生都是運動場上的風雲人物；雖然一開始的報導，都說他們的行為很不恰當——是「體面」的男生做了「愚蠢的錯事」——可是事實上，他們從中學時代開始，就因為大家都捧著他們，而做盡壞事：霸凌同學、破壞設備、製造混亂。他們看不起女生，也看不起女老師（有個男生屢次在校內暴露，還常在上課的時候自慰），主要把性愛當成男性情誼的連結方式（例如男生一起看A片、說服年輕女孩幫他們一個一個吹簫、偷看別人怎樣逃避可信任的伴侶）。他們侵害的女生沒有行為能力，雖然這個案例中，女生是智能障礙，不是受到藥物或酒精的影響；而旁觀者又都拒絕插手。這幾個男生被捕之後，還有很多鎮上的成人居民力挺他們，說被害女生是「性侵略者」，發生這種事根本是「自找的」。

就在差不多那段時間，某個受害人對三十歲的威廉．甘迺迪．史密斯的指控，以一種截然不同的方式驚動了社會大眾：史密斯畢竟是醫學院畢業，俐落、多金、還出身世家——他是甘迺迪家族成員。他和伯父愛德華．甘迺迪參議員及未來的眾議員堂弟派翠克在佛羅里達州的酒吧小酌時，遇到了指控他的女子。那女子事後指控史密斯在清晨時分兩人在棕櫚灘的甘迺迪莊園附近的沙灘上漫步之際，擒住了她，將她困住之後強暴她。史密斯堅稱這次性愛是你情我願的。他最後無罪開釋了；許多人相信，如果法官採信另外三位女性（一個醫師、一個法學院的學生、一個醫學院的學生）的證詞，那麼判決一定會不一樣；這三個女生在宣誓過的證詞中，都表示曾經遭到史密斯侵害，只是沒有報警。媒體對這個案件都還沒剖析完畢，前重量級拳王邁克．泰森就被指控利用深夜約會的機會，強暴美國黑人小姐選美賽中一名十八歲參賽佳麗，並且被印第安納州的法院定罪；被判刑六年的他服刑了三年。一般認為強暴犯多半是戴著滑雪面罩，從暗巷裡跳出來的瘋狂男子，可是上述這幾個性侵案件，沒有一個性侵犯符合這種形象。出面指控的女生，都認識攻擊她們的人，而且在某種程度上，都是自願跟對方出去的。當然這就成為辯護律師的證據，證明雙方是你情我願，或者至少是部分串通的——女生「早該知道」接下來會發生什麼事。無論如何，支持者會說，這些高社經地位的傑出男士為什麼「需要」強暴任何人？他們想要什麼樣的女人都可以得到。直到二〇一五年，泰森的前經理人才承認，對拳擊手來說，那樣的指控是「無法避免的」，還補充說道，唯一讓人吃驚的是，事發之後泰森並沒有進一步遭受指控。至於葛蘭瑞奇那幾個男生，有幾位因罪而入獄，還有一位則因為受害人撤告，所以從軍去了。二〇〇五年，與妻子感情疏離的他，進了妻子的家，對妻子和一名同袍開槍之後，自殺身亡——他年幼的女兒就躺在隔壁房間裡。至於甘迺迪．史密斯呢？二〇〇四年被一名員工指控性侵害，民事法庭不受理；二〇〇五年又與另外一名員工訴訟，這名員工指控他性騷擾。

泰森判刑之前不到一個月，最高法院就授權給學生：如果大學或學院違反《教育修正案》第九條的規定，學生就有權請求金錢賠償。第九條禁止所有教育單位性別歧視。如此一來，全國的年輕女生——來自南加州大學、柏克萊大學、加州柏克萊大學、威斯康辛大學、密西根大學、塔夫斯、康乃爾、耶魯、哥倫比亞——馬上利用機會，開始大聲呼籲重視校園性侵害。最著名的是布朗大學的女生，因為學校主管單位冷漠，所以將一連串疑似強暴犯的名字寫在學校圖書館女廁的牆上。（之後男生也報復性地寫上他們的「需要被強暴的女生」名單。）即使後來為了遏止這種行為，學校將整片牆都刷上黑色油漆，但女生還是用油性筆繼續寫名字；名單一度暴增到三十個人。

也就在這個時期，媒體開始報導大學校園裡急遽而驚人的「熟人強暴」趨勢。光是一九九〇年十二月，《華盛頓郵報》就披露了「無人忍心卒睹的數據」；《時人》雜誌也刊登了一篇封面故事，探討「太多大學生一直忽略的罪行」；福斯電視也製作了一部紀錄片《校園強暴：當不要表示不要》。為了舉證，很多人引述一九八七年美國國家心理衛生研究所委託肯特州立大學心理系教授瑪麗・P・柯斯（Mary P. Koss）主持的一項研究；這項研究，柯斯教授針對三十二所大學的六千名學生進行調查，發現百分之二十七點五——也就是每四名當中就超過一名——的女生，從十四歲開始，就經歷過一次「符合強暴的法律定義」的性接觸。百分之八十四的攻擊者，是受害人認識的；百分之五十七是在約會時發生的，因此柯斯教授打造了**約會強暴**一詞；當她將其他不想要的性活動（例如不算性接觸的愛撫、親吻、或挑逗）也列入考慮之後，受害的比率飆升到將近百分之五十四。可是，接受調查的男生，卻只有四分之一承認自己捲入這類的性侵略；十個裡面只有一個說曾經口頭上強迫女生性接觸；百分之三點三的男生試過用身體的力量強迫對方；百分之四點四曾經強暴過女生。後面這兩類的男生，都不認為自己行為是犯罪，主要是因為事後他們都不曾面對任何的後果。「男生會說，『對，我是壓倒一個女生，在她不同意的情況下逼她跟我做愛，』」柯斯教授告訴國家心理衛生研究所：「『可是那不算是強暴案。』」柯斯的結論是，性暴力是這麼無處不在，以致於我們的文化已經把性暴力定義為「正常」的男女互動。

然後反對聲浪出現了。一九九三年出版爭議性的《早晨之後》的凱蒂．羅伊芙（Katie Roiphe），她是基轉研究生，在普林斯頓大學唸英美文學。她認為大學校園的「強暴危機」是誇大其詞了。「要是我的女性朋友，有百分之二十五都真的被強暴過，我難道會不知道？」她是這樣推理。如果我們看她的主要訴求，就不難明白她也許會不知道。她主要的訴求是：有的女生被問到「因為男人給妳酒或毒品，所以你在不願意的情況下，依然和對方性接觸了，對嗎？」時，回答「對」，這樣的女生，竟也被柯斯教授列入「被強暴」

的受害人。對於凱蒂．羅伊芙來說，「真正」的強暴，應該涉及到蠻力。如果女生只是默默無語，並不表示不同意；沒有行為能力也不表示不同意，只是古典保守派的論點一直延續到今天罷了，凱蒂．羅伊芙提供了一個反向的「女性主義」的陳述：責怪大學校園裡那些活躍份子削減了反強暴運動提供給他們的力道。「男人可以給（女人）毒品，」她寫道：「可是要不要服用，決定權在女生。如果我們假定女生並不都是無助或無知的，那麼女生自己選擇要喝酒、服藥，就要自己負責。」換句話說，主張「強暴危機」的女性主義者，需要成熟一點，處理幾個尷尬的夜晚。凱蒂．羅伊芙反對這些女性主義者將強暴的定義延伸為「一種詮釋方式」、「一種看見的方式」而不是一種「身體的事實」。彷彿重新詮釋——國籍權、選舉權、財產所有權，甚至誰本身就是財產等等——就不是女權的核心了；例如說，凱蒂．羅伊芙的書出版前兩個月，全美國五十州都認定婚姻中的強暴是一種犯罪。

凱蒂．羅伊芙的書源自於《紐約時報》報上的一篇社論，其後也在其週日發行的《雜誌》刊登專題報導。其他的媒體通路（如新聞週刊、大西洋報、ABC電視網、美國全國廣播公司、公共廣播電視公司）也迅速跟進抓新聞資源，開節目探討突然降格為「約會強暴爭議」的主題；這些新聞報導和節目，只有少數提到柯斯教授的數據，如果排除酒精的因素再重新計算，則每六個女生當中，依然有一個遭到法律上所說的強暴。（公平起見，這數據還常被活躍份子說成在校園內遭到強暴的女生人數，而不是說十四歲起遭到強暴的女生人數，這種數字真的夠嚇人。）凱蒂．羅伊芙的熱度過去之後，記者轉向卡蜜莉．佩格利亞（Camille Paglia）和克里絲汀娜．霍夫．桑謨斯（Christina Hoff Sommers）；前者聲稱「約會強暴是鬼扯」，後者目前則擔任右派的「美國企業研究院」駐館學者，她的著作《誰偷走了女性主義》指控柯斯教授「開了大門，認定所有後悔前一夜勾搭的女生，都是強暴受害者。」（當然，排除了酒精發揮作用下的強暴之後，後者「認定」醉昏過去而被霸王硬上弓者才是「強暴受害人」此一說詞，何嘗不屬於也關上了大門。）

一九九三年十月左右，校園反強暴行動主義遭到嚴重抹黑，以致於成為惡名昭彰的《週末夜現場》即興喜劇的素材，被拍成一個名為「這算約會強暴嗎？」的模擬遊戲節目，表面上，場景設定在安蒂奧克學院，實際上卻是諷刺該校一項開創性的要求，該校要求伴侶一定要清楚聽到對方說「可以」，才能真正開始性活動。克里斯．法利飾演的兄弟會男生，和香儂．道荷堤，飾演的老派「受害研究」系學生，為了下列幾件事情起了爭執——「肚兜式上衣」、「她喝醉了」、「我喝醉了」、「啤酒聚會」、「校外啤酒聚會」以及「瘋狂啤酒聚會」。其他的角色則穿著印了「約會強暴玩家」的無領上衣，搬演著獲得允許的互動，這些互動涉及某些豬哥的要求，例如「可以摸摸你的臀部藉此提升性親密嗎？」或者「剛剛的瘋狂啤酒聚會我真的玩得很高興，可以親你的嘴嗎？」這類的要求，暗指整個約會強暴主題實在是太扯了；充其量只是一群倔強、沒有吸引力的女性主義者在設法關閉牲畜宿舍並摧毀異性戀的性愛罷了。幾天之後，《紐約時報》引述這場速寫喜劇，用一篇社論的份量來評論，斥責安蒂奧克學院不當地「立法規範親吻」。校方性犯罪預防計畫的負責人去函給編輯，表明「校方並非試圖減少／降低性愛的浪漫、熱情或自發性；而是試圖**減少**強暴的自發性。」雖然如此，依然造成了傷害。「積極同意（Affirmative consent）」（連同安蒂奧克學院）登上了不只一家新聞的頭條；約會強暴一路從「洪水猛獸」的災情降級為眾人的「爭議」，再降級為少數人的「炒作」；這時，「約會強暴」說的提倡者任何進一步的大聲疾呼都遭到扼殺了。那年十一月左右，一千七百八十萬人，主要是青少年，收看《飛越比佛利》時，看到某一集的劇情，竟是史帝夫，也就是影集中的當地闊少，「意外地」強暴了一個女生，那個女生怎樣就是無法發聲說出**不**字。最後，她回顧夜間集會的片段裡，竟當著一群人的面向**他**道歉。懂了嗎？會產生這種『誤會』都是她的錯，因為她說：「當下我沒有說可以，可是我也沒有說不可以。」

愛與戰

麥蒂喜歡凱爾，真的喜歡。十五歲生日之前不久，她在一次派對上初見他；他大她一屆，讀另一個學校。之後這兩人就勾搭起來了——沒什麼大不了的，就是親親而已。他坦白告訴她，自己喜歡另外一個女生，但還是很樂意當她的「互惠砲友」。幾週之後，他們又在一次派對上碰到面，兩人都喝了酒之後，再度勾搭了。這次還是親一會兒，可是凱爾告訴她，除非她替他吹簫，否則兩人無法再繼續了；要是她不幫他吹簫，那他的蛋蛋就要變成藍色的了。（爸媽們，請筆記：我訪談過的女生，有好幾位都因為變藍的「栗子」而墮落了。）於是麥蒂同意了：她從來沒幫男生口交過，可是這時已經覺得自己愛上了凱爾，所以想要讓他高興。

只是，這件事之後，一切都沒什麼改變，反而讓雙方陷入了一種模式：只要在派對上碰到面，兩人就勾搭，他可能「用手指挑逗」她（不過沒挑逗到她高潮），然後她會幫他吹簫。他們從來沒出去約會，也從沒見過對方的父母。兩人決定發生性接觸之前，她也從不曾去過他家。當時麥蒂已經快要十六歲了，她希望自己的第一次是跟凱爾在一起，兩人甚至事先買了保險套，「就像真正的男女朋友那樣。」她至今記得那一次的性接觸很甜蜜，可是不舒服又有點無聊：「有一度真的很痛，大概痛了兩分鐘，之後大部分的時間我都看著自己的指甲。」她這麼跟我說。不過，她還是很自豪自己做愛時很清醒，在白天，在房間裡，跟一個她所愛的人。這份自豪持續到幾週之後，她聽說凱爾也跟別的女生做愛為止。

麥蒂臉都綠了，她的復仇計畫似乎是從《花邊教主》的劇本中擷取出來的：那個週末，她打算以「從頭火辣到腳」的模樣，去參加一場明知凱爾也會參加的派對。然後呢？然後她打算跟他的一個朋友勾搭。她還記得自己心想著：「**我會贏！**」只是，不知怎麼搞的，那天諸事不順，遭遇到一連串十七歲年輕人想不通的不幸之後，她最後來到錯誤的地點——滿屋子都是鄰鎮的高三生，大部分都是男生，她都不太認識，這些人都在喝酒，其中有個橄欖球選手叫喬許，大約是麥蒂認識的一個女生的男朋友（那個女生朋友跟這個喬許，「就有點像凱爾和我那樣」），這個喬許對麥蒂那個女生朋友「超虐」。麥蒂告訴喬許，那個女生朋友跟她提過他「很多事」，這時這男生居然嘲笑起那個女生朋友，說「**她的話**你不要聽，她瘋了！」麥蒂還是客客氣氣的，但也離得遠遠的，確實弄清楚（至少當時她是這樣想的）自己對那個男生沒興趣。可是，弄到最後不知怎地，那場派對裡的人，都傳說麥蒂要跟那個男生勾搭了。

另一個男生來問麥蒂這段謠言的時候，麥蒂反問：「他怎麼會得到**那樣的訊息**？我不會跟他勾搭的，這人是個混蛋。」

來問話的男生吃吃笑著，說：「嗯，多喝兩杯再說這話吧！」

「你**這話**什麼意思？」麥蒂答道：「怎麼能跟女生這樣說話！」

這男生笑了，舉起雙手，說：「我開玩笑的。」

從數字看強暴

綜觀整個一九九〇年代和二〇〇〇年代，對於大學校園性侵害的研究，默默地持續增加，對研究結果的懷疑也默默持續增加。如果用最狹義的定義來談強暴——涉及到用身體力量脅迫對方——那麼大部分的研究，得出的年發生率落在百分之三到百分之五中間，並不是每四人就有一人，或者最近有人宣稱的，每五人就有一人遭到強暴。只是，儘管如此，根據普查局的資料，二〇一三年，還是有四百六十萬名四年制大學女大生受害；意思是，每年遭到強暴的人數是十三萬八千到二十三萬人——這數據並不讓人欣慰。不只這樣，某些惡名昭彰的激進女性主義陰謀集團，如聯邦調查局對於強暴已經不再採用前述那種保守的定義，例如聯邦調查局在二〇一三年時，就將強暴定義為「在受害人不同意的情況下，用身體部位或物品穿透陰道，無論程度多輕微，或者用身體部位或物品穿透陰道或肛門，或以口腔穿透另一方的性器官。」（附帶說明：這個改寫過的定義，並不認定受害人一定是女性。）

二〇一五年時，有兩篇重要的報導出現，應該（卻可能沒有）終結所有的爭端。美洲大學協會的大學校園氛圍調查針對十五萬名學生訪查，發現女大生有三分之一都曾經是非同意性接觸的受害人。同時，社會學家潔西・福特（Jessie Ford）和寶拉・英格蘭（Paula England）也針對參加大學生社交生活線上普查的大四學生，分析他們受到性侵害的比率。這兩位社會學家和美洲大學協會不同，她們的重心只放在性接觸或嘗試性接觸的行動上——其他像是不受歡迎的碰觸、口交或心理上的脅迫都不列入，心理上的脅迫往往是批評家堅持很不公平地列入統計數字的。百分之十的女生說自她們上大學起，身體就曾經受到逼迫發生性關係；百分之十五說有人曾經嘗試著用身體力量逼迫，可是她們沒有發生性接觸就逃脫了（調查並沒有問她們有沒有被逼做別的事情）；百分之十一說曾經有人趁她們「喝醉、醉昏、睡著、服藥或其他喪失行為能力的情形下」，進行了她們不要的性接觸；還有百分之二十五表示，上述情況在她們身上至少發生過一次。羅伊芙、佩格利亞、桑謨斯以及她們的研究支持者，都認為喝醉狀況下的性侵害不算數，但如果我們將喝醉狀況下的性侵害都算進去的話，數字就來到每四人就有一人。

自一九九〇年起，各學院和大學就有法律上的義務，只要是校區附近發生的一切犯罪事件，都要通報教育局；如學校不遵照辦理，可能無法獲得聯邦財政基金的支援，這樣的代價，無論是多麼得天獨厚的學校都承擔不起。促成這項規定的，是一件慘案：十九歲的珍妮．克萊里（Jeanne Clery）在理海大學的宿舍房間內遭到強暴並殺害。克萊里的父母事後得知過去三年，校內已經發生過多起暴力犯罪案件，但由於沒有持續追蹤策略，所以學生都很快地淡忘，高估了校園內的安全程度。攻擊克萊里的人，闖過三個配有自動鎖的門，這三個門都被住宿生打開之後，用箱子撐住。儘管如此，學校很少處罰做這種傻事的學生，再者，高強暴率對於未來學生而言並不是大賣點，所以不意外地，二〇〇六年時，有百分之七十七的大學校園通報校內性侵的比率，是不合常理的〇。

不過，這種情況今後不會再發生了。二〇一一年時，魯斯林．阿里（Russlynn Ali），也就是歐巴馬總統的新任公民權事務助理秘書長，寫下了十九頁的「致同仁」長信，提醒各大學的官員要負起責任，支持《教育修正案》第九條，包括涉及性騷擾與暴力的各個層面。除了要求快速解決案件，並保障指控人的身心安全（重新安排被指控者的課表，使其遠離可能受害者的宿舍）之外，這封信還規定了一項新的、負擔較小的舉證責任：亦即採用民事案件常用的「證據優勢」，而不是採用當時許多大學校園常用的，更嚴苛的「證據明確」方式。於是更多爭議隨之而來，保守主義者認為強暴乃是重罪，而且遭到指控的人可能蒙受極大的羞辱，所以這樣的認定標準實在太低。可是，誠如法律部落客麥可・多福（Michael Dorf）所寫的，問題在於：民事法院所謂較小的舉證責任，既不是根據這項罪本身的殘酷程度，更不是根據這項證據將能如何詆毀被告，而是根據**處罰**的本質：所以，O・J・辛普森這樣的人，根據刑事法庭的標準，明明很可能入獄的，卻證明他未犯謀殺罪，可是到民事法庭就有罪了，只是判刑也僅止於罰款。各大學對於強暴犯不會監禁，只是驅逐或要求暫停學業，這樣說來，「證據優勢」的標準，其實很合理。

教育局的警告驚動了教育界。隨著一九九〇年代，人們對於損害可以提出訴訟要求金錢賠償，教育局的警告也刺激了女大生，這些女生不再需要透過傳統的媒體來捍衛自己的訴求：她們已經有網際網路可以用。二〇一二年時，阿默司特學院的前校友安吉・埃皮法諾（Angie Epifano）在學校的校刊上，發表了一篇具名的社論，寫出學校行政人員對於她的強暴指控如何冷漠回應，安吉先是鉅細靡遺地描述一位對她的遭遇存疑的性侵諮商師，再寫到她後來沮喪到想自殺，關在精神病的病房內，最後輟學，這篇文章被瘋傳，超過七十五萬人次點閱。她宣稱：「沉默有著羞恥的鏽味。我不會不講話。」不久之後，一項全國性運動就開始了——來自阿默司特、北卡羅萊納大學、塔夫斯、耶魯、柏克萊的一些活躍份子，這些人本身往往也是性侵受害者——統統透過社交媒體展開大串連。這吸引了主流媒體的注意。這一回，《紐約時報》將籌碼全壓上了：除了別的新聞之外，所有學生積極分子的事蹟，以及白宮的措施全都放到頭版；週日評論版上有一段敘述，執筆的是維吉尼亞大學某個強暴受害人，述說傷害她的兇手所受到的寬鬆處分，於是引發無數的各方意見，以及網路上的辯論，討論機構責任、酒精濫用、侵害案件低報，以及兄弟會和運動團隊引發疑義的文化。《紐約時報》還專訪了哥倫比亞大學就讀大四的艾瑪．索克維茨（Emma Sulkowicz），在二〇一四至二〇一五年這個學年，這女生宣誓，除非她指控強暴她的，經調查卻發現屬於「沒有責任」的男生被逐出校園，否則無論走到哪裡，她都要將重達五十磅的宿舍床墊拖在背後。（這個男生也提起訴訟，控告學校，聲稱學校行政單位無法保護他免受艾瑪的指控，害他的大學生活和個人名譽都毀了。）有人向艾瑪致敬，說她是英雄，也有人說她精神失常。無論如何，公眾的見證——拒絕傳統的匿名方式，更拒絕匿名所伴隨的羞恥假設——已經成為女生對抗強暴的戰役中最好的武器。

二〇一五年春天來臨之前，因為可能不當處理性侵害案件而接受調查的學院，超過了一百所，當中不乏國內校譽卓著的：阿默司特、布蘭戴斯 、達特茅斯學院、愛默生學院、埃默里大學、罕布夏大學、哈佛（大學本身及法學院）、普林斯頓、莎拉．勞倫斯學院、史丹佛、索思摩、加州柏克萊、芝加哥大學、密西根大學安娜堡分校、北卡大學教堂山分校、南加大、維吉尼亞大學以及范德堡等等。那些要求能改變什麼嗎？很難說。二〇〇九到二〇一三年間，通報的大學校園性侵害案件幾乎加倍，從三千兩百六十四件暴增到六千零一十六件。雖說這種事看起來不是什麼好消息，但卻真的是好消息：數字翻倍，並不表示強暴案件真的增加，而是反映出受害人樂意走出來，受害人也相信別人可以聽見他們的聲音。關鍵也許在於讓公眾持續關注校園強暴問題。根據美國心理學會的研究，大學校園如果需要接受正式審查，那麼性侵害案件通報數平均增加百分之四十四；可是審查之後，數字又會恢復原本的水準，這表示學校只有在被迫的情況之下，才會提供校園性侵害比較確切的樣貌。

無論如何，我都要強調，等到大學才談論強暴已經太晚了，已經耽誤了好幾年。性侵害在中學生群中更常見；唯一的差別是，中學沒有通報的責任。二〇一五年，針對紐約州北部某大型私立大學大一女生所做的調查當中，有百分之二十八的女生表示，在**上大學**

之前——也就是在十四到十八歲那段時間——就曾碰到強暴未遂或強暴，或者在喪失行為能力的情況下遭到強暴。就像一九九〇年代早期一樣，最近震驚全國的某些案例，其實也發生在更小的孩子身上。二〇一二年秋天，俄亥俄州的斯多本維爾小鎮成為這一時代的葛蘭瑞奇，因為兩個美式橄欖球員把一個喝醉了，沒有知覺的十六歲少女運送到不同的派對場所，輪流性侵她、吐她口水、甚至在她身上撒尿，班上同學就在一旁圍觀，有人還當場歡呼。就像之前的葛蘭瑞奇事件一樣，施虐者會不經對方同意，就當場將照片貼在自己高中陳列獎盃的架子上，這兩個男生也不是侵害被害人就滿足了，他們還需要用文件記載這項「成就」。斯多本維爾「強暴小隊」的一名成員，在推特上發文寫道「有人活該被撒尿」還有「你不會讓別人的小弟弟插在屁眼上睡」以及「今晚的主題歌一定是涅槃樂團的『強暴我』。」另一個男生則在IG上貼了被害人的照片，照片中男生抓著的女生的手腕和腳踝，女生的頭就向後倒。在某一段YouTube影片中，一個哈哈大笑的男生則稱這女生分別比妮可·辛普森[14]、甘迺迪前總統、特雷沃恩·馬丁[15]、還有在學走路的凱莉·安

14 譯註：辛普森殺妻案的死者。

15 譯註：特雷沃恩．馬丁命案發生於二〇一二年美國佛羅里達州的桑福德郡。死者是十七歲高中生，非裔美國人。

東尼[16]「死得更徹底」。上網吹噓自己強暴女生，難道已經成了一種不祥的新趨勢嗎？這案子發生的前一年，肯塔基州的路易維爾市有兩個男生（就讀知名的天主教學校，都是好學生，也是優秀的運動員），卻因為侵害一個十六歲的女生、手機拍照，並散布自己手機裡的照片，而鬧上了新聞版面；被害的女生醉臥在自家廚房地板，意識不清。來自加州薩拉托嘉的十五歲少女奧黛麗．帕特（Audrie Pott）自殺，起因是性侵犯利用她醉昏時性侵她，還把照片傳到網路上。來自加拿大諾瓦斯科舍省的十七歲少女蒂朵．瑞泰．帕森斯（Ditto Rehtaeh Parsons）則是在無行為能力的情況下遭到輪姦。

追蹤這些案件時，讓我最震撼的是，男生每每說起女生的「性降級」，**好笑**或更常見的**爆笑**這種字眼有多麼常脫口而出。例如，斯多本維爾的影片中，就錄到一個人說強暴不好笑，這時，當年還是個高中棒球員的麥可．諾迪安諾斯竟然回應道：「對，強暴不好笑，強暴很**爆笑！**」肯塔基州路易維爾市那兩個男生，有一個告訴警方，他覺得拍下自己性侵被害人的照片一定很「**好笑**」。我在加州某大學遇到的年輕女生告訴我，大一那年有個住宿舍的男生，邀她一起看他用手機拍的影片，影片拍的是他朋友跟一個完全不省

16 譯註：凱莉是凱西．安東尼（Casey Anthony）謀殺女兒案的死者。

人事的女生做愛。「來看這個，」那個男生說：「**這很爆笑。**」我還見過美國中西部某個男大生，他回憶起自己第一次看赤裸裸的Ａ片時，還記得自己當下也認為這種片子很「爆笑」；他同學在描述高中那些「醜醜的樂團女生」在性方面卻是最活躍時，也用了相同的字眼。「爆笑」似乎是某些男生的默認姿態——就像「尷尬」之於某些女生一樣——當他們面對一件性方面很明確又很不人性的事情，而且這件事也許真的讓她們煩惱、受到冒犯、緊張、排斥、迷惘，或違反他們的道德規範時，她們不知道該如何回應，就會擺出這樣的姿態。「爆笑」這個詞提供了距離，讓他們可以不帶感情地看待，顛覆一種更具同理心的回應。而更具同理心的回應，可能被解讀成脆弱、過分敏感、缺乏男子氣慨。「爆笑」這個避風港對於旁觀者來說尤其令人不安——假如性侵很「爆笑」，那這些年輕人就不必把這事看得太嚴重，也不必回應：根本就沒有問題。

斯多本維爾、路易維爾、諾瓦斯科舍省以及薩拉托嘉的加害人分享的照片讓被害女生再度受害——而且傷害可能是永久性的，因為那些影像可以不斷地被複製、下載、傳布；這些照片也提供了獨一無二的證據，說明真的有人犯下了這樣的罪，但是，就算有證據，也不代表一定能取信法官，更不一定會讓處罰更嚴苛。斯多本維爾的強暴犯，有一個被關在少年拘留所一年，另一位則關兩年，連之前關過的時間也一併計入。路易維爾的男生則被判五十小時的社區服務，而且他們直到當地的報紙披露之後才執行，工作內容是曲棍球練習結束之後把設備收好。侵害奧黛麗．帕特的兩個男生，則被判拘禁在少年拘留所三十天，利用週末時服刑；另外有三分之一的時間必須在連續四十五天內執行完畢。蒂朵．瑞泰．帕森斯的侵害者則被判緩刑。跟葛蘭瑞奇事件的情況一樣，往往有大量的聲浪同情這些案件裡的男生：主張他們的行為異常，只是單次的錯誤；擔心定罪後的傷害會毀了他們光明的未來，還順便譴責案子裡那些受害女生。路易維爾案的某個加害人，甚至直接呼籲他的受害人，發簡訊要求她不要再對他提告：「還有別的方法可以處理這件事，不一定要永遠危害我們的人生……我不是壞人，我只是傻。」

女生反擊道：「難道你不認為你徹底毀了我的人生嗎？」

大驚小怪

經過了一連串的混亂且有關酒的活動後，麥蒂發現自己跟喬許一起坐在車子後座，前往一個她應該是第一次參加的派對。開車的男生叫安東尼，也是大四，他女朋友佩琪坐在副駕駛座。麥蒂對這兩人視若無睹，只專心看著自己開始和凱爾互傳的簡訊，還偶爾對著手機吼幾句。喬許好像真的很關心，問她怎麼了。麥蒂含淚告訴他：「有個男生，我已經愛了他一年半了，我把第一次給了他，可是現在他居然跟別的女生做。」

「**你**有沒有跟別人做過呢？」前座的安東尼問道。

「沒有，」麥蒂說著，還在哭：「我只跟自己愛上的人做。」

「嗯，那就是你的問題了！」安東尼告訴她：「假如你另外找個人做，你就會度過這一關了！」

麥蒂可能真的為了凱爾很煩惱，但她並不笨；於是她故意忽略安東尼的「建議」。一行人又開車過一會兒，卻發現找不到派對地點。安東尼說，可能已經被警察打散了。於是男生建議大家一起去一處熟悉的公園，女生也都同意了。安東尼開到麥蒂認不出來的一處密林區時，麥蒂不發一語——她不想在學長姐面前大驚小怪——可是還是偷偷用手機截圖了。隔天看了地理位置標籤，才發現男生騙了她們：他們根本不是開車去雙方同意要去的地方。安東尼和佩琪晃進樹林裡，把麥蒂和喬許留在原地。他把她壓倒在車門上，開始吻她；麥蒂不想在那裡，也不想跟他接吻；她覺得生氣、不解、還有點害怕。「要死了，」她當下心想著：「我該怎麼辦？」她試著告訴自己，很快就沒事了：安東尼和佩琪很快就會回來，他們會一起去參加真正的派對，到時候她就可以擺脫喬許。可是，她描述自己怎樣跟喬許講話的時候，用的是十幾歲女生那種微弱、無助的聲音，這種聲音是小女生不舒服或不想得罪人的時候才會用的。「我就像這樣，『好，我們不一定要繼續下去，現在停手吧！』」

喬許抓著她的手腕，將她拖到樹林的更深處，讓她背靠著樹之後，又開始親吻她。麥蒂說：「我那時候就知道這樣不好，知道我需要離開。」可是該上哪兒去呢？喬許試著去壓她肩膀的時候，她聳肩甩掉他的手，可是他還是不放棄。於是她撥開他的手。嘗試了幾次之後，他終於說了：「噢，這對你來說太難了是嗎？你不想做是嗎？」

「不，不是『太難』，」麥蒂回答他：「我只是**什麼都不想**跟你做。」為了讓喬許好過些，她只好騙他說是為了尊重她朋友才不能做什麼，那個朋友就是喬許說「瘋了」的那一位。

喬許說：「她不必知道。」

麥蒂搖頭：「不行，我不要。」她說，就在那一瞬間，喬許開始噘嘴不高興，一副受傷害被拒絕的樣子。就在這一刻，安東尼開始按車子喇叭。

他們慌忙爬上了後座，這時喬許揮動著一瓶蘭姆酒。「我不知道這瓶剩多少，我們開車上路也不能帶著開了瓶的酒。」他把酒塞給了麥蒂，補上一句：「所以你必須喝掉。」

麥蒂搖頭，她不想再喝了。

「噢，沒關係的，」安東尼解釋道：「蘭姆酒會讓你血液酒精濃度上升，可是你不會有醉意。」

也許麥蒂只是想撐過這個冒險的傍晚，想設法避免跟兩個個頭不小的學長衝突；再者，安東尼非得等到酒瓶空了才發動車子。於是一群人把那瓶酒傳來傳去的時候，她告訴自己：「冷靜，想辦法讓自己回到家，回床上睡。」於是她試著喝了幾口，可是最後，她猜自己大概喝了六小杯。喝完之後她的記憶就四分五裂了，只記得自己哭訴著凱爾的背叛，記得車子開到速食店的得來速，記得喬許將她拉到他的大腿上，然後她就昏死過去了。

別要女生不喝酒，該叫強暴犯別強暴

同意與否的爭議，藏著另一項關於酒精的爭議。要醉到什麼程度說「可以」才不算數？要醉到什麼程度才會沒有能力拒絕？決定權在誰身上？估計有八成的大學校園性侵案涉及到酒精，典型狀況都是自願飲用的；通常受害人和侵害者（或眾多侵害者）雙方都有喝酒。如我先前提到，大學校園（以及許多的高中團體）的派對文化可以掩護強暴犯，尤其是強暴慣犯。可是到了二〇一三年，專欄作家艾蜜麗・約夫（Emily Yoffe）在線上雜誌《石版》的「雙X專欄」上寫道，我們應該警告女生，喝太多酒會讓自己身陷險境，更容易遭到衝著她們而來的性暴力。不料這樣的論點卻害她被冠上了責怪受害者的罪名。《大西洋報》、《紐約雜誌》、《耶喜別雜誌》、《沙龍》雙月刊、《赫芬頓郵報》、《每日郵報》、「女性主義行」部落格，甚至連她《石版》雜誌「雙X專欄」的同事，都為她貼上了「強暴辯護人」的標籤。接下來的眾怒之中，出現了一個代溝。較年長的女人——亦即歲數跟艾蜜麗・約夫差不多（包括筆者也屬此年齡層）——認為她的建議聽起來很明智，畢竟她不是說喝醉的女生**活該被強暴**，更沒說都是喝醉的女生有錯。她也未說到女生清醒就能確保不受性侵害，只點出我們大部分人會對女兒說的話：遇到危險的時候，酒精會害你的辨識力、逃脫能力變差。女性代謝酒精的能力也和男性不同，體型身高相同的情況下，女性喝酒之後，血液中的酒精濃度會比男性更高，身體也會受損更嚴重。有鑑於大學校園裡學生經常暴飲，難道不該讓女生知道喝太多很危險嗎？

可是，很多年輕女生對此立場跟衣著問題類似，她們說：別叫我們不要喝酒，應該叫強暴犯別強暴才對。她們說，如果要減少性侵害，目標難道不該放在男生的酒精濫用上嗎？尤其加害人往往可能跟被害人喝得一樣多，如此情況下，管制目標應放在男生身上，即便不是更合情合理，也算是同樣合情合理吧？社會已經證實酒精對於可能強暴犯的行為有著深刻的影響，會降低他們的自制力，讓他們漠視社會規矩或對方的遲疑，使他們產生運用暴力的勇氣，這勇氣是其他時候所沒有的，酒精更提供了他們現成的藉口，可以為自己錯誤的行為辯護。潛在的強暴犯喝得越多，在性侵害時就越來勢洶洶，越不能體會受害人的痛苦。清醒的男生恰恰相反，不但性方面比較不會脅迫，而且在他們相信跟酒精有關的侵害即將發生時，還更可以隨時懸崖勒馬。

積極社運人士說得對，所有強暴案件唯一的共通點，便是都有個強暴犯。你可以讓女人從頭包到腳，可以禁止女人喝酒，可以把她們關在家裡——但即使這樣還是會有強暴案。不只這樣，你還可能是住在阿富汗。對我來說，這就像另外一種「既……又……」的狀況。**任何人**，無論男女，尤其是未滿法定年齡的時候，都應該有權喝醉，為了捍衛這項不可剝奪的權利，我吃了不少苦頭。你說喝醉酒算甚麼大事呢？不過是個無害的大學階段傳承儀式？每年都有六十萬名十八至二十四歲的學生受酒精的影響無意間受到傷害，甚至還有一千八百二十五人因此死亡。在高中喝酒的青少年，對自己的酒量很有信心，這種人上大學遇到的風險特別大。

我剛好住在加州柏克萊，這個小鎮是全加州最好、最聰明的孩子來求學的地方——這裡，大一新生高中畢業的成績平均是四．四六。可是，二〇一三至二〇一四那學年的頭兩個月，這批學業樣樣精通的聰明學生，就讓護理人員送了一百〇七個到醫院報到，這一百〇七個全都醉到快出人命。光是「搬進來的週末」，因為酒精中毒而呼叫一一九的電話，已經多到本市必須請鄰近鄉鎮支援救護車。當地的急診室因為喝醉的學生而不勝負荷，不得不逼救護車開到其他的地方去。（蒼天保佑那幾天晚上剛好中風或心臟病發作的「小鎮居民」。）巧的是，在那兩個月期間，警方也舉證有兩個孩子未成年飲酒。而且，暴飲的人增多的情況下，性侵害的比例也提高了。美國電視台一篇專題報導裡，有個護理人員在回應加州柏克萊大學的電話時，電視台擔心受訪者會遭到報復，所以將他臉部特徵打馬賽克，還經過變聲處理，因為護理人員說到他個人阻止一群頂尖的男大生，不讓他們將一個失去意識的女生從派對裡拖出來，這群男大生當中，有一個承認自己根本不認識這女孩，於是這護理人員心想：「誰知道他們的目的是什麼？」二〇一四至二〇一五年間，通報的強暴案有九件；某個晚上就發生了五件，某個名不見經傳的兄弟會成員，被控偷偷在女同學的飲料裡放「迷姦藥」，讓她們無力抵抗。

身為人母，我全力支持減少傷害，所以我一定會跟女兒說明酒精對女性身體的特殊效力，會解釋「有意侵犯的壞人如何算計酒精對於男女的不同影響，藉此運用酒精來當強姦藥物」；還會解釋暴飲如何讓每個人忽略各類健康考量與安全考量。我知道喝醉酒可以感覺輕鬆，減少社交焦慮，幫助你覺得自己更融入，還讓腦中那個喋喋不休自我懷疑的聲音安靜下來。只是，為了玩得開心——或者為了證明**你自己**很有趣——而在一小時之內乾掉六杯，這殺傷力可能還是太大了。還有，藉著酒力鼓起勇氣做愛，避免「尷尬」場面，這也不理想——就算結果是雙方同意的，這種性愛本身可能也很糟糕。兩個狀況超好的人可能**都會**做出之後讓自己後悔的事情來——或者之後記不完整，於是讓雙方很難有共識。那算是構成性侵害嗎？學生本身也看法分歧。二〇一五年華盛頓郵報／凱薩家族基金會的民意調查，無論是當代或早年的大學生，都贊同「只要是和沒有行為能力，或者醉倒的人發生性愛，就算是強暴」這種說法（此乃一項重大、令人欣喜的文化轉變）。可是，要是雙方都沒有行為能力呢？這時每五人就只有一人同意算是強暴，大約也有五分之一的人說那不算性侵害，將近百分之六十的人表示不確定。考量大學生的性生活狀況，這可以理解：喝醉是勾搭的必要條件，而烈酒抵銷了同意。話雖如此，還是有非常清楚的界線——非常之多——但這些界線往往還是被逾越了。然則有些情況，對每個人來說都是很混亂很複雜的，例如當年霍莉把紅牛和烈酒混在一起（酒的組合會讓世人以為可以變得清醒），結果喝完就昏了，還記得嗎？也許她好像是始終如一地迫切想做愛；也許她的伴侶一樣喝得爛醉，什麼都記不得了；也許他清醒得要命，是故意設局害她的，只是真相如何，她永遠都不會知道了。

所以我會跟女兒說，我們可能會犯錯，事情的進展不會都像我們想要的那麼清楚。話雖如此，要是她因為任何原因而喝多了——因為她所處的文化就是如此，或者因為她想試試看喝多了是什麼感覺，或者因為那個飲料喝起來不會很烈——而且，（但願不要），成了性侵害的對象，那麼百分之百確定的是，無論在何種情況下，那都不是她的錯。我會告訴她，**強暴絕對**，絕對，**絕對是個錯誤**。受害人絕不需承擔加害人的行動，也不需要覺得羞恥，更不需要噤聲。假如我有兒子的話呢？我也會同樣跟兒子說清楚：喝醉的女生不是唾手可得，她們貧乏的選擇，不是你性愛的免費通行證；我還會告訴兒子，喝酒過量除了可能造成永久性的身體傷害之外，還可以削弱男生的能力，讓男生不能探查到，更不能尊重女生的不同意。我會說，假如他對女生說「可以」的能力有任何疑惑——就算只是心中閃過這樣的念頭——就該為了自己和對方的安全，趕快抽身。日後要做愛，還有別的機會

（真的，會有機會的）。所以，雖然我知道家長和訂下政策的人為什麼會把重點放在「女生喝酒引人犯罪」上，但重點放在這裡，就是不夠。

「麥蒂，你被強暴了」

後來，佩琪幫麥蒂還原了事發經過。那些男生先是打賭她不敢吻佩琪，可是她真的吻了。接著她又吻了喬許，嚷嚷著，「這部車上，我是女王，因為你們都最愛我！」安東尼告訴她：「假如你想當這部車的女王，就得在車上做愛。」

麥蒂答道：「好啊！」然後轉向喬許，說：「來做吧！」

麥蒂堅持對方要戴保險套，這讓佩琪相信麥蒂很清醒。安東尼剛好有保險套，於是就往後傳給了喬許。麥蒂還有點記得自己要喬許脫她的褲子，因為她的意識時而模糊時而清楚，實在是醉得太厲害，沒辦法自己脫。她還記得車子在加速駛入她居住的小鎮外環道路時，自己一度醒來；她壓在某個人身上，可是不記得對方是誰，也不知道自己怎麼會走到這一步。發現對方正在和自己性接觸的時候，她開始哭了起來。她說：「可是我沒辦法說話，也不能真正地移動。我在想，對方不知道我哭了，因為他非常投入。」還有更多零星的記憶，但是都差不多：混亂、眼淚、失去行為能力。最後喬許終於完事，麥蒂蜷縮在車子的角落，設法要把自己褲子穿起來。

她說：「我要回家。」可是另外三個人正在找另外一個派對。

「不！」麥蒂說：「帶我回家！」

「你是怎樣了？」佩琪問，很煩的樣子：「你幹嘛哭？」

麥蒂只是哭得更起勁，重複說著她要回家。這時，另外三個人開始緊張了，於是某個人說：「把她弄走吧。」於是他們在她家附近的一處商店街單獨放她下車。

隔天早上，她在附近的咖啡館上早班的時候，一直斷斷續續地哭起來，她自己也說不清楚為什麼。「我知道發生了很不好的事，」她對我說：「可是我說不上來自己為什麼這麼煩惱。」下班之後，她要一個朋友來看她，然後跟那個朋友坦白了自己所記得的一切。

那個女生朋友聽完之後說：「麥蒂，你被強暴了。」

麥蒂矢口否認，可是她這個朋友認識當天開車的男生安東尼，還當場叫住他，對他說：「你讓這個女生在你的車後座遭到強暴。」他否認，要求直接跟麥蒂談。麥蒂還記得安東尼的聲音溫和、令人寬心，他說：「你看，我知道你那天晚上過得很不好，你很煩惱，可是你沒有被強暴。不要跟別人說你被強暴。」

「我沒有告訴別人我被強暴。」麥蒂說完這句就掛斷電話了。麥蒂跟朋友回到住處時，朋友告訴麥蒂，她要把整件事情告訴麥蒂的母親。這個朋友告訴麥蒂：「我很遺憾，可是也不知道該怎麼辦，這件事需要有人出面處理。」

因為不想看到父母的反應，所以麥蒂就躲在自己房間裡。過了一會兒之後，她父親來敲門，手裡拿著一本筆記本，她把事情的來龍去脈，所有能夠想得到的細節，全都告訴了父親。

父親問她：「你當下幹嘛不拒絕？」

她說：「我拒絕了啊！可是之後我就醉得更厲害，而且……不知道，我無法解釋。」那個禮拜一，還是禮拜二，也可能是禮拜三，麥蒂沒回學校，她躺了快一個禮拜，幾乎下不了床。就在這段時間，佩琪開始散播謠言，說麥蒂嚷嚷著被強暴，只是因為她覺得在行駛的車輛後座破處很尷尬。臉書上就有陌生人貼文，指稱麥蒂是個「撒謊的妓女」；班上只有少數的同學，男生女生都有，是站在她這一邊的。麥蒂說：「他們根本就不知道事情的真相到底是什麼，**連我都不知道**到底是怎麼回事，到現在我也還是不知道。整件事情還是有些地方是我不清楚的。」

連她（現在已經是「前任」）的朋友們都不挺她。「他們會說『我不在現場，所以無法判斷到底是真的還是假的啊。』而我擺著一副『你為什麼不挺我就好？我還以為我們是朋友咧！』」喬許更是不出意外的稍早有用簡訊跟她直接聯繫過一次，還稱呼她是騙子，質問：「你是不是跟別人說我強暴了你？」她回訊息說她沒有。然後他就再也不聯絡了。「顯然男生都不會承認的，」麥蒂說：「我也不指望他承認，甚至不指望他道歉。他怎麼會道歉呢？在他眼裡，他沒做錯事啊，他又不是把我拖到暗巷裡強暴。當時他就只是想做愛，而我拒絕了，這傷了他的尊嚴。」

唯一一個始終如一支持麥蒂的，就是喬許的前女友——還是前「勾搭伴侶」，管她是什麼；也就是麥蒂說喬許粗暴對待的那一位。麥蒂說：「這女生毫無懷疑地相信我。說到喬許有壓我的肩膀逼我就範這樣的事嗎？他對他前女友也做過同樣的事，還有另外兩個女生也告訴我，喬許對她們做了類似的事。只是，到我這邊就變得如此不可收拾。」麥蒂搖頭嘆息了：「不過，我相信再這樣下去，他有一天一定會惹上麻煩的。」

聖誕假期來了，麥蒂希望隨著假期的到來人們會忘記她這件事；但結果沒有。十二月過去，一月開始，大家恢復上課，八卦消息整個失控了，居然有傳言說：麥蒂懷孕了！麥蒂去墮胎了！於是她躲起來不上學，也不上網，不看簡訊。最後她轉到這所社區大學來註冊。她發現自己的女同學至少有一位是因為同樣的原因轉學的。

「可以」的意思

一九九〇年代保守主義者警告過的一大弊端就是：如果將酒精引發的性侵害，定義為強暴，那麼，只要女生後悔自己前一夜的性接觸，就可以復仇心切地蜂擁到各大學的行政單位去申訴。這樣，好像性侵害的受害人可以比較容易挺身而出；好像我們已經很輕易地相信女生的說詞；好像這樣就不會產生「社交自殺」[17]；似乎如此一來，人家就不會閃躲她們，不會叫她們蕩婦，不會指責她們、騷擾她們、威脅她們了。「大學ＡＣＢ」這個論壇上，全國的學生都可以匿名討論校園議題，二〇一四年范德堡大學一個學生出面指控自己遭到強暴，於是導致某兄弟會暫時停辦。我們不妨看看論壇對這件事的反應。論壇的使用者要求知道「那個告密的女生」的真實身分——名字真的貼出來了——不只這樣，還稱

17 譯註：指「在社交網路上銷聲匿跡」。

這個女生是「躁鬱症」、「瘋狂的婊子」、「神經病」、「噁得像屎」、「很爛的孔」，還一而再再而三的稱她「告密者」。學校報紙的編輯安德列．魯伊拉德（Andre Rouillard）寫道：「從頭到尾，一再重複使用『告密者』這個字眼，暗指受害人把一個祕密透露出來了——這祕密應該藏在關起的門後——隱密在地毯下如捕蠅紙般死黏在地板上，慢慢發出惡臭啤酒的味道……原PO發出了一項動員號召：『我們要團結，不讓這類的鳥事變成可以。』」他所謂的『鳥事』不是指強暴，而是指女生把強暴的事情說出來。

有些人試圖證明大學校園裡充斥著有神經病的年輕女生，這些女生一心想要毀滅男同學的人生，這些人在二〇一五年春天時，不經意間得到了機會。因為這時《滾石》雜誌撤掉了一篇文章，這篇文章報導維吉尼亞大學的一樁輪姦案，這案子經過調查之後不成案。我不知道這件醜聞會不會壓制新一波的活躍份子舉動——二〇一五年畢竟不同於一九九〇年代——可是，誠如哥倫比亞大學新聞研究所調查得到的結論，《滾石》雜誌的編輯「希望他們的調查聽起來可以警告大家校園性侵害問題，也能夠讓維吉尼亞以及其他大學做得更好。只是，事實恰恰相反，《滾石》雜誌沒能提醒，反而散播了一種想法，說很多女生會捏造強暴指控。」

當然，不實的強暴指控絕對存在，硬說沒有顯得荒謬，只是，比例不如提出警告者臆測得那麼高。從法律上說，「不實報導」可以**明確證實**沒有人強暴。如果調查的人發現性侵案沒有發生，那又是另外一回事了：算未經證實或無結論的報導。保守派的專家，如霍夫・桑謨斯、凱西・楊（Cathy Young）以及溫蒂・麥艾羅伊——加上網路上的每個酸民——堅稱百分之四～五十的性侵害指控其實都是不實的。（雖然，很奇怪，誠如犯罪學家簡・喬登（Jan Jordan）曾經指出的，這些評論家堅持認為出面指控的有一半都在說謊，卻認為那些退縮的女人是絕對誠實的。）喬迪・拉斐爾（Jody Raphael）在她的《強暴就是強暴》一書中解釋道，這數據來自一九九四年普渡大學社會學教授尤金・J・卡寧（Eugene J. Kanin）所寫的一份報告。當時，警政單位將過去九年某中西部小鎮所發生的四十五件性侵案件，歸納出特性；卡寧教授在報告中彙整這些特性——這些評估未必是根據證據或調查。卡寧教授自己也警告，說他的發現不該被當成通則，也承認：「強暴翻供可能是抱怨者想要避免落入警方手中時遭受到『二次傷害』。」過去三十多年，在美國和英國還有另外七項嚴謹的研究，喬迪・拉斐爾認為，這些研究可能更可靠；這幾項研究認為，不實指控的比率大約介於百分之二到百分之八之間，根據聯邦調查局的數據，這個數字從一九九〇年，熟人強暴的爭議出現後，就開始持續地降低。當然，我們不能忘記可能會有不實的指控，這很重要，但是，我們「害怕可能會有不實指控」的比率還是高得出奇，特別是，由於大部分受害人都不被採信，所以高達八成的大學校園強暴案都沒被舉報，少數被舉報的案件，也只有百分之十三到百分之三十的加害人，被發現應該承擔責任。

有人說，如果將心理上被迫的性愛或者壓力之下的性愛都算進「強暴」的數據裡，就非常可能「低估」性侵害這件事。這一點，同樣召來校園強暴「過度矯正」這個鬼東西的艾蜜麗．約夫一直不贊成。她也害怕如果「強暴」的定義這麼寬，可能會誘導「被男生『說服』之後跟對方親熱，事後卻後悔了」的女生去舉報對方，最嚴重可能導致男生被學校開除。她承認：「我們可能在教這代年輕男生說，逼迫女生跟自己進行性活動，絕不是好主意，但我們也同樣在教導這代的年輕女生說，面對男生說服的時候，她們是很容易控制、脆弱、『被震懾』、也很無助的。」

這一點，我跟她看法分歧。高中或大學生大部分的性插曲顯然都不暴力：反而都是你情我願，就算不是雙方都想要的，至少也會有一方想要。話雖如此，還是有相當比例是被迫的；所以艾蜜麗．約夫不是「低估」強暴，而是可能「低估」了如此一來，這種壓迫會被視為男性的權利，低估了這樣會如何改變我們對於同意——包括對於性愛的同意——的看法理解。男生儘管在其他方面角色改變了，但還是一直被當成性接觸時比較適合採取主動的那一方。（你若不相信，不妨聽聽家有青少男的媽媽們，談起時下「凶猛主動」的女生時，有多麼憤怒。）一般認為男生的性衝動再自然不過，男生的樂趣是理所當然。一般認為男生在性方面應該很自信、很安全、也沒什麼不好說的。可是年輕女生，就像我之前說的，還是性愛的守門員，女生的定靜可以阻止男人性慾暴衝。這種動態，會為不引人注意的犯罪行為創造一個避風港，讓某種程度的性操控、甚至性暴力顯得正常、可接受。我不知道這類的行為是不是活該被開除，但確實值得認真討論。臨床心理學家羅蕾萊．辛普森．羅威（Lorelei Simpson Rowe），服務於南衛理公會大學，專門教女生拒絕的技巧。她解釋道：「絕大多數的性暴力和脅迫，都發生在沒有顯著危險的情況下……所以，如果你跟一個男生出去了九次，然後有一次雙方同意的性活動，而且很愉快，於是你興奮著想要跟對方發展情愛關係了，就算是這樣，遇到一次逆轉，你也一樣沒能準備好。」

這類的轉變可能突然出現，不過臨床心理學家說，這類的轉變往往不是真的很突然。「一開始，男生會說：『來嘛，我們更進一步。』或者說『幹嘛不呢？』或者說『我真的喜歡你啊，難道你不喜歡我嗎？』然後就極力說服或懇求或用一些策略來勾起女生的罪惡感，配上一大堆的恭維和奉承。因為很微妙，所以你就會看到女生產生了很多的自我懷疑，她們心裡會想，『我這樣詮釋對嗎？』、『他真是那樣說的嗎？』、『他說這話是認真的嗎？』」於是臨床心理學家和她同事就發展出一套訓練計畫，模擬實際的情境，幫助女生辨識、抵抗這些信號。針對高中和大學生進行的前導實驗中，發現新生一般都很有信心，認為自己不願意進一步時，都可以回絕，也都能逃脫危險的狀況。可是，給她們一連串越來越艱困的情境——從一個男生纏著女生要電話，到男生威脅女生性交——請她們模擬當中角色的時候，她們就會整個人呆住。臨床心理學家表示，性侵害，只有加害者要負責，可是立場堅定和自我表態卻是至關重要的自保技巧。她表示：「我們發現重要的是，女生要能夠很快地轉換認知，清楚分辨什麼是正常的性互動，什麼是保護自己；這有一部份涉及到，女生是不是有能力注意到正常的互動變成了壓迫。」

參與她研究計畫的女生，擔心直接拒絕會傷了男生的心；她們拒絕的時候會覺得內疚、不自在。「女生全都被塑造成和善、客氣、體貼、能夠同理他人的感受。」臨床心理學家解釋道：「對，這些都是很棒的事情——都是好的特質。可是因為這些特質如此根深蒂固，所以很多女生認為她們面對不安全的情況時，也該和善、客氣、體貼、同理，就怕別人看到自己的無禮。常出現的字眼就是**犯賤**。於是，當女生知道『女生不願意的時候，若男生還一直逼迫、一直說服、一直不停手，就等於不尊重女生，不尊重女生的界線』，到這一刻，會恍然大悟說『啊哈』。男生如果不尊重女生、不尊重女生的界線——就這一點來看，你根本不必擔心傷他的心。我們會跟女生強調強制過程開始得都很早，教女生該如何反應，免得強迫演變成了暴力。」初步數據顯示，完成九十分鐘的訓練之後三個月，實驗組的成員，面臨性侵害的比率，比起對照組少了一半。另外一項針對四百五十多名加拿大大一新生實施的風險降低計畫，也得出了類似的結果：一年之後，參與計畫的學生被強暴的比率，比沒參與計畫，只領了手冊的女生少了一半。臨床心理學家說：「我們想要傳達給女生的訊息是：沒有人有權督促你或壓迫你做你不想做的事。你有權為自己挺身而出，大聲說出自己想要什麼，可以怎樣。」

聽著臨床心理學家一席話，我不禁想起了梅根．馬蘇，這女生曾經跟強暴她的男生說：「謝謝你，我玩得很高興。」我也想到另外一個女生，是某大學一年級的新生，她告訴我她高中男友強暴她兩次——一次是兩人還在一起的時候，一次是分手之後，他在某次派對上將她騙到車上，說要講講話。兩次強暴，她都喝醉了；兩次她都拒絕對方，可是兩次對方都無視於她的拒絕。她說：「我應該可以把他從我身上推開，或翻身，或大聲尖叫到讓人聽見，可是，每次都有一股力量阻止我這樣做。我是個很強悍的人，有很強的道德感。不管聊什麼我都不尷不尬，都可以坦坦蕩蕩，但是那兩次我就是什麼都沒做，有點癱瘓了。」這時我又想起了臨床心理學家辛普森．羅威二〇一五年夏天時說的話，當時我讀到一份原本在新罕布夏的聖保羅中學預備學校就讀的學生的法庭證詞，女生詳細敘述學校一名超人氣的高三學生，在她高一那年春天侵害了她，那是學年結束時一場名為「向畢業生致敬」的儀式，畢業班的男生彼此競爭，比賽誰與低年級女生發生性關係的次數最多。女生在證詞中說，一開始自己因為男生注意到自己而受寵若驚，於是答應跟他待在一間昏暗的維修室裡，可是卻手足無措到不知道怎麼回應對方越演越烈的侵犯。「我說『不要，不要，不要！到這裡就好』」，女生用手比劃著自己腰部以上的部位，對陪審團說：「我盡量地客氣。」即使他摸她、咬她、插入她的身體時，她還是盡量客氣，她說：「我不想引起衝突。」

這些女生每一個都該運用辛普森．羅威的虛擬實境模擬器學習場面應對。同時，我也想到二〇一四年的一項研究，說幾乎有三分之一的男大生認同若能不負責任的逍遙法外，那他們會想強暴女生——但是問句用到強暴字眼（而不是「強迫女生發生性接觸」），這比率下降到百分之十三．六。因此，教女生自我表態，能夠明白說出、動作出兩性關係中的自我感受，無論在何種情境下都很重要，或許真能幫助女生阻止或逃過她們的性侵害。可是，就如我們不能無視於性侵犯的行為，只關心女生喝酒的問題一樣，如果一味地認為受害人有責任擊退男生的步步逼近，那就等於讓男生繼續享有壓迫女生的特權，也等於是把女生的性可得當成是女生的默認，就算女生像女性主義專家凱莎．波利特（Katha Pollitt）描述的「像燻鮭魚一樣眼淚汪汪地躺著，整個人動彈不得或嚇到不行，或受制於一輩子的拘謹習慣，說不出『不』這個神奇的字眼。」男生都視若無睹，何況就算女生大聲、清楚地說「不」了，男生也可能聽不到。

「積極同意」政策——根據安蒂奧克（Antioch）率先訂定的版本修正——一度成為改變的希望。二〇一四年，加州首開先例，通過「說可以才算同意（Yes means yes）」法案，凡是接受州政府補助的學院或大學，都要遵守。這項法案，並不是要求指控者證明她說過「不」，而是要求被控侵害的人證明雙方確實有「肯定的，不模糊的，意識清楚的決定，要進行雙方都同意的性活動。」換句話說，無論是口說也好，透過肢體語言也罷，一定要有一個清楚、熱情的「當然」才可以。當然，同意是可以隨時撤銷的，如果有人因為藥物或酒精而喪失行為能力，那麼在法律上就是沒有能力表示同意的。這是權力關係上的結構性轉變，距離當年《週末夜現場》的即興喜劇「這算約會強暴嗎？」已經過了十二年，笑的人少了。二〇一五年，紐約也通過了「積極同意法」；新罕布夏、馬里蘭、科羅拉多這幾州也全都在考慮訂定類似的法案。長春藤聯盟的學校，除了哈佛之外，也都備妥了各自版本的「說可以才算同意」法案。

果不其然，保守派早就警告說，會有幾千個男大生因為試圖晚安吻而被趕出校門。但剛剛說的那些政策，也讓自由主義者感到不安。新聞評論網站「渥克斯」的總編輯艾茲拉．克萊（Ezra Klein）撰文表示，他支持這項立法，可是也相信法案一出，會「像嚴冬一樣停留在大學校園裡，讓人開始懷疑日常的性行為，還會讓人對於怎樣才算同意，產生揮之不去的恐懼與困惑。」保守派和自由主義者都同樣焦慮，這讓我想到一九九三年時，加州通過當時還是創舉的新法律，禁止學校裡同儕之間的性騷擾，這項法案甚至允許加州某些地區將年僅九歲的犯法孩子退學，當時也引發了不小的恐懼。可是你知道嗎？二十多年過去了，還沒有一個四年級孩子因為在操場上抱同學親吻而被送到聖昆丁[18]去，也沒有那個學區的一大堆無意義的訴訟而破產。同時，這樣的立法也沒有阻止性騷擾，反而只是提供了一個架構，讓學生可以理解、討論性騷擾議題，討論發生性騷擾時可能的求援方式。先前我們訪談過的女孩卡蜜拉．歐提茲，她學校的學務主任叫女生穿衣服要遮好，要「尊重自己」，她就在這時候挺身而出呼喚學務主任，大家還記得這個女生嗎？她後來跟一個朋友，集合了一群志同道合的男生和女生組織了一個團體，對抗他們學校裡的性騷

18 譯註：聖昆丁（San Quentin）是加州男子州立監獄所在地。

擾。二〇一五年冬天，這個團體的成員在學校的董事會上發言，奉上了請願書，請願書上有七百五十幾名男女學生簽名；請願內容之一就是該校不符合州與聯邦政府的法律。該學區的政策現在正重新起草。他們請願的時候，沒有人被逐出校園，沒有人被控告，更沒有人坐牢，不但沒有，反而更讓學生在公民責任、領導能力、以及進行社會改革等各方面上了重要的一課。而性騷擾和侵害的意識提高，人們變得比較不能容忍，不再睜一隻眼閉一隻眼。美國最大的啤酒製造商，安海斯．布希在二〇一五年為百威淡啤祭出品牌宣言「這是將『不』從你的夜晚詞彙移除的完美啤酒」時，因此受到抨擊而發現社會轉變。從一九九〇年代開始，美國人的感性就變了；影響力甚大的喜劇演員其目標也跟著改變，所以約翰．奧利佛不但不公開嘲笑過分敏感的女人，反而狠酸兄弟會男生同意百威淡啤的口號，還因此贏得了現場大學生觀眾的喝采。想像一下百威淡啤的高層拍桌怒吼：「什麼病態想法啊，老兄！」「我說的就是那樣，好嗎，」「不、不、不、不。我說的**就是那樣**啊，孩子！」還有一句無字的「不啦……………！」（於是，啤酒公司在商品口號把推特弄得天翻地覆之前幾天，就被迫發表公開道歉了。）

積極同意法能減少校園性侵害嗎？那些性侵案件能夠迎刃而解嗎？我無法斷言。就像凱莎．波利特說的，許多案例當中，裁決還是根據男生或女生的說詞，很多被控性侵的人將「她沒說不要」改成「老兄，她說要！」一群接受華盛頓郵報／凱薩家族基金會民意調查的學生，針對「說可以才算同意」這個標準，雖說有百分之四十九的學生認為此標準「有點實際」，但是只有百分之二十認為此標準在實務上「很實際」。不過，如果各州都像加州一樣，打算對年輕學子進行紮實的課程，那麼「說可以才算同意」仍有可為，可以創造一個迫切需要的公開對話新框架——不再把男生全都看成好勇鬥狠，把女生全都看得弱不禁風，不再認為一方就會陷入困境而另一方則砲火猛烈——而是創造出年輕人彼此接觸時該有的那種健健康康、你情我願的環境。也許「說可以才算同意」可以讓女生考量自己想要什麼——在性方面考量自己**真正想要**的是什麼，最後讓她們能夠理直氣壯地溝通；也許「說可以才算同意」也能讓男生更樂意傾聽。

這正是灣區某個非營利組織的希望，這個組織邀我去觀察一場焦點團體訪談情況，受訪的正是一群高中生，訪問在十一月某天下午舉行，討論的題目是同意。

這群孩子——兩個非裔美籍男生、兩個白人男生、兩個白人女生、一位來自拉丁美洲，還有一位亞裔女生——待在借用的客廳裡，隨興地倒臥在沙發上，有個二十幾歲的輔導員巧妙地引導他們的對話。對話進行了幾個鐘頭，他們激烈爭辯著，酒精催化之下的勾搭怎樣讓「可以」感覺像是個漂浮不定的目標；激烈爭辯著直接說「不」要付出怎樣的社交代價；爭辯著喝醉的朋友奔向後悔的道路時，自己介入時的尷尬；爭辯著自己如何協商，或如何不肯妥協在長期情愛關係裡的同意。他們也討論性侵害。當中有兩個女生體驗過某種型式的冒犯，還有一個女生則是逐漸接受一個又一個的好友那些煩人的指控。當中也有一個男生，曾經在自己已經醉到無力拒絕的情況下，被年紀比較大的同學誘姦；這男生想知道：這算不算強暴？

不過，更多的時候，他們討論「跟伴侶以及跟自己建立基本界線」是多麼複雜的事，因為他們生於矛盾的文化裡，這個文化，對於男生和女生性行為的意義和後果，有著不同的期待，這個文化雖說對這種期待一直有一些改變，但仍嫌不夠。其中一個高中生麥可把自己那一頭馬克．桑切斯[19]式的蓬鬆頭髮往後撥，說：「比方說，好，『說可以才算同意』。可是，萬一隨著你所處的狀況不同，『可以』也跟著改變了呢？萬一你喝醉了，那麼『可以』又是什麼意思呢？還是只有在你清醒的情況下，『可以』才是真的『可以』呢？」

安妮卡迫不及待地往前坐，手肘放在自己膝蓋上。補上一句：「要是有人是**為了說可**

19 譯註：美式橄欖球球員。

以才喝醉呢？我知道有一種情況是，兩個人都對彼此有意，然後要求另一個朋友辦派對，這樣兩人就可以喝醉之後勾搭。」

迦勒留著挑染「漸層」髮式，戴著紅色塑膠眼鏡，插嘴說道：「整個問題就出在清醒之下的勾搭不是那麼吸引人。」

安妮卡點點頭，繼續說道：「而且『可以』的意思可能不一樣，尤其是萬一我喝醉的時候。比如說，我是因為想要**跟這個人勾搭**，才說可以，還是我只是**想隨便跟一個人勾搭**，所以才說可以？還是因為假如我跟那個人勾搭，我朋友會覺得很酷呢？」

妮可也坦承，要是她夠「膽識」結束勾搭，她就會立刻開始在心裡計算著自己那一刻之前所做的一切——四下張望，目光鎖定一個男生，去調戲他，摸他肩膀，吻他，脫掉自己的上衣——如此一來，男生就會相信如果有進一步的要求，她也會說可以。「而且，就算我真的跟對方說『這是我的界線，』我也已經覺得有罪惡感，開始擔心與對方接觸的那一刻會發生什麼事情。」

戴著五角帽、穿著美國海軍陸戰隊T恤的迦百列則說：「真的很複雜，身為男生，你得**盡你所能**地避免將來出什麼事，你得訓練自己看著某個人說『這樣你可以嗎？你百分之百確定這樣可以嗎？你這是真的說好嗎？』」

剛跟男友分手不久的勞倫則平靜的提出，就算在長久的情愛關係中，同意也可能很棘手。「就好像我們曾經做過一次，你就算是永遠都說『可以』了。」她這麼說的時候，另外兩個女生點頭。「最後的結果都是這樣的，無論你當下說了什麼，想要什麼，因為你曾經答應跟某人進展到了那個點上，所以就永遠都是一樣的結果了。」「可以的女朋友」不管怎樣都只會說可以。她們同意——或者至少是配合——就算那次性愛是她們不想要的，她們依然慷慨地同意。她們扮演了團隊的一個角色，要讓雙方關係穩定，讓伴侶開心。這些年輕人忍不住想著，你們把這稱為什麼呢？

「你知道，」麥可說：「聽了這一切……我跟一個女生交往了大概一年了，而我認為……我可能是那個問題的另一面。我在想……雖然我不是故意的，但是我可能在不知不覺間逼迫著我女朋友。」他沉默了一會兒，思索著，又說：「我不知道自己是否想成為性別平等方面的領導者，」他繼續說道：「可是，無論我最終做了什麼，無論我最後達到什麼地步，這都會是我想做的。我想，只要我跟學校遇到的人，或者跟共事的人，都抱著如此的態度，就能發揮相當的影響力，改變一個文化、一個社區。我真的是這樣想的。」

「我知道『那不是強暴』聽起來是什麼感覺」

我問麥蒂：「現在你認為自己當初被強暴了嗎？」

她低頭看著自己手指，聳聳肩，我思索著那個問題背後幾十年來的爭辯：不久之前，答案，也許只是我自己的答案，絕對是斬釘截鐵的「不」。這麼多事情都改變了，沒改變的事情也一樣多。麥蒂問：「法律上嗎？對，我被強暴了。要求戴套並不表示同意，可是，事發之後大家對我的方式……」她聳聳肩，繼續說：「人們會說『你會因為**那種事**而轉學？那根本**沒什麼**。』男生更是一副『噢，那不是強暴啦。』所以，我也不知道。」麥蒂沉默了一會兒之後，又說：「我最近開始寫部落格的貼文，寫一些改變『強暴文化』的文章。因為我知道『那不是強暴』聽起來是什麼感覺。我也知道事發之後自己過得多糟。假如我可以避免這種事，或者避免別人遭遇這種事，那就是我想要做的。」

我們談話的時候，麥蒂很小心不說出侵害她的男生真實姓名。不過她還是一度說溜嘴，我回家之後，也就在網路上大概搜尋了這個男生。他還是一直在自己就讀的高中籃球隊和田徑隊裡，顯然是個穩紮穩打的學生。大一這一年，他參加了兄弟會。雖然這一切都不表示他侵害過女生，但是他的歷史和興趣還是讓他具有風險：兄弟會成員和運動員，累犯的機率高到不成比例。我的視線落在他所就讀的大學校名；當時我有八個姪女在讀大學，想到這男生跟其中一個同校，我不禁不寒而慄。

第七章
要是我們把眞相告訴她們呢？

南加州某高中一間綜合教室裡，查麗絲．丹妮森站在七十名國二的學生面前。查麗絲是五十出頭的金髮女士，由於先前擔任野外守林工作，所以曬黑的皮膚白不回來了。她踢掉了波西米亞混合嬉皮風格的楔型涼鞋，赤著腳，穿著平日常穿的緊身短上衣配牛仔褲，一邊腳踝上戴著銀鍊子，左手臂則纏著串珠編織手鍊，右手戴了一堆叮叮咚咚的手鐲，耍弄著一個解剖學上正確的，外陰絨毛布偶。當時，她的手指正在逗弄布偶的陰蒂，一邊說：「我跟很多女生聊天，而第一個真正觸摸她們陰蒂的，會是別人而不是我。」過去的兩個鐘頭，隨興躺在鋪了地毯的地板上這些學生——男生女生都有，都有點騷動，有點不專心。不過，此刻他們都全神貫注了起來。「當你試著跟某個人一起體驗性愛，卻不知道你覺得怎樣的感覺才愉悅的話，這就很難了。」查麗絲．丹妮森說：「很難讓別人有這種決定的權力。所以，如果有人選擇跟別人在一起的時候變得性活躍，那還不如先以自己為對象，這樣真的很好。弄清楚自己喜歡什麼，總是好的。」

這是真的。查麗絲．丹妮森鼓勵十幾歲的女生自慰，還在十幾歲的小男生面前示範。她不但告訴全班女生有陰蒂，還告訴全班這個器官是做什麼用的——這器官存在的**唯一功能**就是：讓女生感受到愉悅。這一點，在美國性教育年報上，幾乎沒有聽說過。不過，查麗絲．丹妮森並不自稱性教育家，反而是將自己看成「青春倡導者」，提供正確的資訊和一個不批判的平台，讓孩子們可以討論性愛、藥物濫用，以及其他更大的倫理與社會正義議題。她巡迴全加州各高中學區——因為她單刀直入的方式，所以大都是去私立中學，但公立學校的比率也日漸提高——每個班級，她一年都會去個幾次，延續前一次上課的內容再增補。她的課程包括做決定、自我肯定技巧、性同意、個人責任、性別角色、多元性向與性別認同。可是，這一天她對這群國二學生說：「我的工作，我整體的工作是幫助你們盡量多做決定，而這些決定最後都是喜悅、榮耀，而不是後悔、內疚、羞恥。」

查麗絲．丹妮森上課時談風險和危機（雖然她倒也未必用這樣的字眼）。如果學生正規的健康教育課程沒提到的話，她也談解剖學和避孕。畢業之前，就算學生打算守貞到結婚（「那可真了不起！」）或打算永遠不跟男生做愛，她依然期待學生無論是「喝醉、頭暈、還是光線太暗」的時候，都要會戴保險套。她也談父母「聊天」時會刻意省略的話題，這話題，即使是教「健康教育」的橄欖球教練身邊也不免會省略。她會告訴學生：性活動應該是青少年樂趣的來源。她的方式不但比較誠實，她也更相信（研究也證實是如此）這終是降低風險最有效的策略。查麗絲．丹妮森告訴我：「對這些校區的某些父母來說，這話聽起來總有些不對勁，可卻是不假。得到更多資訊之後，（青少年）反而不亂來了，因為他們有選擇、有知識、有替代方案。所以，這方面，我們越含糊、越不開放，就是讓這些孩子——尤其是女孩子——承受越多的風險。這一點，我很清楚。」

查麗絲．丹妮森的方法有爭議，而且爭議之大，讓我費了很大力氣才找到學校願意讓我觀察她上課；她的哲學不是完全符合過去三十年來性教育主流的那套「說不就好」的思維，卻反而慢慢地、漸漸地贏得了信任。二〇一一年的《紐約時報雜誌》人物專訪介紹了費城革命性的教育家艾爾．韋爾納奇奧（Al Vernacchio），此人因為將性愛比喻為吃披薩而廣為人知，他說：性愛和吃披薩最初都是因為內在的慾望——因為飢餓、因為胃口。無論是性愛還是吃披薩，你都可以基於無數的原因決定當下的時機不對，不適合耽溺於慾望。不過假如你真的繼續進行了，也該有些討論、談判——例如你喜歡義大利辣味香腸，但跟你共餐的人卻不愛，於是你們就各出一半的錢，或商量好下次各選各的，也可能一起選另外一種配料——要心存善意，努力讓每個當事人都滿意。這樣的比喻，沒有跑壘，沒有揮棒擊球，重點在於慾望、雙方同意、溝通、合作、進展，最後雙方都樂在其中。

類似的情況出現在二〇〇九年，人口委員會發表一份可免費下載的「全能課程」，此課程為配合聯合國大會、世界衛生組織、聯合國愛滋病規劃署和聯合國教科文組織等，結合人權和性別意識敏感度等概念而出；這套指南的目的，在於幫助教育工作者和其他的人「培養年輕人的能力，使他們能夠享受——並提倡自己的——尊嚴權、平等權、以及享受稱心如意、健康性生活的權利。」就像查麗絲．丹妮森和艾爾．韋爾納奇奧的課程一樣，全能課程認為性探索（無論是獨自探索，還是跟別人一起）是青春期正常的一部份。性探索確實會有風險，但也有喜樂，我們應該扮演關心孩子的大人，幫助孩子們在風險與喜樂之間取得平衡。我承認，身為人母的我，想起當年自己父母除了為了生養我與兄弟們，而做了必須的三件事之外，還做了一些別的事，再想到如今我自己的孩子也變得性活躍，就勉強覺得不那麼痛心了。可是父母避而不談，教室裡只會說教、加上媒體的刻意扭曲，這三件事造成的後果反而更糟。必須得有更好的方法才行。

同床異夢的伴侶：性愛與政治

一九五九年的時候，墮胎犯法，未婚女性不能合法尋求避孕，根據社會學家，也就是《性愛上學時》的作者克里斯汀．盧克（Kristin Luker）所述，當年的藥劑師還能拒賣保險套給他們認定是單身的男子。即使是當年，雖然超過一半的女性和四分之三的男性都在大喜之日來臨之前就有過性接觸了，但是一般大眾普遍同意性愛應該保留到婚後。當時這種情況是時候改變了——而且是急遽而迅速的改變。一九六〇年引進的避孕藥，是性革命的第一次爆發，隨之而來的，是三年後出版的《女性的奧祕》，本書啟動了新一波的女性主義思想。再過十年之後，最高法院立法保障了女性的墮胎權。由於性愛不再和生育綁在一起，所以性愛要「等到婚後」或甚至等到成年的這種觀念，變得越來越不合時宜：從一九六五到一九八〇年，發生過性接觸的十六歲女生增加了一倍。成立美國性知識及性教育諮詢中心的瑪麗．卡妲蓉（Mary Calderone）醫師，帶領一群社運人士，希望改變可以迎來一個積極、價值中立、性教育上醫學知識正確的時代。

結果並沒有迎來改變。相反地，根據《性愛教學》的作者傑佛瑞．莫蘭（Jeffrey Moran）所述，為了確保年輕人可以持續使用避孕工具，國會的自由主義者保留負面意見，推廣的觀念提出青少年的性愛一方面可能免不了，另一方面則是天生就危險，而這種「危機」需要進行損害控制。他們說新的性自由引發了青少女懷孕生子「大流行」，尤其是非裔美國少女更是嚴重，就因為這個原因，才使貧者愈貧（實情是：雖然黑人少女的生育率是白人少女的三倍，但在一九六〇至一九七〇年代，青少女生育的整體比率是持續下降的）。對此唯一較實際的回應，大人開始教育孩子要保護自己。愛德華．甘迺迪參議員提出，一九七八年通過的《青少年健康，服務和懷孕預防與護理法》，雖然永遠經費不足，卻支持以風險管理、避孕、墮胎教育和諮商輔還有「價值澄清」為重心的教育計畫。這項法案也建立了一套不甚清楚、不特定的「準備就緒」概念，替代婚姻，成為性行為的預期標準。傑佛瑞．莫蘭寫道，這樣的概念惹怒了保守份子，如黛安．拉維琪（Diane Ravitch）這位教育顧問兼社運人士責怪（順便一提，她說的並不正確）道：「政府教自己的公民怎樣自慰、跟國民解釋怎樣口交、還向他們保證不忠普遍存在，這恰當嗎？」

如此一來，性教育課程原本分配在不痛不癢的「家庭生活」課綱，要孩子一面學習成功婚姻一邊理解性教育的用心，變成了煙硝四散的戰場：右翼份子以此度量傳統婚姻如何崩壞、女性權利如何提升、同性戀支持度如何增加、甚至是性別認同或將可能瓦解。一九八一年，為了答謝右翼份子在總統競選時的支持，雷根總統簽署了暱稱「貞操法」的法案，這是首次立法，明文規定求聯邦政府贊助的性教育，目的在於教導「透過戒除性行為來獲得社會、心理和健康利益。」然而雷根總統一年僅分配四百萬給這項法案；直到柯林頓總統就任時——真是諷刺！——守貞教育的年度經費才躍升到六千萬，藏在一九九六年的福利改革法案裡挾帶成功。經費增加，它所推廣的訊息也就變得更侷限：如果想拿到補助，公立學校這時就必須教導學生，肉體關係**只能在婚姻的領域裡**才可以進行，婚姻之外的性愛，無論發生在幾歲時（就算是離婚或喪偶之後也一樣），都會引發不可彌補的身體和情緒傷害。

老布希總統的任內，守貞教育計畫的經費持續提高，最高峰時曾經多達每年一億七千六百萬元；就因為這樣，所以一九八八年，愛滋病流行如火如荼之際，只有百分之二的性教育老師教導學生「預防懷孕和疾病最好的方法就是守貞」；而到了一九九九年時，應該要實施全面性教育的老師，卻有高達四成的老師認為他們要傳達的最重要訊息是「預防懷孕和疾病最好的方法就是守貞」。到了二〇〇三年，三成公立學校的性教育課程隻字未提保險套及其他避孕方法（更別說是這些方法的失敗率）；到了二〇〇五年，一份國會報告發現：受聯邦政府補助的守貞教育課程，竟有超過八成，公然教導錯誤的資訊，包括「避孕藥只有兩成的避孕效果」、「乳膠保險套會致癌」、「愛滋病毒可以透過汗水和淚液傳染」，甚至「青春期同性戀男生有一半都已經感染了愛滋病毒」等諸如此類的所謂「事實」。

自一九八二年起，聯邦政府總共已經花了十七億多在守貞教育計畫上；那些錢可能也已經燒光了。就如先前提的，宣誓守貞的孩子，比起沒宣誓的同儕，會晚幾個月，等自己真的開始性活躍了，才有性接觸，但他們也比較不可能保護自己或伴侶免於懷孕或疾病的威脅。上守貞教育課的孩子也是這樣。追溯超過十年的研究發現，上守貞教育課的孩子，和對照組相比，既不會完全放棄性行愛，也不會延後性接觸的時間，性伴侶數也不會比較少；反而更容易意外懷孕；意外懷孕的可能性比對照組高約六成。這會讓人懷疑，提倡守貞教育的人比較關心的是意識形態，而不是公共衛生或性約束——否則他們早就放棄這一套，轉而尋求別的方法，以減少青少年的性活動、提高青少年的避孕率和疾病預防、改善他們的情愛關係，亦即尋求：全方位的性教育。

歐巴馬總統任內，全方位的性教育課程終於得到聯邦政府的青睞，雖然重點仍然放在減少負面後果：一億八千五百萬專款用於研究和計畫，透過嚴格的評估審核，已經證明這些研究和計畫減少了青少年懷孕。如果換一個比較不先進的司令官來主事，這筆錢當然也可能會很輕易地消失：例如埋藏在《學生成功法案》的一項條款，或者共和黨改寫《沒有孩子落後案》於二〇一五年送進國會，凡是「認為青少年的性活動，無論是隱性還是顯性，是同性戀還是異性戀，都是正常的、可預期的行為」的計畫，都取消補助。同時，守貞教育計畫的七千五百萬資金，仍然透過《平價健保法案》，每年少量發放，雖然實質上金額已經比老布希總統任內少得多，但還是重重地打擊了疑神疑鬼的性教育替代品。

對於父母來說，這表示你永遠不會知道自己孩子的「性教育」課程做對了甚麼。美國只有十四個州要求性教育課程必須符合醫學正確，但就算這十四個州也無法保證他們的性教育一定是醫學上正確的。我居住的州所提供的應該屬醫學上正確的性教育，然則，這還得等到二〇一五年春天才開始。二〇一五年春天，有個法官首次開庭指控公立學校體系積極傳授錯誤資訊：加州克洛維斯市的學生多年來，一直被迫觀看「將未婚而有性接觸的女子，比喻為『髒鞋』」的影片，還被鼓勵要朗讀反同性戀的格言「一男，一女，一輩子。」約莫在此時，西北大學費恩伯格醫學院教授愛麗絲・德雷格（Alice Dreger），在推特上直播她兒子上守貞教育為主的性教育課，她是醫學人文和生物倫理學教授，她兒子就讀的公立高中位於政治觀念先進的密西根州東蘭辛，兒子課程的授課教師，警告避孕工具可能無效，他拿了一盒保險套來舉例，說這盒保險套**每一個都有破洞**！這些老師還建議男生要去找拒絕性愛的「好女孩」；德雷格教授寫道，這些男生有一度還聽到老師說「我們現在要擲骰子擲八次，每次數字增加，意旨你保險套無效，你將得到一個紙嬰兒。」接著她寫道「老師把紙嬰兒發給了每一個人。這些孩子得到的是**所有的保險套都失效，全班都懷孕了。**」這活動結束之後，德雷格教授有感觸：「很想在放學之後，抓住全班的孩子，跟他們說出事情**真相：性愛的感覺很美好，因此你才會尋求性愛。好好保重，好好地玩。**」

人生經驗如同撰寫作文

將近二十五年前，查麗絲．丹妮森在一所私立女校裡教英文，帶領學生上戶外教學時，突然有所頓悟。國、高中有很多重要的課程是在教室外進行的，她的學生想要（需要）談論私人經驗時，卻不知該如何談起，而且也無處實驗嘗試。她告訴我：「那一刻我開始感覺我們在耽誤這群孩子。」假如她能開拓一處公開的空間，讓孩子們進行那些對話，將會如何呢？要是她鼓勵學生將用在教室裡的嚴謹批判技巧，應用在教室以外的生活，又會如何呢？「作文考試時，孩子進教室並不會想著這次考試是考哪一本書，對吧？」她說：「一般人去參加派對的時候，往往什麼都沒有想，甚至連自己**不希望**什麼事發生都沒想過。」一旦發生意外，學生需要的不是在責怪自己，而是想想上課學過的報告訂正技巧：「回想—修訂—重寫」。「不要只想著『天啊，那天晚上真糟糕，太可怕了！』我要他們回顧，思考『為什麼那樣很爛？這當中我擔任什麼角色，哪一部份是我控制不住的？』就像考試考不好，或者什麼事情不對勁的時候一樣，不要怪東怪西——只要退回去、弄清楚、回顧整件事、改寫自己的大綱、原諒自己，然後繼續前進，這樣就好了。」

查麗絲．丹妮森上課的時候，刻意避免使用「好」、「壞」、「負責任」、「不負責任」，甚至是「健康」、「不健康」之類的標籤。她解釋道：「那些都是個人信念的問題。『後悔』的念頭無論如何還是有效。」她說，避免貼標籤很重要，因為她任教的社區裡，有著南轅北轍的背景與價值觀。當她分配時間讓學生不記名提出問題時，可能有個學生想知道「如果我非常規律地隨便勾搭，這樣可以嗎？」同一門課，另外一個學生卻可能會問：「假如我等到結婚才做愛，這樣可以嗎？」她解釋道：「從這樣的脈絡看來，『好或不好』的選項根本沒意義。關鍵就在於我談論性愛時，用的方式，必須能讓這兩種學生都覺得自在。所以說，假如週一上午，在你勾搭過幾個男生之後，感覺到喜樂，那麼那就是好選擇。我們還可以退回去問自己：這也讓你的伴侶不委屈嗎？顯然你們雙方有共識？萬一你們沒有共識，那麼你真的不覺得委屈嗎？再來，如果那個女生是把性愛緊緊抓在手裡，想要奉獻給她承諾共度餘生的伴侶，那我就會問她：感覺怎麼樣？如果你不覺得內疚、不覺得羞恥，反而是覺得喜樂和光榮，那就對了！如果你覺得內疚、羞恥，那我們談一談。你的內疚和羞恥是從哪裡來的？所以我們要想想：這些選擇怎樣影響我**也影響我身邊的人**？這些選擇怎樣幫助我成長，又怎樣幫助我的伴侶成長？」

查麗絲．丹妮森的課很多都不是，也許該說大部分都不是專門教性愛的，而是專門教決定與溝通，這些技巧在任何領域都很實用。某天下午，我看她帶一群第一次見面的國三學生。當時她正在解釋應對中所謂的「退路」，亦即當我們覺得不舒服，下意識採取的反射行為。「很多的退路都是來自於性別角色，」查麗絲．丹妮森說：「很多的退路，來自我們在家庭中處理事情的方式。比方說，如果你放學之後想做一件事，而你朋友偏偏想做另外一件事，你會怎麼辦呢？或者，你現在遇到一個狀況，讓你突然覺得超不自在，你不知道該怎麼辦，這時你又會怎麼辦呢？」

遇到這種「到底要戰還是要逃跑」的時刻，理論未必有幫助，尤其對女孩子來說可能更是如此。查麗絲．丹妮森說：「我曾經在一個月內，跟一百個女生聊過，這些女生都超級自信、提倡女權，上課的時候可以糾正老師某一本小說裡的象徵主義。可是這些女生來到派對上的時候，如果有個小子的手放在她腿上——或者放在她們的雙腿之間——這種時候，她們就像是被大力膠帶封住嘴巴一樣，真的說不出『你可以把手移開嗎？』這句話。平日是超級自信沒錯，但遇上了這樣的狀況就不是了，因為此時女生牽動的是自己另一個部分。接下來就會產生後悔和羞恥。會發生這樣的狀況，只因為我們需要練習。」於是教室再次陷入沉默，只有在老師真正觸動學生的某根神經時，教室裡才會這樣悄然無聲。

查麗絲．丹妮森徵求一個志願的學生，這時，身材瘦長，穿著芝加哥公牛隊T恤的男生傑克森站了起來。查麗絲．丹妮森說：「人們老是在討論『要堅定』還有『要強勢』和『消極的強勢』。當我們在真實世界裡不知道該如何反應，特別是覺得不舒服時，這些都是我們可以思考的方式。」她拿出自己的手機，「現在，比如說我借了傑克森的手機來用，說一天之內就還他。可是已經過了三天了，而且我還把他的手機螢幕摔裂了。現在我要把手機還給他了，他要示範什麼叫做消極反應。」

她晃過去，把手機塞到傑克森手中。「傑克森，謝謝你的手機，這手機真是太棒了。」然後她再隨便用手比劃著一處想像中的裂痕，補上一句：「只是，就，這裡有一個小地方。」

傑克森說：「沒事。」

「真的嗎？」查麗絲．丹妮森上前一步，問：「那我可以再跟你借嗎？」

「嗯，不行……」

她再向前一步：「噢，那個，你有沒有車？」

「有啊，在那裡！」

「車鑰匙可以給我嗎？」傑克森假裝把車鑰匙拋給查麗絲．丹妮森，於是場景結束。

查麗絲．丹妮森轉向全班：「所以，傑克森的退路就是『我不舒服，這很不愉快，我想要快點結束這種不愉快，所以，最快的方法就是答應她。』可是，你們看到我怎樣向前一步而他後退一步，這時我的心態就是『好極了，我又得逞了，我不管怎樣都不必負責任，我可以占便宜。』這種反應的倒楣後果就是『我會不會再來討便宜一次？』當然會啦。傑克森他額頭上根本貼著便利貼，上面畫著一個靶心。可是，他若可以先找個地方想想『我現在是什麼感覺？我在想什麼？我希望接下來發生什麼事？』也許值得花三十秒做點不一樣的事，讓這個討人厭女生不會再回來找我。」

一個穿著紅白條紋襯衫的瘦男生舉手問道：「所以，強勢的退路到底是什麼？」

另一個男生說：「在他追著你之前先把人推開，或者叫那個人混蛋。」

有個女生則是說：「或者，就像是，你爸媽開始吼你之前，你就先吼回去。」

查麗絲．丹妮森先前已先邀了幾個高年級生，他們是這批學弟妹尊重的學長姐，今天跟著查麗絲．丹妮森來當現場助教。其中有一個戴著軟呢帽，配上懷舊的暴力妖姬T恤的女生舉手發言：「我的退路是，如果有人問，『你要吃什麼？』我就會說『你想吃什麼我就吃什麼。』我絕對、**絕不會說**自己想做什麼。我一直試著改變這一點，希望至少能跟自己自在相處的人一起時，說些自己想做什麼。」

查麗絲．丹妮森提示道：「所以，這招一定一直對你沒用……」

那個女生點頭表示：「我到現在還是常常那樣。可是，我以前一直不喜歡自己沒有內在的力量可以說出自己想要的。我當年總是擔心：要是說出自己想做什麼，可能別人就會不喜歡我。」

「我們把場景拉回到我們討論的狀況，」查麗絲．丹妮森說：「特別是勾搭的場景，尤其是在都市裡，有很多機會可以參加未成年的舞蹈俱樂部——假如那是妳的退路，那麼這樣的地點很可能像是個後悔雷區。因為會有很多國三生到這些俱樂部去，他們會說他們不打算喝酒，只是去跳舞，可是整個狀況可能會讓他們不自在，他們卻沒有思考過，心裡也沒什麼打算。」

「這些俱樂部裡很多人口交，在走廊後面。」她繼續說：「有時候是因為那些人知道他們不想真正發生性接觸，可是卻不曾練習說『我不要幫你口交』這種話，他們好像不可能說出口，於是之後就是一大堆後悔的性行為。喝酒也是一樣，因為你厭倦了拒絕，或者收怕了你媽非要你回家不可的簡訊。所以，先想一些真實、可行的工具真的很有幫助，特別是跟今天在場的學長姐合作，他們都是過來人。我們要先試著幫助大家找到你們的兩、三種退路，也許要一直到這個學期的期末才能完成，接下來幾年再好好討論。我們實際鍛鍊一下那塊肌肉吧！『避免後悔，練習堅定』是非常重要的。最棒的是，你練習得越多，做起來就越容易。」

於是他們實際演出了幾套屬於被動、強勢回應、態度堅定的劇本；查麗絲．丹妮森引導志願上場的學生堅定說出「現在感覺怎樣，現在在想什麼，現在想要發生什麼事。」課程剩下幾分鐘的時候，她提出了幾個匿名問題，是學生寫在資料卡上交出來的，然後又給了學生一個手機號碼，是她專門跟學生通話及傳簡訊用的。多年來，查麗絲．丹妮森的某些同事一直不解她如何願意不分晝夜，不分時間讓孩子來打擾她的生活。「同事都說需要設定界線。」之後查麗絲．丹妮森告訴我：「可是我不這麼覺得。我來這裡鼓勵學生提出自己的問題，教孩子說出某種進行不順利的狀況、教孩子承認狀況不順利，然後反省。

我保證會為他們辯護。假如我說完這種話之後就消失，或者拋棄他們了，那就做不來我的工作了。」她收到的訊息多半是詢問性愛和藥物的一些基本事實；有些則是問情愛關係的難題，或者是遇到「後悔」的兩難狀況不知如何抉擇，有時候則只是一些感謝的話。這些訊息多半不具名，有時候則是她教的學生幫朋友的朋友傳的訊息，那些孩子她根本沒見過。她最近收到的訊息有：

「我男朋友來之後都不碰我。這樣對嗎？」

「我女朋友跟我用保險套的時候出了狀況，我們在想是不是應該找替代方案，可是她在服用荷爾蒙口服避孕藥。藥物混用會不好嗎？」

「我正在跟這個男生聊，他（透過簡訊）告訴我『你的樣子，就像永遠不會願意吸雞雞，也就是說，你不會願意做女生做的事情……』我們『有感覺』大概已經兩個月了，我不知道該怎麼辦，因為處理這件事，我想做個不會後悔的決定。」

「有個男生一個月前叫我婊子，我剛搭了四班公車、一班火車追他。我需要知道自己怎麼會走到這一步。」

「查麗絲：我好感謝你所做的一切。我高中時，你是個不可思議的資源，還激勵了我大學時代開始做性教育廣播節目！」

讀著著這些簡訊，查麗絲．丹妮森不解地搖頭：「要是大人思考自己的世界、自己的選擇之際，也能跟這些來找我的青少年一樣會著想……」她說：「這些孩子好體貼，事前都考慮周詳，事後也考慮周詳。做事的時候也考慮周詳。這很鼓舞人心。」

荷蘭「各付各的」經驗法則

憂心忡忡的父母其實還有一個辦法，就是：搬去荷蘭吧。好，也許這不是最實際的建議，不過，也許我們可以把荷蘭搬一點過來，因為荷蘭好像已經一切都想清楚了。在工業化社會，我們美國青少年懷孕率最高，荷蘭則是最低。青少年的生育率呢？我們比人家多八倍，我們的青少年墮胎的比例，也比人家多一點七倍。對，確實有一些重要的人口差異影響著這些數字：我們的民族比荷蘭更多元、童年貧困的比例較高、社會福利保險較少、社會保守派份子較多。可是，就算這些差異都控制好了，差異依然存在。有一份研究，探討早期的性經驗，研究對象是隨機挑選的四百位美國女性和荷蘭女性，這些女性來自相似的大學——幾乎全都是白人、全都是中產階級，宗教信仰也類似。所以，就是蘋果和蘋果之間的比較。可是，美國女生還是比荷蘭女生早開始她們的性活躍，還是比荷蘭女生有更多的伴侶，也比荷蘭女生更不避孕。美國女生比較容易說自己是因為朋友或者伴侶給的「機會」或壓力，才有了第一次的性接觸。之後訪談這個研究的一些對象時，美國的研究對象，就很像我所遇過的那些女生一樣，描述那些「受到荷爾蒙驅使」的互動，說情愛關係是由男生決定的，以男生的樂趣優先，幾乎談不上互惠。至於荷蘭女生呢？她們早年的性活動都會發生在有感情、互相尊重的情愛關係之下，這種情愛關係，是她們會公開跟父母討論的（她們還說父母往往知道得「很清楚」）；她們會跟父母討論，自己在這段情愛關係中感覺愉快和不愉快的部分，討論雙方想要走多「遠」，討論他們一路走下去需要什麼樣的保護。荷蘭女生比美國女生更常提到自己身體感覺自在，有慾望時也覺得自在，也比較常感受到自己的愉悅。

聽到這些，足夠讓你衝出去買一雙荷蘭木屐了。

荷蘭人究竟有什麼祕訣？荷蘭女生說，師長和醫生都會坦率地跟她們討論性愛、樂趣、還有深情的情愛關係很重要。可是還不僅這樣。她們的父母討論這些問題時採用的方式也跟美國父母差很大；美國媽媽重點一直放在性愛可能的風險和危機，而美國爸爸要是提到了這檔事，就只會說冷笑話。荷蘭父母剛好相反，從女兒很小的時候就開始跟她們談親密關係的喜悅和責任。因為這個緣故，有個荷蘭女生說，她第一次性接觸之後，馬上就告訴母親，「因為我們都很公開地談這個。我朋友的母親也會問我感覺如何，我有沒有高潮、對方有沒有高潮。」

當然了，兩個民族的態度也並不總是南轅北轍，根據麻州大學社會學副教授，也是《在我家，沒門》的作者艾米．沙萊特（Amy Schalet）的說法，一九六〇年代晚期的荷蘭人，也像美國人一樣，普遍反對婚前性行為。性革命改變了兩個國家對性的態度，可是，美國父母和決策者把青少年的性愛視為健康危機，而荷蘭人卻是另一種態度：他們刻意把青少年的性愛看得很自然，只是需要適當的引導。荷蘭政府明文規定二十二歲以下的國民可以免費接受骨盆檢查、避孕、墮胎，而且不需要經過父母同意。一九九〇年代，當美國人忙著把幾百萬個孩子推進無用的守貞教育深淵時，荷蘭的老師（和家長）正忙著跟孩子討論性愛與情愛關係好的面向，討論解剖學、生殖、疾病預防、避孕和墮胎。他們強調親密接觸時要尊重自我、尊重他人，還大方討論自慰、口交、同性戀和性高潮。當年，荷蘭的全國民調，發現大部分的青少年還是相信男生應該在性愛時擔任比較主動的一方，這時政府就將「互動」技巧納入性教育課程中，教孩子如何「讓對方真正知道怎麼樣的感覺比較好」以及如何設定界線。二〇〇五年左右，每五名荷蘭青年就有四名表示自己的第一次性接觸時機正好，完全在自己的掌握範圍內，而且很好玩。百分之八十六的女生和百分之九十三的男生都說「我們雙方都是同樣地想要」。拿來跟美國比一比，在美國，有性經驗的青少年，有高達三分之二表示希望可以再晚一點才發生自己的第一次。

不過，也不只是性愛這檔事而已——根據艾米．沙萊特的說法，荷蘭和美國對於青少年怎麼變大人，看法基本不同。美國父母認為青少年天生反骨，被「狂飆的荷爾蒙」奴役，於是我們的反應就是大力整頓他們，設下嚴格的限制，阻止或限制一切可能演變成性愛或藥物濫用的行為；沒想到到頭來卻坐實了一個自證預言：青少年會藉由打破規則、切斷跟父母的關係、脫離家庭等方式，來宣告獨立。於是，向來涉及偷偷摸摸或直接了當說謊的性愛，就成了青少年宣告獨立的工具。例如查麗絲．丹妮森就跟我說，學生提問她的問題，只要是跟父母有關的，就有大約一半問怎樣避孕、怎樣檢查性病才能不被爸媽發現；還有一半的問題則是問：該怎麼提出敏感的問題，父母才會真正聆聽。這兩大類的問題，都證明青少年和最愛他們的人（父母）之間有裂痕——這個裂痕，或多或少都是我們當父母的創造出來的。艾米．沙萊特說女生吃的苦頭更多，因為變得性活躍之後，還掙扎著要當「乖女兒」，弄到最後，不是對父母撒謊，就是承認自己的行為不對，但想辦法保密，離開家到外面去再做。無論是撒謊還是偷偷做，都會犧牲掉自己與父母之間的親密。

我們回想一下阿珊，這女生就說過她父母政治觀念先進，但講到性愛的時候，行為卻「更像保守派的家庭」；再想想梅根怎樣笑著跟我說她爸「還以為（她）是處女」；還有霍莉的母親，在她十九歲，要求要服用避孕藥時，還告訴她「你不應該有性行為」。每個女生因此都不得不在父母面前假裝，扮演天真無邪的角色。可是，假裝不但不能改變她的行為，更讓她缺乏支持、變得脆弱。

荷蘭青少年就不一樣了，他們跟父母之間的關係依然親密，得以在一種**溫暖有愛**（gezelligheid）的氣氛中長大，這個字大部分的美國人連唸都唸不出來，艾米．沙萊特將這個詞粗略翻譯成「舒舒服服在一起」。荷蘭人認為父母和青少年就該討論孩子的心理與情緒發展，包括孩子們蓬勃發展的性衝動；因此荷蘭父母允許——等待——孩子到朋友家過夜，這件事在美國就很罕見，只有最先進的圈子才有。十五至十七歲，有固定男女朋友的荷蘭孩子，有整整三分之二說，父母歡迎他們的男女朋友到家裡過夜。倒不是說荷蘭的青少年就可以亂來；事情剛好相反：荷蘭人積極勸阻孩子濫交，教導孩子性愛應該出現在深情的情愛關係裡。跟孩子協調外宿的基本原則，雖然未必容易（荷蘭父母也承認會經歷一段「調整」期，還有某種程度的尷尬），卻讓父母多了一個機會，可以發揮影響力、增強道德規範、也向孩子強調他們需要保護自己。艾米．沙萊特將這個稱為「軟性控制」，

「軟性控制」的結果之好，你真的無法辯駁。

只是，荷蘭並不完美；女生還是比男生更容易說自己在性方面曾經被強迫過；女生更容易在性愛時感到疼痛，也更難達到性高潮。雖然女生跟男生一樣有興趣追求情慾與愛，也可以大方承認自己的性慾，不過，有多重性伴侶或一夜情的荷蘭女生，還是承受著更大的風險，可能被貼上「蕩婦」的標籤。不過，艾米．沙萊特發現這個詞，在荷蘭不像在美國一樣傷人或羞辱。同時，艾米．沙萊特所訪談的荷蘭男生，也更期望性與愛結合，他們說他們的父親曾經明確地教他們，無論任何的性活動，他們的伴侶必須和他們一樣地投入，還說女生可以（也應該）和男生一樣樂在其中，還有，誠如某個男生所說的，「你當然不該笨到跟一個喝醉的女生（做愛）。」艾米．沙萊特雖然發現美國男生也渴望愛，但往往會把愛當成一種個人的奇癖，而這種個人奇癖，是他們那些「永遠來一發」的同儕所沒有的特質。

縱情盡歡——而又合規矩

「我跟父母談論性愛覺得很自在。」

這批國三學生開始移動的時候，查麗絲．丹妮森在一旁觀看著，對剛剛那句話表示同意的學生，被她引導到教室北邊，不同意的則移到南邊。查麗絲．丹妮森已經言明沒有「待在中間」這個選項：這個練習的重點是讓學生表達立場，起身捍衛，甚至是改變自己根深蒂固的信念。不過，這個問題幾乎每個人都選「不同意」。

某個女生解釋道：「我父母很怪。」似乎代表了整組人在發言。

這堂課裡，查麗絲．丹妮森希望學生去思考，拋出的陳述句聽起來都似曾相識。當她問起：「青少年要真正性愛時，無論男、女，每次都應該使用保險套。」學生們顯然各個都同意。當查麗絲．丹妮森又說：「口交不算性愛。」這時候，有幾個孩子不肯選邊站，試圖留在教室中間，但是查麗絲．丹妮森不准，告訴這幾個孩子：「生活中，有時候你得做艱難的決定，沒辦法留在中間；有時候你就是非走不可。」最後，全班分成兩邊。

「嗯，」很不情願地表示反對的女生說：「口交不是**真正的性愛**，可是，也不算真正的非性愛。它有點算是……」她無助地聳聳肩說：「我也不知道。」

站在女生身旁的男生補上一句：「我認為，如果是真正的性愛，要能夠懷孕才算。」

查麗絲．丹妮森挑起了一邊眉毛，問：「所以，我三十五歲的女同志朋友，從來沒有跟男生在一起過，她算是處女囉？」此時，這男生一臉迷惑，慢慢地說：「不算，可是……」

這時，站在「同意」那一邊的一個女生插嘴表示：「我認為性愛是跟某個人有親密的時刻，不一定是指把什麼東西放進誰的身體裡面。」說完，這女生聽到了同學彈指表示贊同。

查麗絲．丹妮森後來跟高二的學生做此項練習時，拋出的陳述句越來越辛辣大膽。問到「男生幫女生口交，基本上跟女生幫男生口交一樣」的看法是否一致時，教室裡簡直一團亂。幾個學生想知道答案「**應該是**，還是**本來就是**呢？」而她還是守口如瓶。少數幾個學生拒絕離開不置可否的教室中央。然而，最後幾乎每個人都投入了「同意」的陣營。

「這是很大的一組。」查麗絲．丹妮森說著，看著他們，問：「你們認為真實的情況也是這樣的嗎？認為女生跟男生口交一樣多的，請舉手。」沒有半個人舉手。於是查麗絲．丹妮森又說：「所以，我猜我們需要好好討論究竟是怎麼回事。」

下一題：「我認識『曾經體驗過不想要的性愛』的人。」這題也一樣，幾乎人人都站到教室裡代表「同意」的那一端。

某個穿著搖滾樂園T恤的男生舉手發問：「什麼叫做『不想要的』？是說你喝醉了，跟人家發生關係，然後隔天你說『呃，我昨天不想要那樣做』嗎？」

查麗絲．丹妮森回應道：「你稱那是不想要的性愛嗎？」

男生說：「對呀！」

穿著條紋長洋裝的女生插嘴說：「可是，要是那個男生這樣對你，你就說人家是混蛋，有點不公平。要是你就一副──」她刻意裝出沒頭沒腦、醉醺醺的聲音說：「『噢，聽起來好酷哦！』可是後來又說『不酷啦，小子。』那就不是他該處理的事了。」

查麗絲．丹妮森問：「覺得不想要，一定要是某人該處理的事才可以嗎？」

那個女生聳聳肩：「不是，我猜不是。」

於是查麗絲．丹妮森對著表示同意的學生打手勢，說：「站在這裡的人，如果你認識不只一個人說他有過不想要的性愛，請舉手。」大部分的人都舉手了。「如果這樣的人，你認識超過兩個，手就不要放下。」大部分的手還是舉著。「超過三個。」還是很多隻手。「四個。」問到這裡，她停頓了好一會兒，最後終於說了：「我愛上了這些青少年人口，我認為他們是地球上最聰明、最有創意，也最勇敢的一群，可是這一群人還是有很多的悔恨、很多的困惑、和很多的混亂。我們需要怎麼做才能減輕這些？我們沒做的是什麼、需要做的又是什麼？」

戴著絨線帽的男生舉手發言：「我認為號稱能改變想法的物質之所以被人這樣稱呼，有他的理由。當人們做決定時，就是會受到那些讓你無法保持清醒的物質影響。」

查麗絲．丹妮森點頭：「我們所做的每一個決定，不是交出權力，就是得到權力？對嗎？」她繼續說道：「酒精和藥物的作用之下，你交出權力，有時候人們是因為想要才會這麼做，但我們不可以無知，要知道自己每多喝一口，就喪失幾分對於周遭事物的判斷力、喪失照顧自己的力量、也喪失對於自己情緒的判斷力。」

穿著灰色毛衣，咬著一大團口香糖的女生舉手發言：「我認為你得把同意的定義說得非常清楚。」她表示：「假如對方沒有逐字說出『是，我想要。』那你就要停。就算對方沒有說不、就算對方喝醉了，也要停。即使對方本來說要，後來卻改變心意了，也要停，這些都不算同意。」

查麗絲．丹妮森說：「這裡說出了**清楚表示同意**。你說的很有道理。某人跟某人勾搭，兩人都很投入，其中一個說『這樣可以嗎？』當事雙方都說『可以啊，來吧！』可是，在那時候突然又開始有**不可以**了。這接下來該怎麼辦呢？」

「那個人需要說『現在，我覺得這樣不行了。』」舉手的女生說：「『我們可以停止，也可以回頭做剛剛我們在做的事。』」

「很棒。不過，萬一那個人沒這樣說呢？另一個人該怎麼做？」

那女生回答道：「另一個人該問對方可不可以。」

「好極了，」查麗絲．丹妮森說：「得到對方同意真的是超性感的，想想看，光只是說」——她故意把聲音降低八度，學十幾歲的男孩子那樣伸出下巴——「『嘿，這樣可以嗎？你還好嗎？』」她停了一秒讓大家聽懂她的話，才又繼續說：「這樣**很好**。這不是『我現在就要拿我的法律文件，找到我的律師。』」孩子們都笑了。「有一點是，你要知道，展現性特質的方式有很多種，不一定是從這一個點到那一個點作出如此直線的事。從這個點到那個點，我們有整套的語言，有這麼多的比喻。」於是她舉出了棒球的比喻，運用熟悉的畫面如「跑壘」、「全壘打」和「得分」。「某人第二輪的時候起來揮棒，打到球，然後說『你猜怎麼著？我有點喜歡現在這個狀態，我要留在這裡，我不要奔回本壘。』沒有這種事，這樣你會輸，對吧？可是，假如有人說可以，那也不表示從頭到尾都可以。關於同意，有一個方法很好用：好的愛人也會好好聆聽。不能好好聆聽的人，充其量也只是個壞的愛人，最遭的情況就變成了強暴犯。」

孩子們聽到入迷，有人喊了：「哇哦！」

「這和溝通有關，」查麗絲．丹妮森繼續說道：「並不是要你性接觸到一半的時候，高唱『歡聚一堂（Kumbaya）』[20]，但是真正的意思是，你要和伴侶分享，你們變得**親密**，你們得決定親密是什麼樣子，親密是什麼感覺，你們要一起決定親密的定義。這件事牽涉到兩個人——用的是複數的『你們』。另一個你可以思考的方式是：『對於所有當事人來說，正向的性經驗到底是什麼？』」

穿著足球衫，兩個耳垂都打洞的男生舉手發言：「我以前從來沒想過這個，可是你拿打棒球做為比喻，不是等於雙方都會**扣分**？」

「沒錯，」查麗絲．丹妮森同意：「棒球有輸有贏，是一種競爭。」

「所以誰該輸呢？」有個女生問：「是對方嗎？」

查麗絲．丹妮森微笑不語。

看著這些孩子你一言我一語的，倒讓我想起自己曾經跟查麗絲．丹妮森教過的一個學

20 譯註：Kumbaya 一詞是英語 Come by here 的音轉，出自二十世紀二〇年代採錄的美國黑人靈歌，表達了非裔基督徒呼喚上帝降臨，拯救苦厄的願望。

生奧麗薇亞聊天，她現在已經大一了。她當年跟我說，自己國三、高一這兩年，勾搭過很多次，她自己也說不清楚為什麼——她真的不喜歡，而且套一句她自己說的，勾搭讓她覺得「噁心」。「也沒有哪一刻事情為我而改變。」某個午後，我們在她高中母校附近的咖啡館聊天時，她說：「我只是開始瞭解自己的所作所為，不是先前期望的，自己也沒有成為自己希望成為的那種人。不過，查麗絲的課扮演了很重要的角色，我開始學會主動做決定，而不是只聽任事情發生。我也開始思考自己的價值和道德標準。」她若有所思地把自己的一綹黑髮攏好，繼續說：「我認為最大的差別在於，現在我試著有意識、有意圖地活。比方說吧，我以前一直認為『哦，好啊，我猜我們現在在勾搭』，而不去想自己到底要不要勾搭。我並不是從此就完全不勾搭了，可是大約高三的時候，我就不那麼衝動了。而且勾搭的時候，我感覺自己比較像是參與其中，而不是只是順從。」

兩個高一的學生，舉著海報大小的牛皮紙，紙張最上方，印著斗大的紫色粗體字寫著「勾搭就是……」幾分鐘之後，查麗絲．丹妮森遞上彩色筆，要學生寫出答案；類似的紙張她還準備了很多，上面寫著類似的字詞，例如「禁慾就是……」、「性愛就是……」、「性愛與酒精……」、「處女之身就是……」、「蕩婦羞辱就是……」、「假正經羞辱就是……」學生分成小組，分析各種答案之後，現在正在對全班報告。「我們發現勾搭可以是一堆不同的人做的一堆不同的事情。」一頭及腰黑色捲髮的女生說：「可是一般認為勾搭是『不附帶任何條件』而且不那麼複雜的，就像你在派對上會做的事。」她笑了，又說：「可是有時候勾搭會變得更複雜。」

查麗絲．丹妮森說：「對青少年來說，這真的很常見。你為了讓事情單純一點，所以去勾搭，然後事與願違了。你是這個意思嗎？那是什麼樣子呢？」

報告的女生說：「某些情況下，有人會變得比其他人更依戀，卻又相信雙方之間沒什麼。」

「要是我說出**勾搭**這個詞，」查麗絲．丹妮森問道：「你們有多少人本能反應認為這是不好的事呢？」沒有人舉手。「那麼如果我說是好的事呢？」這時只有男生舉手。「那麼，又有多少人認為這就是一件事——沒有好壞，只是另外一種選擇而已？」這時就有更多人舉手了，這次男生和女生人數差不多。

課程繼續進行，出現了幾個熟悉的主題。雖說所有人對於「性愛就是……」的反應都很熱烈——「一言以蔽之，」一個高大的金髮男生代表自己那一組，起身說道：「一般人都認為性愛『很棒！』」——可是，當查麗絲．丹妮森詢問誰認識「有負面性經驗」的人時，卻是所有的人都舉手了。她沉思道：「結果那張紙上連一丁點負面的敘述都沒有。「你們為什麼會那樣想呢？」他們也再次討論口交算不算「性愛」；原本只有兩個人認為口交也算，直到查麗絲．丹妮森再次提起她的女同志朋友。「老實說嗎？」金髮男孩說：「性愛應該是，你想它是什麼樣子，它就是什麼樣子。」更多人彈指表示贊同。

接下來的一小時左右，學生討論他們對於處女（有個女生說「我們這一組不喜歡『乾淨』和『純潔』這種意涵」）和守貞（學生對此的反應包括了「難過」、「一種選擇」和「肛交」）的感覺。某個穿著籃球球衣的男生，引發了一連串熱烈的回應。「守貞到底是什麼？是把性接觸之外的所有事都做完，還是根本沒有接觸才算，到底是什麼呢？」報告性愛與酒精的那一組學生，一開始還友善的認定混合性愛和酒精是很不智，可是當查麗絲．丹妮森問大家：「誰認識『清醒著勾搭』的人？」居然沒有人舉手，一個都沒有。「我越來越常聽到人家說，除非是狀態改變，要不然沒有人會跟別人發生性關係的。」查麗絲．丹妮森說：「這真的可以說明為什麼會有人後悔。」

有個女生說：「在某些方式之下，事情會變得容易一點。你可以說『哦，我當時沒在思考，只在喝酒』。」

「那就是我所謂的設定，」丹妮森回應道：「尤其是女生：要是設定界線，你就是假正經；要是決定有性愛，那你就是蕩婦，這樣一來，無論你怎樣決定，都會很慘。要是你喝醉了，至少可以說：『嗯，對呀，我不知道自己當時在幹嘛。』如此一來你就不必負責。這事你必須要得到一些附議才行。若是在任何情況都會遭人羞辱或感到後悔，那麼找得到一個出路，就是很吸引人的選項。所以你該怎麼做呢？我們必須看得更仔細一點。這個議題，我們下次再來深談。」

最後的時刻，查麗絲．丹妮森一如既往地回答一個個不具名的問題。我觀察過的課堂上，零星蒐集來的問題包括：

萬一性接觸時我小便了怎麼辦？

口交怎樣傳染性病？

女生高潮的時候，會噴出液體噴過半個房間，是真的嗎？

正常的陰莖應該是多大？

精液的熱量多少？

破處的時候，處女膜都會破嗎？

幫人吹簫需要潤滑油嗎？

肛交時，我該怎樣做，才能讓伴侶舒服一點？

查麗絲・丹妮森實事求是地回答這些問題，說出事實，糾正迷思——包括「『每個人』都『這麼做』」的迷思。丹妮森回答一個國三生的問題時，說：「有這樣一種認知，說是每個人都在做愛和勾搭，但這不是真的。做愛和勾搭的壓力確實存在，但真的不是那麼普遍，尤其是對於國三生來說。還有很多人連初吻都要等到大二那一年，有些少數人甚至更晚。所以，你覺得因為『時間到了，所以人人都要勾搭』的觀念對嗎？」她搖頭。「我們必須真的好好處理這件事，必須回歸到『我真正的感覺是什麼？我對這件事的看法是什麼？我希望什麼事發生，我該怎樣做，將來回顧這一切的時候才可以不後悔？』」

同時，她也把這個概念傳遞給一個高二的學生，這學生的朋友正和很多不同的人發生性愛。「你的反應不必是『那很噁心』或『那很棒』還是『那很糟』。你可以問對方，『你當時感覺怎樣？這帶給妳什麼？這對你有什麼好處？』如果用正確的方式討論，可以帶來很棒的對話。然後，如果你真的在乎那個朋友，你的任務就是當她的人肉盾牌，讓她不受羞辱。」

聆聽著查麗絲・丹妮森回答這些不具名的問題時，我有時候會覺得自己立場不太確定。比方說，某一天，有個高二的學生詢問該怎麼樣進行性接觸，才不會傷害到對方。她談到輕鬆地、慢慢地把自己的陰莖放進女生的陰道裡，不要學A片裡教的那種電鑽式的猛插，而是要讓女生的身體有時間適應。她建議男生可以轉換自己的重心，這樣才不會一直打在同一個點上，也才可以「賦權」給女性伴侶，允許她抓住男生的臀部，控制插入的深度。不可否認：她在解釋如何做愛。這是保守派的政策制訂者認定最無法忍受的惡夢。可是，如果荷蘭給了我們什麼樣的啟示，那麼我們可以說，如果我們想對抗流行的A片文化、減少悔恨、讓選擇性愛的青少年（無論他們是幾歲）得到更大的滿足，那麼這種討論便是我們所需要的。既然如此，這樣的討論為什麼會讓我不敢恭維呢？真的，如果女兒要上床，我寧可她的對象是問過這種問題並得到解答的男生，也不要她跟一個只拿網路上看過的資訊來當參考的男生。之後查麗絲．丹妮森會對我這樣解釋：「我不是告訴他們該怎麼做，只是在回應一個直接的問題——順便提一下，這個問題是我百分之九十九會被問到的問題——學生會問這個問題，表示他尊重，也知道自己和伴侶該負某種責任。我如果不精確地回答，那麼我就太假了，我就會變成另外一個測試他們信任的大人。」這堂課，她的結論是「這一切都是**溝通**的問題。」當然，她說得沒錯。

每堂課結束時，查麗絲．丹妮森會從她的銀色工具箱裡拿出幾把保險套。查麗絲．丹妮森隨身攜帶著這個銀色工具箱，就像《歡樂滿人間》裡的神奇保母瑪麗隨身帶一只地毯包一樣；工具箱裡還放著那個外陰絨毛布偶，以及一個陰莖的模型（小名叫做理查），用來示範保險套的正確用法，還帶著個人用潤滑凝膠罐，以及她工作所需的其他工具。「一直講，一直問問題。」她會說：「知識就是力量。」真的，我看到一群男生表演怎樣把保險套從工具箱裡掏出來，拋到空中。有個男生笑著說：「孩子們，自由啦！」可是更多的時候，學生不分男女，會恭恭敬敬地靠過來。有些學生會隨意地拿保險套，有些則是悄悄地拿起來，假裝要撿起自己弄掉的資料卡或筆，然後把一兩個保險套偷偷地塞到自己口袋裡。

教室裡的學生都走光了之後，總會有幾個孩子留下來，希望能跟查麗絲．丹妮森獨處片刻。有個女生想釐清強姦未成年少女罪的定義；另外一個女生想瞭解丹妮森的職涯進展，日後可以見賢思齊。某一天下午，最後一個離開的學生，是個留著黑色捲髮，有著棕色大眼睛的男生。他穿著運動鞋，腳趾磨著地板，透露自己女友逼著他要求性接觸，可是他還沒準備好。「你會驚訝男生有多常跟我說這個，」查麗絲．丹妮森告訴他：「這陣子一定很難熬，而且你一定覺得很孤單。」這個男生點點頭，熱淚盈眶。查麗絲．丹妮森又跟他談了一會兒，聲音低到我聽不見。然後她把自己的電話號碼、電子信箱地址留給了他，跟他說隨時需要都可以跟她聯繫。男生點頭之後走開了，看起來不那麼孤單了。

雖然說這本書是為女生而寫，寫到女生為了幸福在其追求完整、健康的性表態路上，不斷遭遇的阻礙與付出的代價。但我現在要把查麗絲．丹妮森留在這裡，跟男生一起討論，因為未來要改變的也必須包括男生才行。光叫年輕男生小心不要「搞大女生的肚子」，或在現今氛圍下，警告男生說強暴的定義已經改變，顯然遠遠不夠。父母需要跟兒子討論壓迫、強制、同意的差異，壓迫也好強制也罷，都會讓男生把女生想要畫出的界線，當成他們要征服的挑戰線。男生也需要理解，自己如何遭到媒體性化和A片傷害；他們需要知道真正的男性典範，不該攻擊、貶抑、或者征服女性。他們需要瞭解如何與女伴共享愉悅、互助、互惠——要讓自己從棒球選手變成吃披薩的人。這件事，做起來可能不像一般人想的那麼困難。

因為查麗絲．丹妮森多半在中學授課，因此某天下午，我來到一個為期一週的男女混和國小高年級班裡，這個班的老師留著粉紅色頭髮，方便起見，就叫她珍妮佛．迪威能吧！此人不但是普救論的牧師，還是個有證照的性教育老師。課程第一段時，她講述除了幾個明顯的差異之外，對於「有陰道的人以及有陰莖的人」來說，青春期基本上是一樣的：大家都會長高，都會長痘，都會在新的地方長毛，每個人的生殖器都會成熟，每個人都會有「刺痛發麻的感覺」，每個人都會變得有生小孩的能力。她也各用了一堂課，分別講述男性和女性解剖學上的複雜差異。這幾課上完之後，她拿出男性和女性的內、外生殖系統圖，要求學生標記，標記要能夠具備充分的臨床精確度，也就是說，不論男生、女生都必須能夠說出外陰、內外陰唇、陰道、尿道口、肛門。我坐在兩個男生，特雷爾和加貝的後面，兩人本來一直表現得很不錯，不料後來特雷爾畫了一個空格，指著自己的小冊子，問：「嘿，加貝，我又忘了，這是什麼？」加貝看了一眼，答道：「噢，這是陰蒂啊，製造快感的。」

這是個開始。

父母可以從加貝身上學到一兩件事。我有一個朋友，這個女生跟我一樣，是女性主義者，也是政治立場很左派的媽媽，有個快要十三歲的女兒，我跟她說：光教我們的女兒生育是怎麼一回事，不夠；鼓勵她們抗拒自己不想要的性愛壓力，也不夠；告訴她們被強暴不是她們的錯，還不夠；哪怕時候到了拿避孕藥和保險套給她們，依舊還是不夠。我們需要跟女兒談談好的性愛，先從她們身體的運作談起，從自慰和性高潮談起。我朋友猶豫著，說：「他們才不要聽**我們講**那種事呢。」不想嗎？那麼她們要上哪裡聽這些呢？她們該聽到值得聽，而不是電視、電腦、蘋果手機、平版電腦、電影螢幕上對著她們吼的那些扭曲的、錯誤的聲音。她們值得我們引導，而不值得我們去恐懼、否認她們的性發展。她們值得我們幫助她們理解潛藏的危機、幫助她們以尊重和責任擁抱自己的慾望、也幫助她們瞭解性的複雜與微妙。

研究過荷蘭案例後，艾米．沙萊特當場完成了一套ABCD模式，教父母如何養出性健康的孩子。首先，我們要孩子自主（autonomous，也就是A代表的意義），要孩子瞭解慾望與愉悅，能夠堅持自己的性願望而且能夠劃定界線，能夠以負責任的態度，為性接觸預作準備。在察覺到慾望與自在的情況下，慢慢地進展，才是獲得這些技巧最好的方法。喝醉之後產生性愛而挖掘童貞的女孩，或花了三個小時親吻伴侶，有意識地體會性慾、互動歡愉，這兩個孩子，哪個才算是更有性「經驗」呢？老實說，就算美國父母只停留在A模式而滿足，也足以走在孩子前面了。

可是，還有三個字母呢。字母B代表建立（building）平等、支援的關係，重視共同興趣、相互尊重、關心與信任；字母C則代表維持、培養我們與孩子的連結（connection）；字母D則代表多樣性，包括認同性別取向、文化信仰、以及孩子同儕發展的多樣性。至於到朋友家過夜呢？我現在還不知道自己做得到做不到，可是我也不會說自己永遠做不到——那個論點令人不得不服。無論如何小心翼翼在各項細節上引導著孩子，我們還是可以，也必須，對我們的女兒、我們的兒子更開誠布公——也鼓勵我們的孩子對我們更開誠布公。我朋友真的錯了：孩子們**真的想要聽**父母講這檔事，真的想。二〇一二年，一項針對四千多名年輕人的調查顯示，大部分的年輕人都說，希望自己第一次的性經驗之前，能夠獲得更多資訊，特別是爸媽提供的資訊；他們尤其想聽我們說情愛關係，以及性愛的情緒面。所以，好好想一想：你希望自己十幾歲的女兒「勇往直前」投入有伴侶的性愛之前，就先全面探索、瞭解自己的身體嗎？你希望她對於親密的觀念，超越性接觸這個層面嗎？你希望她的性伴侶少一點，希望她一直懂得保護自己不要染病或懷孕嗎？還有，希望她能享受自己的性愛嗎？希望她能超越性別刻板印象嗎？希不希望她能建立起深情、互惠、平等的情愛關係，希不希望她在這段關係裡可以表達自己的需求和界線？要是女兒真的追求情愛關係之外的性樂趣，您是否也希望那些經驗是安全、雙方互利、帶有敬意的？我知道我自己會如此期盼。所以我們還有更多充分的理由，深呼吸之後，以各種討論逐步趕上孩子的進度，這些討論主題包括健康的情愛關係、溝通、滿足、喜樂、互助、道德，對了，還有令人臉紅的床第幸福。

與這麼多女生對談後，我知道自己——對女兒以及對那些交談的女孩們——該抱持什麼樣的希望。希望她們知道性愛雖有風險，卻是一種自身常識、獲取創意和溝通的來源；希望她們陶醉於自己身體的感官愉悅之際，但不侷限在此；希望她們能提出自己在床上的要求，並且所要求的能獲得滿足；希望她們免於疾病、意外懷孕、殘酷、缺乏人性以及暴力的對待。倘若她們受到侵害，希望她們得到學校行政單位、雇主以及法院的資源。雖然這些要求看似很多，但永遠不嫌太多。既然我們已經養育出一代懂得發聲，懂得期待在家庭、學校、職場都受到公平對待的女性，也該是時候要求主張她們人生中的「親密正義」了。

致謝

通常到了這個階段，我會說，作者身分是一種孤單的追求，感謝這一路上有許多人支持著我諸如此類的話，雖然這樣說比較文明、安全，我真正想說的卻是：全神貫注寫書的時候，我這個人會變得很難共同生活、很難接近，無論哪一方面都很難懂、很難互動；寫書這檔事會吃人的，讓我焦慮、痴迷、古怪瘋癲、還只顧自己。寫書讓我脾氣暴躁，讓我無論情緒上還是身體上都很疏離。我有時候簡直不知道那些愛我的人——朋友、家人——怎麼受得了這些。可是他們都接受了，對我來說，這就是恩典的定義。

所以，我這就都把名字寫出來吧。感謝跟我一起經歷這一切，一起咀嚼這些問題、挑戰我、哄著我、收留我、忍受我的朋友，包括：芭芭拉・帥門（Barbara Swaiman）、佩姬・卡布（Peggy Kalb）、如絲・哈爾本（Ruth Halpern）、伊娃・艾林伯格（Eva Eilenberg）、伊黎・華德曼（Ayelet Waldman）、麥可・謝朋（Michael Chabon）、西薇亞・布朗立格（Sylvia Brownrigg）、娜塔莉・康帕尼・波蒂斯（Natalie Compagni Portis）、安・佩克（Ann Packer）、瑞秋・西爾福斯（Rachel Silvers）、優素福・埃里亞斯（Youseef Elias）、史提夫・卡普蘭（Stevie Kaplan）、喬安・塞姆林・波斯汀（Joan Semling Bostian）、米契・波斯汀（Mitch Bostian）、茱蒂絲・貝澤（Judith Belzer）、麥可・波倫（Michael Pollan）、賽門・馬林（Simon Marean）、瑞秋・賽門斯（Rachel Simmons）、茱莉亞・斯威妮・百隆（Julia Sweeney Blum）、麥可・百隆（（Michael Blum）、丹尼・沙傑（Danny Sager）、布萊恩・麥卡錫（Brian McCarthy）、黛安娜・埃斯波登（Diane Espaldon）、丹・威爾森（Dan WIlson）、泰瑞莎・陶奇（Teresa Tauchi）、柯特妮・馬丁（Courtney Martin）、莫拉・肯尼（Moira Kenney）、尼爾・卡倫（Neal Karlen）、莎拉・科貝特（Sara Cobett）、艾琳娜・席爾曼（Ilena SIlverman）。

感謝下列的朋友協助研究工作：凱拉・埃里亞斯（Kaela Elias）、莎拉・比爾內爾・亨德森（Sara Birnel-Henderson）、波兒・許（Pearl Xu）、艾芙琳・王（Evelyn Wang）、亨利・伯格曼（Henry Bergman）和莎拉・凱度托（Sarah Caduto）。感謝我的姪子、姪女充當共鳴板（有時候為了爭論，還不惜提出非常私人的問題），特別是下列幾位：茱莉・

安・奧倫史坦（Julie Ann Orenstein）、露西・奧倫史坦（Lucy Orenstein）、阿麗兒・奧倫史坦（Arielle Orenstein）、亨利・奧倫史坦（Harry Orenstein）、馬修・奧倫史坦（Matthew Orenstein）、以及雪莉・川淵（Shirley Kawafuchi）。特別感謝我的經紀人蘇珊娜・格魯克（Suzanne Gluck），還有充滿耐心的編輯珍妮佛・巴斯（Jennifer Barth），並感謝黛比・赫班尼克（Debby Herbenick）、萊斯莉・貝爾（Leslie Bell）、帕蒂・渥爾特（Patti Wolter）、露西亞・奧莎莉文（Lucia O'Sullivan）、莉莎・韋德（Lisa Wade）、傑克・哈伯斯坦（Jack Halberstam）、潔姬・克拉薩斯（Jackie Krasas）、保羅・萊特（Paul Wright）、以及布萊恩・保羅（Bryant Paul），感謝他們一直以來的指導。深表感謝的還有彼德・巴恩斯（Peter Barnes）和梅薩避難所（the Mesa Refuge），以及欣蒂里修斯烏克羅斯基金會（Cindy-licious Ucross Foundation）提供我充分的時間與空間，讓我在寫作期間不受打擾。

上了天堂的格雷格・諾爾斯（Greg Knowles）值得我特別感謝，因為，在我的稿子消失在茫茫的乙太科技時，是他幫我救回來的。另外，雖說相貌不是最重要的，但我依然感謝麥可・托德（Michael Todd）產品為我的外貌所做的一切。我也感謝《加州週日雜誌（The California Sunday Magazine）》的全體工作人員，特別要感謝道格・麥格雷（Doug McGray）的支持和理解。特別感謝查麗絲・丹妮森（Charis Denison）；為了我的報告，她得承受好些壓力。

最最感謝的，莫過於接受我訪談，慷慨分享自己經驗的年輕女生，以及幫我找到這些女生的大人。為了保護他們的隱私，我不能在這裡寫他們的姓名，但是，當事人都知道我在說誰。能夠認識你們每一個人，是我的榮幸，要是沒有你們，我絕對寫不出這一本書。

最後，謝謝我的家人，無論是直系親屬還是旁系親戚，感謝外子史蒂文・岡崎（Steven Okazaki），無法表達我愛你之深；感謝心愛的女兒黛西（Daisy），希望媽媽沒讓妳太窘；媽媽對妳的愛無邊無涯，祝妳得到一份大禮，可以「永永遠遠充分作自己」。

備註

前　言　小女生與性愛：你從來不想知道（卻真的該問清楚）的事

- 015 美國人第一次性經驗的平均年齡：Finer and Philbin, "Sexual Initiation, Contraceptive Use, and Pregnancy Among Young Adolescents."
- 017 青少年的親密關係，應該是……：Haffner, ed., *Facing Facts: Sexual Health for America's Adolescents*.
- 018 心理學教授莎拉．麥克利蘭（Sara McClelland）：McClelland, "Intimate Justice".

第一章　瑪蒂達不是物品——除非她自己願意

- 026 摩根寫道：「如果男生不這麼做，那麼你就很可能……」：Morgan, *How to Be a Woman*, p283.
- 026 學齡前兒童崇拜的迪士尼公主：Glenn Boozan, "11 Disney Princesses Whose Eyes are Literally Bigger Than Their Stomachs," Above Average, June 22, 2015.

- 026 所謂的自我厭惡：American Psychological Association, Report of the APA Task Force on the Sexualization of Girls. The groundbreaking report defines sexualization as comprising any one or any combination of the following: "a person's value comes only from his or her sexual appeal or behavior, to the exclusion of other characteristics; a person is held to a standard that equates physical attractiveness (narrowly defined) with being sexy; a person is sexually objectified — that is, made into a thing for others' sexual use, rather than seen as a person with the capacity for independent action and decision making; and/or sexuality is inappropriately imposed upon a person." See also Madeline Fisher, "Sweeping Analysis of Research Reinforces Media Influence on Women's Body Image," University of Wisconsin-Madison News, May 8, 2008.
- 027 針對國二學生的一項研究：Tolman and Impett, "Looking Good, Sounding Good." See also Impett, Schooler, and Tolman, "To Be Seen and Not Heard."
- 027 另一項研究則顯示，女生對於外表的重視：Slater and Tiggeman, "A Test of Objectification Theory in Adolescent Girls."
- 027 針對高三學生的一項研究：Hirschman et al., "Dis/Embodied Voices."
- 027 自我厭惡也和較低的政治效能有關：Caroline Heldman, "The Beast of Beauty Culture: An Analysis of the Political Effects of Self-Objectification," paper presented at the annual meeting of the Western Political Science Association, Las Vegas, NV, March 8, 2007. See also Calogero, "Objects Don't object" *Miss Representation*, dir. Jennifer Siebel Newsom and Kimberlee Acquoro, San Francisco: Representation Project, 2011.
- 028 否則，就像某校友說的：Steering Committee on Undergraduate Women's Leadership at Princeton

University, *Report of the Steering Committee on Undergraduate Women's Leadership*, 2011; Evan Thomas, "Princeton's Woman Problem," *Daily Beast*, March 21, 2011.

- 028 被迫要看起來像某種樣子或穿成某種樣子：Liz Dennerlein, "Study: Females Lose Self-Confidence Throughout College," *USA Today*, September 26, 2013.
- 028 不費力的完美：Sara Rimer, "Social Expectations Pressuring Women at Duke, Study Finds," New *York Times*, September 24, 2003.
- 028「火辣」是商業化的，一度空間的，不斷複製的：Levy, *Female Chauvinist Pigs*.
- 032 拒絕一般通稱為丁字褲的整人設備：Haley Phelan, "Young Women Say NO to Thongs." *New York Times,* May 27, 2015.
- 033「我要減肥、要配新的隱形眼鏡。」：Brumberg, *The Body Project*.
- 034 女孩子的頁面上，評論也不成比例地將重點放在外貌上：Steyer, Talking Back to Facebook; Fardouly, et al. "Social Comparisons on Social Media." See also Shari, Roan, "Women Who Post Lots of Photos of Themselves on Facebook Value Appearance, Need Attention, Study Finds," *Los Angeles Times*, March 10, 2011. Lizette Borrel, "Facebook Use Linked to Negative Body Image in Teen Girls: How Publicly Sharing Photos Can Lead to Eating Disorders," *Medical Daily*, December 3, 2013; Jess Weiner, "The Impact of Social Media and Body Image: Does Social Networking Actually Trigger Body Obsession in Today's Teenage Girls?" *Dove Self Esteem Project* (blog), June 26, 2013.
- 035 這些年輕人的「朋友」變成了觀眾：Author's interview with Adriana Manago, Department of

Psychology and Children's Digital Media Center, UCLA, May 7, 2010. See also Manago, Graham, Greenfield, et al., "Self-Presentation and Gender on MySpace."

- 035 特別是在以分享照片為主的網站，例如 IG：Lenhart, "Teens, Social Media and Technology Overview 2015."
- 036 事實是，這女生以外，其他的一千四百九十九個用戶：Bailey, Steeves, Burkell et al., "Negotiating with Gender Stereotypes on Social Networking Sites."
- 036 2013 年的時候，「自拍」成為牛津詞典的「年度風雲詞彙」：根據記錄，「自拍」這個字第一次出現，是在 2002 年某個網路聊天室裡，出自一個喝醉的澳洲人之手。牛津的研究人員表示，調查結果顯示，自拍一詞在過去一年在英語中的使用頻率，較 2012 年增加了 17%，所以獲選為該年度的風雲詞彙。Ben Brumfield, "Selfie Named Word of the Year in 2013," CNN.com, November 20, 2013.
- 036 臉書或 IG 的用戶：Mehrdad Yazdani, "Gender, Age, and Ambiguity of Selfies on Instagram," *Software Studies Initiative* (blog), February 28, 2014.
- 037 假如你認定那些沒完沒了的貼文：Rachel Simmons, "Selfies Are Good for Girls," *Slate DoubleX*, December 1, 2013.
- 037 但是也有大約一半的女生說：Melissa Dahl, "Selfie-Esteem：Teens Say Selfies Give a Confidence Boost," Today.com, February 26, 2014.
- 038 年輕女生對自己身體的不滿意，似乎和逛社群媒體的時間長短無關：Meier and Gray, "Facebook Photo Activity Associated with Body Image Disturbance in Adolescent Girls."

- 038 花越多時間觀看別人的照片：Fadouly and Vartanian, "Negative Comparisons About One's Appearance Mediate the Relationship Between Facebook Usage and Body Image Concerns." See also Kendyl M. Klein, "Why Don't I Look Like Her? The Impact of Social Media on Female Body Image," CMC Senior Theses, Paper 270, 2013.
- 038 2011 年，增加了 71%："Teen Chin Implants: More Teenagers Are Seeking Plastic Surgery Before Prom," *Huffington Post*, April 30, 2013.
- 038 每三個人："Selfie Trend Increases Demand for Facial Plastic Surgery," Press release, March 11, 2014. Alexandria, VA: American Academy of Facial Plastic and Reconstructive Surgery.
- 038 事實上，很難說得準：Ringrose, Gill, Livingstone, et. al., *A Qualitative Study of Children, Young People and "Sexting"*. Also Lounsbury, Mitchell, Finkelhor, et. Al., "The True Prevalence of 'Sexting'."
- 039 一項大規模的調查：Englander, "Low Risk Associated with Most Teen Sexting."
- 039 這點格外令人憂心：Caitlin Dewey, "The Sexting Scandal No One Sees," *Washington Post*, April 28, 2015. 這份調查針對四百八十名大學生，結果發現無論男生還是女生，都認為被迫拍攝或傳送性簡訊，遠比被迫發生性行為，更讓當事人受創。
- 041 管理顧問往往利用這種觀念：Roger Schwarz, "Moving from Eithere/Or to Both/And Thinking," Schwarzassociates.com. 要是發現這個方法沒有效，就倒過來做，先把手指放在腰部，然後順時針方向畫圓，再不斷往上移動。
- 041 狄波拉．托爾曼就曾經說過：Personal Conversation, September 20, 2011.

- 043 2012至2013年間，「巴西提臀手術」在美國實施的次數：American Society of Plastic Surgeons, *2013 Plastic Surgery Statistics Report*, Arlington Heights, IL: American Society of Plastic Surgeons, 2014.
- 043「牛奶，牛奶，檸檬水」（Milk, Milk, Lemonade）：“Watch ‘Inside Amy Schumer’ Tease New Season with Booty Video Parody,” *Rolling Stone*, April 12, 2015.
- 045 這些流行文化中爆紅的話題：Kat Stoeffel, “bell hooks Was Bored by ‘Anaconda’,” *The Cut, New York Magazine blog*, October 9, 2014.
- 052「是性感，不是色。」：Levy, *Female Chauvinist Pigs*.
- 052 她十五歲的時候：Katherine Thomson, “Miley Cyrus on God, Remarking ‘Sex and the City’ and Her Purity Ring,” *Huffington Post*, July 15, 2008. 戴著承諾指環卻還是失足的迪士尼小孩，包括席琳娜．戈梅茲，黛咪．洛瓦托以及強納斯兄弟。小甜甜布蘭妮也宣稱會守貞到新婚之夜，結果她卻「沒那麼純真」：高中時代就有過性行為了，比她和賈斯汀那段著名的戀情早了好幾年。
- 055 反映（並進一步詢問）：Boubert, Brosi, Bannon, et al., “Pornography Viewing Among Faternity Men.” See also Bridges, Wosnitzer, Scharrer, et al., “Aggression and Sexual Behavior in Bigest-Selling Pornography Videos.”
- 055 41%的影片則包含了：Bridges, Wosnitzer, Scharrer, et al., “Aggression and Sexual Behavior in Bgest-Selling Pornography Videos.”
- 055 看著長得很自然的人：Chris Morris, “Porn Industry Feeling Upbeat About 2014,” NBCnews.com, January 14, 2014.
- 055 隨機抽樣的三百〇四個場景中，有將近90%的畫面：Bridges, Wosnitzer, Scharrer, et al., “Aggression

and Sexual Behavior in Best-Selling Pornography Videos.”還有一項早期的研究則發現，無論影片的導演是男是女，影片中對女性的身體侵犯程度，以及女性的墮落程度都一樣。Chyng, Bridges, Wosnitzer, et al., “Comparison of Male and Female Directors in Popular Pornography.” See also Monk-Turner and Purcell, “Sexual Violence in Pornography”. 這篇文章分析隨機挑選的成人影片，發現大部分的影片都有著「性暴力或主題」。例如，17％的場景是侵犯女性，39％的畫面則是以男尊女卑為特色，更有85％的場景，是男人朝著女人射精。Barron and Kimmel, “Sexual Violence in Three Pornographic Media”則發現，無論是雜誌、影片或是網路上的色情題材，其中的性暴力都不斷增加。

- 056 現年十八歲，想在A片產業發展：2015年網飛紀錄片《誠徵辣妹：網上真情》，導演為吉兒・鮑爾（Jill Bauer）和羅娜・葛拉德絲（Ronna Gradus）。
- 057 當你一直看到女性：Personal interview, Bryant Paul, Indiana University - Bloomington, December 4, 2013.
- 057 年齡介於10～17歲的孩子，有超過40％都曾經在網路上看到：Wolak, Mitchell, and Finkelhor, “Unwanted and Wanted Exposure to Online Pornography in a National Sample of Youth Internet Users.”這份研究當中，Wolak等人發現不小心看到A片的比率，從1999年的26％，提升到2005年的34％。
- 057 另外，有一項針對八百多名學生，名為「XXX世代」的調查：Carroll, et al., “Generation XXX.”
- 057 這也透露A片具有：Regnerus, “Porn Use and Support of Same-Sex Marriage.”
- 058 另一方面，這些男性也更不可能：Wright and Funk, “Pornography Consumption and Opposition to Affirmative Action for Women.”這方面，男性女性都一樣，即使事先控制對平權運動的態度這個因

素，也一樣。

- 058 十幾歲的男孩子若經常觀看A片：Wright and Tokunaga, "Activating the Centerfold Syndrome" ; and Wright, " Show Me the Data!"
- 058 觀看A片的男生更容易：Wright and Tokunaga, "Activating the Centerfold Syndrome" ; and Wright, "Show Me the Data!"
- 058 述說自己最近觀看A片的大學生，男生以及女生都一樣：Wright and Funk, "Pornography Consumpition and Opposition to Affirmative Action for Women" 及 Brosi, Foubert, Bannon, et al., "Effects of Women's Pornography Use on Bystander Intervention in a Sexual Assault Situation and Rape Myth Acceptance" Brosi, Foubert, Bannon, et al., "Pornography Viewing Among Fraternity Men." 如要參考高中生方面的研究，請參考 Peter and Valkenburg, "Adolescents'Exposure to a Sexualized Media Environment and Notions of Women as Sex Objects."
- 059 會觀看A片的女性，比較不會介入：Brosi, Foubert, Bannon, et al., "Effects of Women's Pornography Use on Bystander Intervention in a Sexual Assault Situation and Rape Myth Acceptance." One of the arguments for pornography is that rates of sexual assault drop in countries where bans against it have been lifted. But as Paul Wright, a professor of telecommunications at Indiana University–Bloomington, told me, if both male and female porn users are more likely buy into rape myths, if women users are less likely to notice when they are at risk, and if women who are objectified are more likely to be blamed when assaulted, then it may not be that there are fewer rapes in such countries so much as that they go unrecognized or unreported. Author interview, Paul Wright,

December 6, 2013.

- 058 女大生只有3%：Carroll, et al., “Generation XXX.”
- 059 她們還相信那種不自然的纖瘦：Paul, Pornified.
- 061 我要說的是，無論這場戲是標示為限制級：“Joseph Gordon-Levitt, on Life and the Lenses We Look Through,” Interview on *Weekend Edition*. National Public Radio, September 29, 2013.
- 061 這些對於年輕人的衝擊，還是跟真正的A片不一樣：Author interview, Paul Wright, December 6, 2013. See also Fisher, “Sweeping Analysis of Research Reinforces Media Influence on Women's Body Image.”
- 061 一般青少年，會在電視上看到：Fisher et al., “Televised Sexual Content and Parental Mediation.”
- 061 黃金時段的電視，有70%：1998年初次統計時，發現比例高達56%。91%的喜劇和87%的戲劇都含有性方面的內容，從影射到暗示到都有。Ward and Friedman, “Using TV as a Guide” 及 Shiver Jr, “Television Awash in Sex, Study Says,” *Los Angeles Times*, November 20, 2005.
- 061 男大生如果會打含有性與暴力內容的電動：Stermer and Burkley, “SeX-Box.”
- 062 實驗也顯示，女大生：Fox, Ralston, Cooper et al., “Sexualized Avatars Lead to Women's Self-Objectification and Acceptance of Rape Myths:” ; Calogero, “Objects Don't Object.”
- 062 同時，一項針對國、高中女生的研究也顯示：Aligo, “Media Coverage of Female Athletes and Its Effect on the Self-Esteem of Young Women.” ; Daniels, “Sex Objects, ” Athletes, and Sexy Athletes.
- 062 年輕女性若選擇收看否定女性的媒體：Calogero, “Objects Don't Object.”
- 062 換句話說，誠如英國肯特大學心理學家瑞秋・卡洛迦羅所言：同上。

- 062 電視、電影中的性：電視上的性，有35%發生在從未謀面，或者還沒開始交往的兩個人身上。Kunkel, Eyal, Finnerty, et al., Sex on TV 4.
- 066 卡戴珊真正的貢獻，在於一種巧妙的「父權交易」（patriarchal bargain）：Lisa Wade, "Why Is Kim Kardashian Famous?" *Sociological Image* (blog), December 21, 2010.
- 066 我們的希望已經變得很俗氣：Tina Brown, "Why Kim Kardashian Isn't Aspirational," *Daily Beast*, April 1, 2014.

第二章　我們玩得開心嗎？

- 072「『你是吐出來，還是吞下去？』」：Tamar Lewin, "Teen-Agers Alter Sexual Practices, Thinking Risks Will Be Avoided," *New York Times*, April 5, 1997.
- 072 記者從此次的家長會議：Laura Sessions Stepp, "Unsettling New Fad Alarms Parents: Middle School Oral Sex," *Washington Post*, July 8, 1991.
- 072 女生的身體總淪為其探討的向量：Brumbert, *The Body Project*.
- 073 1994年：Laumann, Michael, Kolata, et al., *Sex in America*.
- 073 到了2014年，口交變得極為普遍：Author interview, Debby Herbenick, Indiana University, December 5, 2013.
- 074 學術圈也認為研究「未成年口交」拿不到經費：Remez, "Oral Sex Among Adolescents."
- 074 到了2000年，柯林頓的任期已經接近尾聲：Anne Jarrell, "The Face of Teenage Sex Grows Younger,"

New York Times, April 2, 2000.

- 074 當然，他說得不對：Kann, Kinchen, Shanklin, et al., “Youth Risk Behavior Surveillance — United Staes, 2013.”
- 075 當時，現已停刊的《淘客》雜誌裡：Linda Franks, “The Sex Lives of Your Children,” *Talk*, February 2000; Liza Mundy, “Young Teens and Sex: Sex and Sensibility,” *Washington Post Magazine*, July 16, 2000.
- 075 誰留下的顏色可以讓離得最遠的人看見，誰就「贏」：“Is Your Child Leading a Double Life?” *The Oprah Winfrey Show*. Broadcast October 2003/April 2004.
- 076 2004 年，NBC 新聞／人物專訪進行了一項調查：Tamar Lewin, “Are These Parties for Real?” *New York Times*, June 30, 2005.
- 076 國三下學期的期末：Halpern-Felsher, Cornell, Kropp and Tschann “Oral Versus Vaginal Sex Among Adolescents” 指出，每五個國一學生當中，就有一個表示有口交的經驗，15～17 歲的青少年，男生有 37%，女生有 32% 表示有口交的經驗，至於 18～19 歲之間的青少年，有過口交經驗的數字就大概變成兩倍了，分別高達 66% 及 64%。Child Trends DataBank, “Oral Sex Behavior Among Teens.” See also Herbick et al., “Sexual Behavior in the United States” ; Fortenberry, “Puberty and Adolescent Sexuality” ; Copen, Chandra, and Martinez, “Prevalence and Timing of Oral Sex with Opposite-Sex Partners Among Females and Males Aged 15-24 Years.” 15～19 歲的女生，有一半都在第一次性接觸之前，有過口交的經驗。Chandra, Mosher, Copen, et al., “Sexual Behavior, Sexual Attention, and Sexual Identity in the United States” ; Chambers, “Oral Sex” ; Henry J. Kaiser Family Foundation, “Teen Sexual Activity,” *Fact Sheet*; Hoff, Green, and

Davis, "National Survey of Adolescents and Young Adults."

- 076 右翼保守派對於性教育的影響：Dotson-Blake, Knox, and Zusman, "Exploring Social Sexual Scripts Related to Oral Sex."
- 076 超過三分之一的青少年對於「禁慾」的定義，竟然包括口交：Dillard, "Adolescent Sexual Behavior: Demographics."
- 076 還有大約七成的青少年，認為：Child Trends DataBank, "Oral Sex Behavior Among Teens."
- 078 青少年圈子裡一直以訛傳訛，相信口交沒有風險：Halpern-Felsher, Cornell, Kropp, and Tschann, "Oral Versus Vaginal Sex Among Adolescents." 口交的青少年，只有9%表示自己在口交時使用保險套。See Child Trends DataBank "Oral Sex Behavior Among Teens." See also Copen, Chandra and Martinez, "Prevalence and Timing of Oral Sex with Opposite-Sex Partners Among Females and Males Aged 15-24 Years."
- 078 罹患性病的比率卻沒有降低：Advocates for Youth, "Adolescents and Sexually Transmitted Infections;" See also "A Costly and Dangerous Global Phenomenon," *Fact Sheet*. Advocates for Youth, Washington DC, 2010, "Comprehensive Sex Education: Research and Result" ; Braxton, Carey, Davis, et al., *Sexually Transmitted Disease Surveillance 2013*.
- 078 一般認為是和口交普遍有關：Steven Reinberg, "U.S. Teens More Vulnerable to Genital Herpes, " WebMD, October 17, 2013. See also Jerome Groopman, "Sex and the Superbug," New Yorker, October 1, 2012; Katie Baker, "Rethinking the Blow Job: Condoms or Gonorrhea? Take your Pick," *Jezebel* (blog), September 27, 2012,

- 078 女生口交的首要原因：女生進行口交的動機，避免性病排名第五，前面四名分別是改善關係、提升人氣、為了樂趣、基於好奇。Cornell and Halpern-Felsher, "Adolescent Health Brief."
- 078 多年來，心理學家一直警告：Gilligan , et al., *Making Connections*; Brown and Gilligan, *Meeting at the Crossroads;* Pipher, *Reviving Ophelia.* See also: Simons, *Odd Girl Out*; Simmons, The Curse of the Good Girl; Orenstein, *Schoolgirls.*
- 078 男生就完全不是這麼回事：男生口交之後表示「感覺很好」的比例，是女生的兩倍；女生表示「感覺自己被利用了」的比例，則是男生的三倍。Brady and Halpern-Felsher, "Adolescents' Reported Consequences of Having Oral Sex Versus Vaginal Sex." 這項研究特別檢視國三到高三生口交的後果。
- 079 男女都一樣，女生更是如此：Cornell and Halpern-Felsher, "Adolescent Health Brief."
- 079 真正的性接觸會帶來恥辱，將女生變成「蕩女」：可是，女生如果比同儕更早就開始吹簫的話，會比較容易自卑。Fava and Bay-Cheng, "Young Women's Adolescent Experiences of Oral Sex." 雖然她們說口交是一種策略，可以提升人氣，但是國三和高一的女生，只有一半跟男孩子一樣認為這樣的策略有效。Brady and Halpern-Felsher, "Adolescents' Reported Consequences of Having Oral Sex Versus Vaginal Sex," Cornell and Halpern-Felsher, "Adolescent Health Brief."
- 079 女生為了討好男生，而進行的算計和妥協：一項全國調查顯示，每三個女生就有一個說，進行口交就是為了避免真正的性接觸。Hoff, Green, and Davis, "National Survey of Adolescents and Young Adults."
- 080 她們對於口交，既冷靜又缺乏熱情：Burns, Futch and Tolman, "It's Like Doing Homework."

- 087 就像安娜說的，隨意搭訕的感情通常沒戲：Laura A. Backstorm 和她的同事針對大學生的研究，都發現男女交往時，會把舔陰當作雙方互動的一部分，但如果是勾搭，就沒有這檔事。雙方勾搭時，想要對方舔陰的女性，必須要很果斷才能如願；不好此道的女性則會顯得如釋重負。如果是正式交往，不願意口交的女性會覺得不自在，但是喜歡口交的女生，會認為口交是樂趣的來源。Backstorm , et al., "Women's Negotiation of Cunnilingus in College Hookups and Relationships."
- 089 大約有三分之一的異性戀女生會定期自慰：根據美國性健康與行為調查（NSSHB），14～17的男生，有超過四分之三表示他們曾經自慰過，但只有不到一半的女生說曾經自慰過。每個年齡層的女生，大約都有三分之一會定期自慰，可是會定期自慰的男生人數卻是隨著年齡穩定增加。Fortenberry, Shick, Herbenick , et al., "Sexual Behaviors and Condom Use at Last Vaginal Intercourse"；Robbins, Schick, Reese , et al., "Prevalence, Frequency, and Associations of Masturbation with Other Sexual Behaviors Among Adolescents Living in the United States of America"；Alan Mozes, "Study Tracks Masturbation Trends Among U.S. Teens," *U.S. News and World Report*, August 1, 2011. 根據 Caron, The Sex Lives of College Students, 65%的男大生每週自慰一次，可是會自慰的女生只有19%。
- 090「好像一旦你那樣做了之後，你就真的必須要」：Backstorm 等人的研究顯示，大部分的大學生同樣將舔陰視為親密、情感的行為，所以在正式交往的關係裡比較渴望得到。Backstorms, et al., "Women's Negotiation of Cunnilingus in College Hookups and Relationships." See also Bay-Cheng, Robinson and Zucker, "Behavioral and Relational Contexts of Adolescent Desire, Wanting, and Pleasure."
- 092 這位男性作者繼續寫道，陰道很髒：Wayne Nutnot, "I'm a Feminist but I Don't Eat Pussy," Thought

Catalog, June 7, 2013.

- 094 那些早期的經驗，可能會持續衝擊著她們：Schick, Calabrese, Rima , et al., "Genital Appearance Dissatisfaction."
- 094 女生對自己生殖器的感受：Author interview, Debby Herbenick, Indiana University, December 5, 2013; Schick, Calabrese, Rima, et al., "Genital Appearance Dissatisfaction." See also Widerman, "Women's Body Image Self-Consciousness During Physical Intimacy with a Partner."
- 094 對自己生殖器官感到不自在的大學女生：Schick, Calabrese, Rima, et al., "Genital Appearance Dissatisfaction." See also Widerman, "Women's Body Image Self-Consciousness During Physical Intimacy with a Partner."
- 095 另一項針對四百名大學生進行的研究：Bay-Cheng and Fava, "Young Women's Experiences and Perceptions of Cunnilingus During Adolescence."
- 095 年輕女性如果覺得自信的話：Armstrong, England, and Fogarty, "Accounting for Women's Orgasm and Sexual Enjoyment in College Hookups and Relationships."
- 098 巴西式除毛會成為主流：American Society for Aesthetic Plastic Surgery, "Labiaplasty and Buttock Augmentation Show Marked Increase in Popularity," Press release, February 5, 2014; American Society for Aesthetic Plastic Surgery, "Rising Demand for Female Cosmetic Genital Surgery Begets New Beautification Techniques," Press release, April 15, 2013.
- 099 最被追求的外表：Alanna Nunez, "Would You Get Labiaplasty to Look Like Barbie?" *Shape*, May 24,

2013. 也 Mireya Navarro, "The Most Private of Makeovers," *New York Times*, November 28, 2004.

- 099 有 30% 的大學女生說：Herbenick, et al., "Sexual Behavior in the United States."「全國性健康與行為調查（The National Survey of Sexual Health and Behavior）」是針對 14 ～ 94 歲的男女性行為進行的最大規模調查。
- 100 那麼女性感受疼痛的比例，會衝高到 70%：同上。
- 100 1992 年時，18 ～ 24 歲的女性，只有 16%：Herbenick, et al., "Sexual Behavior in the United States." See also: Susan Donaldson James, "Study Reports Anal Sex on Rise Among Teens," ABC.com, December 10, 2008.
- 101 一般人就會期待女生要忍受：Bahar Gholipour, "Teen Anal Sex Study: 6 Unexpected Findings," Livescience.com, August 13, 2014.
- 101 無論哪個年齡層：Laumann, et al., *Sex in America*.
- 101 是男生的四倍：12% 的年輕女性表示願意容忍自己不要的性活動，可是年輕男性只有 3% 願意容忍。Kaestle, "Sexual Insistence and Disliked Sexual Activities in Young Adulthood."
- 102 根據打造親密正義一詞的密西根大學心理學教授莎拉．麥克利蘭：McClelland, "Intimate Justice"; author interview, Sara McClelland, January 27, 2014.
- 102 可是男生卻恰好相反：McClelland, "What Do You Mean When You Say That You Are Sexually Satisfied?"; McClelland, "Who Is the 'Self' in Self-Reports of Sexual Satisfaction?"
- 102 女生比較容易拿伴侶的身體愉不愉悅，來衡量自己的滿足程度：兩個女性進行性接觸時，有 80% 的時刻，是雙方都達到高潮的。Author interview, Lisa Wade, March 19, 2014. See also Douglass and

Douglass, *Are We Having Fun Yet?*; Thompson, *Going All the Way*.

第三章　宛如處女，管它是什麼

- 105 克莉絲汀娜告訴我，就在一個星期之前：2012 年，電影製片琳娜・艾斯科（Lina Esco）發起了一項「解放乳頭」運動，重點是終結「只性化女性，而非男性的上半身」這種雙重標準。2015 年八月的「上空遊行日」在全球 60 個城市同步舉行，抗議者的訴求是坦胸露乳的性別平等。*Free the Nipple*, dir. Linda Esco New York: IFC Films; Kristie McCrum, "Go Topless Day Protesters Take Over New York and 60 Other Cities for 'Free the Nipple' Campaign," *Mirror*, August 24, 2015.
- 107 將近三分之二的青少年：64％的高三學生至少有過一次性接觸。Kann, Kinchen, Shanklin, et al., "Youth Risk Behavior Surveillance — United States, 2013."
- 107 但也有不少女生：有過性經驗的女生，70％表示第一次是跟一個穩定的伴侶；16％說第一次的對象是跟剛剛認識的男生或一般朋友。Martinez, Copen and Abma, "Teenagers in the United States: Sexual Activity, Contraceptive Use and Childbearing, 2006-2010. National Survey of Family Growth."
- 107 全國的採樣，有超過一半的人：Leigh and Morrison, "Alcohol Consumption and Sexual Risk-Taking in Adolescents."
- 107 大部分的人都說很後悔：Martino, Collins, Elliot , et al., "It's Better on TV"; Carpenter, *Virginity Lost*. 儘管研究並沒有回答「等什麼？」的問題，但 Martino 和他同事都表示「會說但願等久一點再發生第一次關係的年輕人，顯然對自己的性愛決定是後悔了，無論是因為還沒準備好，但願第一次是跟另一個伴侶共度，或者是和伴侶對於兩人關係的看法不同，對自己的第一次性愛並不滿意，或發現結果不是他們希望或期待的那樣。」

- 108 潔西卡．瓦蘭提（Jessica Valenti）就在她的《純潔神話》（The Purity Myth）一書中：Valenti, *The Purity Myth.*
- 112 四個 18 歲的男女當中，就有一個：Jayson, "More College 'Hookups' but More Virgins, Too."
- 112 除非他們有宗教信仰，否則是不會宣傳自己沒有性經驗的：Carpenter, *Virginity Lost.*
- 113 每一種方式都或多或少出現在這些女生描述給我聽的內容裡：同上。
- 114 第一次的性接觸只是成長、探索性的過程，是自然且無法避免的一步：由此可見，研究人員雪倫湯普森（Sharon Thompson）是如何發現年輕女性若基於自己的慾望而認可或決定自己的性，會比忽略或否認自己慾望的女性，更能在失去童貞的過程中找到樂趣。Thompson, *Going All the Way.*
- 116 到了 2004 年，有兩百五十萬人：Bearman and Bruckner, "Promising the Future."
- 117 我當下便記著要提醒自己去查：Rector, Jason, Noyes, , et al., *Sexuality Active Teenagers Are More Likely to Be Depressed and to Attempt Suicide.*
- 117 女生也比男生更可能因為性活動而被霸凌：Dunn, Gjelsvik, Pearlman, et al.,, "Association Between Sexual Behaviors, Bullying Victimization, and Suicidal Ideation in a National Sample of High School Students."
- 120 可能是因為缺乏教育：Regnerus, *Forbidden Fruit.* 瑞格納羅斯發現，性活躍的人當中，號稱重大決定之際會尋求上帝或聖經指引的青少年，只有一半表示性接觸時會進行防護措施；表示會尋求父母或信任的成人的建議的年輕人，則有 69% 會進行防護措施。瑞格納羅斯的發現，是根據美國青少年健康長期追蹤資料庫 (National Longitudinal Study of Adolescent to Adult Health, Add Health)，也根據他自己和同事的研究，他們研究的對向是三千四百名兒童，年齡介於 13 ～ 17 歲。

- 121 誓言要讓人覺得特別：Bearman and Brückner, "Promising the Future." 兩人的研究數據來自美國青少年健康長期追蹤資料庫 (National Longitudinal Study of Adolescent to Adult Health, Add Health)。
- 121 是沒宣誓的男生的四倍：Bearman and Brückner, "After the Promise."
- 122 到了二十幾歲的時候，超過 80% 的人：Rosenbaum, "Patient Teenagers?"
- 122 唯一還固守的一件事：同上。
- 123 可是一旦結婚之後，他們發現跟朋友討論：Molly McElroy, "Virginity Pledges for Men Can Lead to Sexual Confusion － Even After the Wedding Day," *UW Today*, August 16, 2014.
- 123 有個十歲就在浸信會教堂宣誓守貞的年輕女生：Samantha Pugsley, "It Happened to Me: I Waited Until My Wedding Night to Lose My Virginity and I Wish I hadn't," *XOJane*, August 1, 2014. See also Jessica Ciencin Henriqueaz, "My Virginity Mistake: I Took an Abstinence Pledge Hopping It Would Ensure a Strong Marriage. Instead, It Led to a Quick Divorce," *Salon*, May 5, 2013.
- 123 同時，2011 年，一項針對一萬四千五百人的調查：Darrel Ray and Amanda Brown, *Sex and Secularism, Bonner Springs*, KS: IPG Press, 2011.
- 125 另外，如果戴夫真的希望：美國普查局（U.S. Census Bureau）在 2011 年 8 月 25 日於華盛頓特區發布的新聞：「根據美國普查局調查，全國離婚率，南部最高，東北部最低」。See also Vincent Trivett and Vivian Giang, "The Highest and Lowest Divorce Rates in America," Business Insider, July 23, 2011.

- 125 數據顯示：Jennifer Glass, "Red States, Blue States, and Divorce: Understanding the Impact of Conservative Protestantism on Reginal Variation in Divorce Rates," Press release, January 16, 2014. Council on Contemporary American Families.
- 128 就算有媽媽認定自己曾經跟女兒聊過：《歐普拉雜誌》及《十七》兩個雜誌，曾經針對一千名15～22至二十二歲的讀者，以及一千名這個年紀女兒的的母親進行聯合民調，發現22%的母親相信女兒和媽媽談性愛會不自在；但表示和母親討論性愛會不自在的女兒，卻高達61%。女孩嘗試過口交的比率（30%），是母親所知或懷疑的兩倍。有過性接觸的女孩，有46%都沒讓母親知道；墮胎過的女生，也有很多是都沒讓母親知道的。Liz Brody, "The O/Seventeen Sex Survey: Mothers and Daughters Talk About Sex," O Magazine, May 2009. 2012年計劃生育」（Planned Parenthood，美國提供婦女健康服務的機構）執行的調查，也發現雖然有半數的父母說和青少年兒女談論性愛時很自在，卻只有19%的孩子表示可以跟父母自在地談論性愛。雖說有42%的父母表示曾經「一而再，再而三地」和孩子說性愛，卻只有27%的孩子表示同意，甚至有34%的孩子說，父母要不是從沒說過「性」事，就是只說過一次。接受調查的父母相信自己已經給了孩子很細膩的指引，可是孩子卻只聽到非常簡單的指令，例如「不要」之類。Planned Parenthood. "Parents and Teens Talk About Sexuality: A National Poll," *Let's Talk*, October 2012. See also Planned Parenthood, "New Poll: Parents Are Talking with Their Kids About Sex but Often Not Tackling Harder Issues, Plannedparenthood.org, October 3, 2011.
- 137 萬一真的像潔西卡．瓦蘭提在《純潔神話》書中說的一樣：Valenti, *The Purity Myth*.

第四章　勾搭與感情障礙

- 139 婚前性行為的劇變：Armstrong, Hamilton, and England, "Is Hooking UP Bad for Young Women?"
- 140 勾搭文化這個詞彙，即出自此意：Wade and Heldman, "Hooking UP and Opting Out."
- 140 線上大學社交生活調查的研究對象：Armstrong, Hamilton, and England, "Is Hooking UP Bad for Young Women?"
- 140 在富裕的人異性戀者之中最為常見：同上。非裔美國女性及亞裔男性一直是性交易史上最邊緣化的兩群。同性戀學生的勾搭比率也偏低，可能因為在校園中他們的人數較少，且比較注重安全。See Gracia, Reiber, Massey, et al., "Sexual Hook-Up Culture." 根據社會學家莉莎・韋德的研究，黑人學生比較容易意識到自己是否看起來「可敬」（respectable），也比較知道避免「曼丁哥人」（Mandingo）和「耶洗別」（Jezebel，指女性謀殺犯）的刻板印象。勾搭文化也是以兄弟會的派對為中心，而兄弟會的黑人成員往往不會有自己的會所。貧窮及工人階級的學生，則往往是家族中第一個上大學的，也會避免在派對／勾搭的場合中露面。Lisa Wade, "The Hookup Elites," *Slate DoubleX*, July 19, 2013.
- 140 這一類的勾搭，只有三分之一有性接觸：Armstrong, Hamilton, and England, "Is Hooking UP Bad for Young Women?"
- 141 孩子多半會高估：Alissa Skelton, "Study: Students Not 'Hooking UP' As Much As You Might Think," *USA Today*, October 5, 2011; Erin Browdwin, "Stduents Today 'Hook UP' NO More Than Their Parents Did in College," *Scientific American*, August 16, 2013.

- 141 從排行榜單上的歌曲，高達92%都和性愛有關：Dino Grandoni, "92% of Top Ten Billboard Songs Are About Sex," The Wire: News from *the Atlantic*, September 30, 2011.
- 141 創作並主演《怪咖婦產科》的明蒂・卡靈："Not My Job: Mindy Kaling Gets Quizzed on Do-It-Yourself Projects," *Wait, Wait. . . . Don't Tell Me!*, National Public Radio, June 20, 2015.
- 141 真相是，將近四分之三的男生：Debby Herbenick, unpublished survey, February 2014.
- 142 如果勾搭時有性接觸：Armstrong, England, and Fogarty, "Accounting for Women's Orgasm and Sexual Enjoyment in College Hookups and Relationships."
- 142 高潮未必是性滿足的唯一指標：同上。
- 142 就像某個男生對密西根大學社會學家伊麗莎白・阿姆斯壯及她的同事說的：同上。
- 143 由此可見，為什麼82%的男生說：Gracia, Riebe, Massey, et al., "Sexual Hook-Up Culture." 2010年針對八百三十二個大學生的調查，發現只有26%的女性，及50%的男生表示勾搭之後感覺正面，其他研究則發現只有大約四分之三的學生對於先前的性活動，最少有一次感到後悔。Owen et al., "'Hooking up' Among College Students."
- 143 隨著初婚的年齡提高：Armstrong, Hamilton, and England, "Is Hooking UP Bad for Young Women?"
- 148 她的課業也受到嚴重的影響：根據青少年的報告，最沮喪也最創傷的事件之一，就是分手，此外也有越來越多證據表示分手會直接導致年輕人自殺。Joyner and Udry, "You Do Bring Me Anything but Down" 及 Monroe, Rhode, Seeley , et al., "Life Events and Depression in Adolescence."
- 148 青少女若遭受情愛關係伴侶的身體虐待或性虐待，有超過一半的案例：根據美國疾病管制與預防中心（CDC）的調查，高中女生當中，每七名就有一名以上曾經在前一年遭受伴侶的身體虐待，每七名就有一名遭到性騷擾。拉丁美洲裔與白人女孩比黑人更容易成為約會虐待的受害者。Kann, Kinche, Shanklin, et al., "Youth Risk Behavior Surveillance – United States, 2013."

- 148 也有機會再度成為受虐者：ExnerCortens, Eckenrode, and Rothman, "Longitudinal Associations Between Teens Dating Violence Victimization and Adverse Health Outcomes."
- 152 我造訪過的大學校園：最近某些人開始努力運用策略，希望可以減少性侵害。Amanda Hess, "Sonority Girls Fight for Their Right to Party." *Slate XXFactor*. January 20, 2015.
- 155 才能製造西方大學社會學副教授莉莎．韋德所謂的「強迫寬心」：Author's interview with Lisa Wade, June 9, 2015.
- 156 就像性接觸一樣，年輕人的比率：把「喝到爛醉」比例拉低的，是男大生而不是女大生。National Center for Chronic Disease Prevention and Health Promotion, "Binge-Drinking: A Serious, Unrecognized Problem Among Women and Girls." See also Rachel Berl, "Making Sense of the Stats on Binge Drinking." *U.S. News and World Report*, January 17, 2013.
- 156 大學生每四名就有一名，高中生則是每五名中有一名：National Center for Chronic Disease Prevention and Health Promotion, "Binge-Drinking: A Serious, Unrecognized Problem Among Women and Girls." See also Berl, "Making Sense of the Stats on Binge Drinking."
- 156 另一項調查則發現："College Drinking," Fact Sheet. Kelly-Weeder, "Binge Drinking and Disordered Eating in College Students"; Dave Moore and Bill Manville, "Drunkorexia: Disordered Eating Goes Hand-in-

Glass with Drinking Binges," *New York Daily News*, February 1, 2013. Ashley Jennings, "Drunkorexia: Alcohol Mixes with Eating Disorders," ABC News, October 21, 2010.

- 156 他們可能會醉得最厲害：一項調查，對象是參與過沒有承諾，但涉及穿透的性接觸的男女，這項調查顯示，71%的男女當下都喝醉了。Fisher, Worth, Gracia, et al., "Feelings of Regrets Following Uncommitted Sexual Encounters in Canadian University Students."
- 157 這個過程涉及到禁慾、節制以及貞潔：Gaitlan Flanagan, "The Dark Power of Fraternities," *Atlantic*, March 2014.
- 166 假裝高潮的人數：Caron, *The Sex Lives of College Students*.
- 171 能量飲混合酒精之後，會讓人錯覺自己很清醒：Centers for Disease Control, "Caffeine and Alcohol" *Fact Sheet*; Linda Carroll, "Mixing Energy Drinks and Alcohol Can 'Prime' You for a Binge." Today.com, News (blog), July 14, 2014. Allison Aubrey, "Caffeine and Alcohol Just Make a Wide-Awaje Drunk," *Shots: Health News from NPR* (blog), February 11, 2013.
- 173 可是誠如伊麗莎白・阿姆斯壯和她同事研究指出的：Armstrong, Hamilton, and Sweeney, "Sexual Assault on Campus."
- 173 這說服過程往往很辛苦：同上。
- 175 2014 年司法部發布的一份報告：根據司法部的報告，同齡的「非大學生」受害人，有 32%會舉報自己受到性侵害。Laura Sullivan, "Study: Just 20 Percent of Female Campus Sexual Assault Victims Go to Police," *The Two Way*, National Public Radio, December 11, 2014.

- 180 男生通常是後悔：Oswalt, Cameron, and Koob, "Sexual Regret in College Students."

第五章　出櫃：網路世界與真實世界

- 191 還可能因為寫男性身體，可以讓女性：For more on fan fiction, see Alexandra Alter, "The Weird World of Fan Fiction," *Wall Street Journal*, June 14, 2012; and Jarrah Hodge, "Fanfiction and Feminism." For a fascinating discussion of why so many "slash" stories are male on male, including those written by lesbians, see Melissa Pittman, "The Joy of Slash: Why Do Women Want It?" *The High Hat*, Spring 2005. In the spring of 2014, Chinese officials arrested twenty authors for the crime of writing male/male slash fiction – most were young women in their twenties. Ala Romano, "Chinese Authorities Are Arresting Writers of Slash Fanfiction," *Daily Dot*, April 18, 2014.
- 192 雖說公司早在 2015 年初，就明文規定：因為使用者都匿名，所以究竟是誰在 Reddit 上貼了那些照片，已不可考。Ben Branstetter, "Why Reddit Had to Compromise on Revenge Porn," *Daily Dot*, February 27, 2015.
- 192 就像他們的異性戀同儕一樣，網路對非傳統雙性戀的青少年也可以是一把雙面刃：這裡的「女生」，包括同性戀與雙性戀者中順性別的女生，也就是自我認同的性別與生理性別相同的女生，還包括男變女的跨性別女生。「男生」也同樣包括這兩類。GLSEN, *Out Online*.
- 193 可是這些非傳統雙性戀孩子，還是會回到網路上去找資料、尋求支持：非傳統雙性戀的青少年，上網找性和性吸引相關資料的，是傳統雙性戀青少年的五倍；他們實質上也更可能在網路上交到密友。同上。

- 193 每十個就有一個：同上。根據 2012 年人權運動（Human Rights Campaign）的報告「持續成長的美國男女同志雙性戀與變性人」（Growing Up LGBT in America）指出，73％的同性戀青少男，對於自己的身分，在網路上比在現實生活裡「更誠實」，可是認定自己是異性戀的青少年，卻只有 43％認為自己在網路上比較誠實；不過，這一點似乎也很令人憂心。
- 195 出櫃的平均年齡：“Age of ‘Coming Out’ Is Now Dramatically Younger: Gay, Lesbian, and Bisexual Teens Find Wider Family Support, Says Researcher. “ *Science News*, October 11, 2011.
- 201 1990 年代早期：根據美國疾病控制與預防中的資料，25 ～ 44 歲的女性，有 12％ 自述一生中曾經與同性發生過性接觸；與同性有過性接觸的男性則占 6％。Chandra, Mosher, Copen, et al., Sexual Behavior, Sexual Attraction, and Sexual Identity in the United States.
- 206 一項針對萬名以上青少年的研究顯示：Human Rights Campaign, *Growing Up LGBT in America*.
- 206 凱特琳．萊恩的組織認為：Zack Ford, “Family Acceptance Is the Biggest Factor for Positive LGBT Youth Outcomes, Study Finds,” ThinkProgress.org., June 24, 2015; Also Ryan, “Generating a Revolution in Prevention, Wellness, and Care for LGBT Children and Youth.”
- 212 美國人被認定是跨性別者的比率估計僅有千分之三：Gary J. Gates, “How Many People Are Lesbian, Gay, Bisexual and Transgender?” April 2011, Williams Institute on Sexual Orientation Law and Public Policy, UCLA School of Law, Los Angeles.
- 212 被認定為男女同志或雙性戀的成年人，則占了 3.5％：Gates, “How Many People Are Lesbian, Gay,

Bisexual and Transgender?" See also Gary J. Gates and Frank Newport, "Special Report: 3.4% of U.S. Adults Identify as LGBT," poll, Gallup.com, October 8, 2012. 年齡層介於 18 ～ 29 歲的男性，有 4.6%，女性則有 8.3%，認定自己是同志、雙性戀或跨性別，這比率高居所有年齡層之冠。民調結果顯示，美國大眾相信 23% 的成年人是同志。Frank Newport, "Americans Greatly Overestimate Percent Gay, Lesbian in U.S." Gallup.com, May 21, 2015.

- 213 真正的數字很難估算：因為「性別酷兒」究竟算不算跨性別者，一直有爭議。Gates, "How Many People Are Lesbian, Gay, Bisexual, and Transgender?"
- 213 兩人在跨性別青少年支持團體裡相識：兩人已分手，各自計畫要出版回憶錄。Janine Radford Rubenstein, "Arin Andrews and Katie Hill, Transgender Former Couple, to Release Memoirs," People, March 11, 2014.
- 214 他們可能會用比較中性的代名詞：For a rundown of gender-neutral pronouns and their meanings, see "The Need for a Gender Neutral Pronoun," *Gender Neutral Pronoun Blog*, January 24, 2010. See also Margot Adler, "Young People Push Back Against Gender Categories."
- 214 她父母最初暗示：Solomon P. Banda and Nicholas Riccardi, "Coy Mathis Case: Colorado Civil Rights Division Rules in Favor of Transgender 6-Year-Old in Bathroom Dispute," Associate Press, June 24, 2013; Sabrina Rubin Erdely, "About a Girl: Coy Mathis' Flight to Change Gender," Rolling Stone, Ocbober 28, 2013.

第六章　模糊界線：一個巴掌拍不響

- 221 他們看不起女生，也看不起女老師：For an outstanding account of the Glen Ridge rape and its impact, see Lefkowitz, *Our Guys*.
- 222 直到 2015 年，泰森的前經理人才承認：Nicholas Godden, "Mike Tyson Rape Case Was Inevitable, I'm Surprised More Girls Didn't Make Claims Against Him," *Mail Online*, February 9, 2015.
- 224 男生會說，「對，我是壓倒一個女生」：Kamenetz, "The History of Campus Sexual Assault."
- 225 其他的媒體通路：*The Date Rape Backlash Media and the Denial of Rape*, Jhally, prod.
- 226 凱蒂・羅伊芙的熱度過去之後：Zoe Heller, "Shooting from the Hip," *Independent*, January 17, 1993.
- 226 她的著作《誰偷走了女性主義》（Who Stole Feminism）：Hoff Sommers, *Who Stole Feminism*.
- 230 如果用最狹義的定義來談強暴：Raphael, *Rape Is Rape*.
- 230 儘管如此，根據普查局的資料：美國普查局，*School Enrollment in the United States 2013*, Washington DC: U. S. Census Bureau, September 24, 2014.
- 231 美洲大學協會：Cantor, Fisher, Chibnall , et al., *Rape on the AAU Campus Climate Survey on Sexual Assault and Sexual Misconduct*.
- 232 還有 25% 表示，上述情況在她們身上至少發生過一次：Ford and England, "What Percent of College Women Are Sexually Assaulted in College?" 還有第三項調查，是由聯合教育者協會（United Educators）於 2015 年發布的，這項研究發現 2011 ～ 2013 年間，在一百〇四所相關學校所舉發的強報案件中，有 30% 都是在暴力或暴力威脅情況之下發生的，33% 則是在受害人喪失行為能力的情況下發生的。另有 13%的案子，加害人並未使用暴力，而是在受害人遲疑或口頭拒絕時，依舊持續進行性接觸。還有 18%的案子，則註記為「失效的同意」：加害人既未暴力相向，也未以暴力威脅，更未脅迫，只是「故意忽略或誤解線索，或因對方沉默或不抵抗，就推論對方同意。」其餘 7%的強暴案件，則涉及到使用迷幻藥。99%的加害人都是男性。Claire Gordon, "Study: College Athletes Are More Likeky to Gang Rape," *Al Jazeera America*, February 26, 2015.

- 232 但如果我們將喝醉狀況下的性侵害都算進去的話，數字就來到每四人就有一人：2015 年的另一項研究，針對紐約州北部一所私立大學的四百八十三名學生，結果發現 18.6%的大一女生曾經或險些遭到強暴。Carey, Durney, Shepardson, et al., "Incapacitated and Forcible Rape of College Women."
- 232 所以不意外地，2006 年時：Kristen Lombardi, "Campus Sexual Assault Statistics Don't Add Up," Center for Public Integrity, December 2009. 2009 ～ 2014 年間，全國的抽樣當中，超過四成的學校連一次性侵案都未調查。United States Senate, U.S. Senate Subcommittee on Financial and Contracting Oversight, *Sexual Violence on Campus*.
- 233 誠如法律部落客麥可．多福所寫的：Michael Dorf, "'Yes Means Yes' and Preponderance of the Evidence," *Dorf on Law* (blog), October 29, 2014.
- 235 當中不乏國內校譽卓著的：Edwin Rios, "The Feds Are Investigating 106 Colleges for Mishandling Sexual Assault. Is Yours One of Them?" *Mother Jones*, April 8, 2015.
- 235 反映出受害人樂意走出來："New Education Department Data Shows Increase in Title IX Sexual Violence Complaints on College Campuses," Press release, May 5, 2015, Office of Barbara Boxer, U.S. Senator,

California.

- 235 可是審查之後，數字又會恢復原本的水準：Yung, "Concealing Campus Sexual Assault."
- 237 2015 年，針對紐約州北部某大型私立大學大一女生所做的調查當中，有 28% 的女生表示：和其他的調查不一樣的是，這個調查僅限法律上定義的強暴，並未將強迫撫摸或強吻列入。Carey et al., "Incapacitated and Forcible Rape of Women." 根據美國司法部門統計，14 ～ 17 歲的小女生，每五名就有一名曾經遭到性侵或性侵未遂。Finkelhor, Turner and Ormrod, "Children's Exposure to Violence."
- 239「難道你不認為你徹底毀了我的人生嗎？」：Jason Riley and Andrew Wolfson, "Louisville Boys Sexually Assaulted Savannah Dietrich 'Cause We Thought It Would Be Funny," Courier Journal, August 30, 2012.
- 243 通常受害人和侵害者（或眾多侵害者）雙方：Krebs, Lindquist, and Warner, *The Campus Sexual Assault (CSA) Study Final Report*.
- 243 可是到了 2013 年，專欄作家艾蜜麗．約夫在線上雜誌《石版》的「雙X專欄」上寫道：Emily Yoffe, "College Women: Stop Getting Drunk," Slate Double X, October 15, 2013.
- 243 女性代謝酒精的能力：Centers for Disease Control, "Binge Drinking: A Serious Under-Recognized Problem Among Women and Girls."
- 244 她們說，如果要減少性侵害：Gordon, "Study: College Athletes Are More Likely to Gang Rape"；Abbey, "Alcohol's Role in Sexual Violence Perpetration"；Davis, "The Influence of Alcohol Expectancies and Intoxication on Men's Aggressive Unprotected Sexual Intentions;" Foubert, Newberry and Tatum, "Behavior Differences Seven Months Later"；Carr and VanDeusen, "Risk Factors for Male Sexual Aggression on College

Campuses" ; Abbey, Clinton-Sherrod, McAuslan, et al., "The Relationship Between the Quantity of Alcohol Consumed and Severity of Sexual Assaults Committed by College Men" ; Norris, Davis, George et al., "Alcohol's Direct and Indirect Effects on Men's Self-Reported Sexual Aggression Likelihood" ; Abbey et al., "Alcohol and Sexual Assault" ; Norris et al., "Alcohol and Hyper -masculinity as Determinants of Men's Empathic Responses to Violent Pornography."

- 244 會降低他們的自制力：Abbey, "Alcohol's Role in Sexual Violence Perpetration" ; Davis, "The Influence of Alcohol Expectancies and Intoxication on Men's Aggressive Unprotected Sexual Intentions" ; Abbey at al., "Alcohol and Sexual Assault."
- 244 清醒的男生恰恰相反，不但性方面比較不會脅迫：Abbey, "Alcohol's Role in Sexual Violence Perpetration" ; Orchowski, Berkowitz, Boggis, et al., "Bystander Intervention Among College Men."
- 244 每年都有六十萬名 18 ～ 24 歲的學生：Nicole Kosanake and Jeffrey Foote, "Binge thinking: How to Stop College Kids from Majoring in Intoxication," *Observer*, January 21, 2015.
- 245 2013 ～ 2014 那學年的頭兩個月：Dan Noyes, "Binge Drinking at UC Berkeley Strains EMS System," Eyewitness News, ABC, November 7, 2013; Emilie Raguso, "Student Drinking at Cal Taxes Berkeley Paramedics," Berkeleyside.com, November 12, 2013; Nico Correia, "UCPD Responds to 8 Cases of Alcohol-Related Illness Monday Morning," *Daily California*, August 26, 2013. 2012 年加州柏克萊剛開學那兩週，就有十二名學生被送醫；2011 年，光是八月份就有十一件意外。不過到了 2014 年，開學第一週的意外事件減少一半。*Daily California*, "Drinking Is a Responsibility," August 26, 2014.

- 245 暴飲的人增多的情況下，性侵害的比例也提高了：Mohler-Kuo, Dowdall, Koss, et al., "Correlates of Rape While Intoxicated in a National Sample of College Women." 再次說明，這並不是說酒精引發強暴，而是強調強暴犯多以酒精來助長罪行。
- 245「誰知道他們的目的是什麼？」Noyes, "Binge Drinking at UC Berkeley Strains EMS System."
- 246 將近 60% 的人表示不確定："Poll: One in 5 Women Say They Have Been Sexually Assaulted in College," *Washington Post*, June 12, 2015.
- 253「我們要團結，不讓這類的鳥事變成可以。」：Andre Rouillard, "The Girl Who Ratted," Vanderbilt Hustler, April 16, 2014.
- 254 雖然，很奇怪，誠如犯罪學家簡・喬登曾經指出的：Raphael, *Rape Is Rape*.
- 254 強暴翻供可能是抱怨者想要避免落入警方手中時遭受到「二次傷害」：此外，受害人還被迫接受測謊，由於這項措施往往會產生不利的影響，讓受害人更不願意站出來，因此已被廢除。被要求測謊的受害人，相信自己從一開始就遭到懷疑了。Kanin, "False Rape Allegations."
- 254 不實指控的比率大約介於 2%～8% 之間：Raphael, *Rape Is Rape*; Lisak, Gardinier, Nicksa et al., "False Allegations of Sexual Assault: An Analysis of Ten Years of Reported Cases."
- 254 當然，我們不能忘記可能會有不實的指控：Sinozich and Langton, *Special Report: Rape and Sexual Assault Victimization Among College-Age Females, 1995-2013*; Tyler Kingkade, "Fewer Than One-Third of Campus Sexual Assault Cases Result in Expulsion," Huffington Post, September 29, 2014; Nick Anderson, "Colleges Often Reluctant to Expel for Sexual Violence," *Washington Post*, December 15, 2014.

- 255 同樣召來校園強暴「過度矯正」這個鬼東西的艾蜜麗・約夫：Emily Yoffe, "The College Rape Overcorrection," *Slate DoubleX*, December 7, 2014.
- 255 我們也同樣在教導這代的年輕女生說：Emily Yoffe, "How The Hunting Ground Blurs the Truth," *Slate DoubleX,* February 27, 2015.
- 256 可是年輕女生，就像我之前說的，還是性愛的守門員：Tolman, Davis, and Bowman, "That's Just How It Is."
- 258 另外一項針對四百五十多名加拿大大一新生實施的風險降低計畫：Senn, Elisasziw, Barata, et al., "Efficacy of a Sexual Assault Resistance Program for University Women." 這格外重要，因為強暴犯往往鎖定大一的女生。這個課程包括三、四個單元，教女生抗拒的技巧，並實際演練，其目的在使年輕女性能夠評估來自熟人的風險，能夠克服確認危險的心理障礙，採取有效的言詞或身體動作以求自保。
- 259「我不想引起衝突」：Bidgood, "In Girls's Account, Rite at St. Paul's Boarding School tuned into Rape."
- 259 這比率下降到 13.6%：Edwards et al., "Denying Rape but EWndorsing Forceful Intercourse."
- 259 也等於是把女生的性可得當成是女生的默認：Katha Pollitt, "Why Is 'Yes Mens Yes'So Misunderstood?" *Nation*, October 8, 2014.
- 266「可以的女朋友」不管怎樣都只會說可以：Laina Y. Bay-Cheng and Rebecca Eliseo-Arras, "The Making of Unwanted Sex: Gendered and Neoliberal Norms in College Women's Unwanted Sexual Experiences," *Journal of Sex Research*, 45, NO. 4 (2008): 386-97.

- 266 這些年輕人忍不住想著，你們把這稱為什麼呢？：某些女大生可能事先前拒絕，卻仍然遭到伴侶強迫，才會在不想性愛時依然順從對方。一項針對大學生的研究顯示，之前被伴侶逼迫甚至侵害過的女生，之後勉強順從的機率，是沒被逼迫或侵害的女生的七倍。Katz and Tirone, “Going Along with It.”
- 267 兄弟會成員和運動員，累犯的機率高到不成比例：為美國各學校提供責任保險的聯合教育者（United Educators）公司，針對 104 個合作大學於 2011 ～ 2013 年發生的 305 件性侵害舉報進行分析，並於 2015 年提出報告，內容指出：雖然被控性侵的學生，有一成是來自兄弟會（符合他們在校園裡出現的頻率），性侵累犯之中，這批人卻占了 24%；被控性侵的學生，有 15% 是運動員，這同樣符合他們在校園裡活動的頻率，而運動員輪暴女學生的比率，卻是一般學生的三倍，學校舉報的多次攻擊事件，有四成是他們犯下的。Gordon, “Study: College Athletes Are More Likely to Gang Rape.”

第七章　要是我們把真相告訴她們呢？

- 272 要心存善意，努力讓每個當事人都滿意：Abraham, “Teaching Good Sex.”
- 273 未婚女性不能合法尋求避孕：Kristin Luker, *When Sex Goes to School*.
- 273 雖然超過一半的女性：Amy Schalet, Not Under My Roof. 直到 1969 年，仍有三分之二的美國人認為婚前性行為是不對的。Lydia Saad, “Majority Considers Sex Before Marriage Morally Okay,” Gallup News Service, May 24, 2001.

- 273 由於性愛不再和生育綁在一起：1970 年代早期，反對婚前性行為的比率，就降到 47%了。到 1985 年時，已有超過一半的美國人認為婚前性行為「道德上可以」。Saad, “Majority Considers Sex Before Marriage Morally Okay.” 到了 2014 年時，66%的美國人認為未婚男女之間的性愛是「大大可以接受的。」請參與 Rebecca Riffkin, “New Records Highs in Moral Acceptability,” Gallup.com, May 2014.
- 274 他們說新的性自由引發了青少女懷孕生子「大流行」：Jeffrey Moran, *Teaching Sex*.
- 274 還向他們保證不忠普遍存在：同上。
- 275 來獲得社會、心理和健康利益：同上。
- 275 到了 1999 年時，應該要實施全面性教育的老師，卻有高達四成的老師認為他們要傳達的最重要訊息是：同上。
- 275 到了 2003 年，三成公立學校的性教育課程：U.S. House of Representatives, *The Content of Federally Funded Abstinence-Only Education Programs*.
- 276 那些錢可能也已經燒光了：Nicole Cushman and Debra Hauser, “We’ve Been Here Before: Congress Quietly Increases Funding for Abstinence-Only Programs,” RH Reality Check, April 23, 2015.
- 276 追溯超過十年的研究發現：U.S. House of Representatives, *The Content of Federally Funded Abstinence-Only Education Programs*; Hauser, “Five Years of Abstinence-Only-Until-Marriage Education: Assessing the Impact,” 2004, Advocates for Youth, Washington, DC; Kirby, “Sex and HIV Programs”; Trenholm, Devaney, Fortson, et al., “Impacts of Four Title V, Section 510 Abstinence Education Programs.”
- 276 反而更容易意外懷孕：Kohler, Manhart, and Lafferty, “Abstinence-Only and Comprehensive Sex

Education and the Initiation of Sexual Activity and Teen Pregnancy."

- 276 否則他們早就放棄這一套：Amanda Peterson Beadle, "Teen Pregnancies Highest in States with Abstinence-Only Policies," ThinkProgress, April 10, 2012; Rebecca Wind, "Sex Education Linked to Delay in First Sex," Media Center, Guttmacher Institute, March 8, 2012; Advocates for Youth, "Comprehensive Sex Education"；and "What Research Says About Comprehensive Sex Education."
- 276 一億八千五百萬美元專款用於研究和計畫：這筆任意資金流包括一億一千萬美元，用在總統的「青少年預防懷孕倡議」（Teen Pregnancy Prevention Initiative，簡稱 TPPI），受青少年健康辦公室（Office of Adolescent Health）管轄；另外七千五百萬美元則用在「個人責任教育計劃」（Personal Responsibility Education Program，簡稱 PREP），這是「平價健保法案」（Affordable Care Act）的一部分。"A Brief History of Federal Funding for Sex Education and Related Programs."
- 277 同時，守貞教育計畫的七千五百萬資金："Senate Passes Compromise Bill Increasing Federal Funding for Abstinence-Only Sex Education," *Feminist Majority Foundation: Feminist Newswire* (blog), April 17, 2015. 各州的要求等相關資料，Guttmacher Institute, "Sex and HIV Education."
- 277 對於父母來說，這表示你永遠不會知道：For information on individual state requirements as of 2015, see Guttmacher Institute, "Sex and HIV Education."
- 277 有個法官首次開庭指控公立學校體系積極傳授錯誤資訊：Bob Egeiko, "Abstinence-Only Curriculum Not Sex Education, Judge Rules," *San Francisco Chronicle*, May 14, 2015. 2011 年加州大學舊金山分校進行的一項研究也發現在性教育方面並不完全符合州政府的法律規定。加州各學區的一項採樣調查，發現超過四成的國中都沒能教如何運用保險套及其他的避孕方法；至於高中，則有16%的學生，學到保險套沒有效果，還有七成的學區則在教導性取向時，未能遵守法律規定，提供適齡的教材。Sarah Combellick and Claire Brindis, *Uneven Progress: Sex Education in California Public Schools*, November 2011, San Francisco: University of California—San Francisco Bixby Center for Global Reproductive Health.

- 278 好好保重，好好地玩：Alice Dreger, "I Sat in on My Son's Sex-Ed Class and I Was Shocked by What I Heard," The Stranger, April 15, 2015; Sarah Kaplan, "What Happened When a Medical Professor Live-Tweeted Her Son's Sex-Ed Class on Abstinence," *Washington Post*, April 17, 2015。
- 286 早期的性經驗：Brugman, Caron, and Rademakers, "Emerging Adolescent Sexuality."
- 288 我朋友的母親也會問我感覺如何：同上。
- 288 他們刻意把青少年的性愛看得很自然：Amy Schalet, *Not Under My Roof*.; also Saad, "Majority Considers Sex Before Marriage Morally Okay." 蓋洛普民調公司，一直到2013年，發現不同年齡層信念有著顯著的差異之後，才開始特別衡量父母對於青少年子女性愛的態度。超過55歲的成人，只有22%認同青少年的性愛是「道德上可以接受的」，而35～54歲的大人，則有30%同意；18～24歲的成人，則有高達48%同意。Joy Wilke and Lydia Saad, "Older Americans' Moral Attitudes Changing," Gallup.com, May 2013.
- 288 荷蘭的全國民調，發現大部分的青少年還是：Amy Schalet, *Not Under My Roof*.
- 289 拿來跟美國比一比，在美國，有性經驗的青少年，有高達三分之二表示：Collins, Elliott, et al., "It's Better on TV."

- 289 無論是撒謊還是偷偷做，都會犧牲掉自己與父母之間的親密：Amy Schalet, *Not Under My Roof*.
- 291 女生還是比男生更容易說：Vanwesenbeeck, “Sexual Health Behavior Among Young People in the Netherlands.”
- 291 有多重性伴侶或一夜情的荷蘭女生：Amy Schalet, *Not Under My Roof*.
- 307 研究過荷蘭案例後：Schalet, ” The New ABCD’s Talking About Sex With Teenagers.”
- 308 他們尤其想聽我們說：Alexandra Ossola, “Kids Really Do Want to Have ‘The Talk’ with Parents,” *Popular Science*, March 5, 2015.
- 308 所以我們還有更多充分的理由，深呼吸之後，以各種討論逐步趕上孩子的進度：Schear, *Factors That Contribute to, and Constrain, Conversations Between Adolescent Females and Their Mothers About Sexual Matters*. 心理學兼婦產科教授威廉．費雪（William Fisher）也發現，對於性愛感受較為正面的青少年，比較可能使用避孕或預防疾病的措施，也比較願意跟伴侶溝通。Fisher, “All Together Now.”

高寶書版集團
gobooks.com.tw

FU 103
女孩與性：好想告訴妳，卻不知道怎麼開口的事
Girls & Sex: Navigating the Complicated New Landscape
作　　者　佩吉・奧倫斯坦（Peggy Orenstein）
譯　　者　溫璧錞
責任編輯　梁曼嫻
助理編輯　林子鈺
封面設計　林政嘉
內頁排版　賴姵均
企　　劃　鍾惠鈞

發 行 人　朱凱蕾
出　　版　英屬維京群島商高寶國際有限公司台灣分公司
　　　　　Global Group Holdings, Ltd.
地　　址　台北市內湖區洲子街88號3樓
網　　址　gobooks.com.tw
電　　話　（02）27992788
電　　郵　readers@gobooks.com.tw（讀者服務部）
　　　　　pr@gobooks.com.tw（公關諮詢部）
傳　　真　出版部　（02）27990909　行銷部（02）27993088
郵政劃撥　19394552
戶　　名　英屬維京群島商高寶國際有限公司台灣分公司
發　　行　英屬維京群島商高寶國際有限公司台灣分公司
初版日期　2021年5月

國家圖書館出版品預行編目（CIP）資料

女孩與性：好想告訴妳,卻不知道怎麼開口的事 / 佩吉・奧倫斯坦 (Peggy Orenstein) 作；溫璧錞譯. -- 初版. -- 臺北市：英屬維京群島商高寶國際有限公司臺灣分公司, 2021.05
面；　公分. --（未來趨勢學習；FU 103）

譯自：Girls & sex：navigating the complicated new landscape

ISBN 978-986-506-104-3（平裝）

1.青少年　2.女性　3.性知識

544.6　　110005095